LE COMPLEXE DE LÉONARD
ou la Société de création

LE COMPLEXE DE LÉONARD
ou la Société de Création

PARIS. LA SORBONNE. FÉVRIER 1983.

Les Éditions du Nouvel Observateur/J.-C.Lattès.

La conception et la réalisation de ce
livre ont été assurées par :
Frédéric Ferney. Jérôme Bindé.
Lydia Sitbon,
et Bernard Villeneuve.
Maquette : Action Audiovisuel.
Philippe Bertrand. Anne Castebert.

Au mois de février 1983, à Paris, plusieurs centaines d'intellectuels – des écrivains, des scientifiques, des artistes – venus des cinq continents furent invités par Jack Lang et le gouvernement français à réfléchir ensemble sur les liens entre la culture et la crise, la culture et les industries de l'avenir. Ils se répartirent en trois groupes de travail :

création et économie (présidé par John K. Galbraith), rapporteur : Jean Saint Geours,

création et changement de société (présidé par Léon Schwartzenberg) rapporteur : Maurice Fleuret,

création et relations internationales (présidé par Giorgio Strehler) rapporteur : André Miguel.

La séance plénière fut présidée par Léopold Sédar Senghor en présence du Président de la République, François Mitterrand.

Nous publions ici la liste complète de tous ceux qui ont participé à ces « Rencontres de la Sorbonne ».

PERSONNALITÉS ÉTRANGÈRES PRÉSENTES AU COLLOQUE

Adonis	Poète	Liban
Eduardo Arroyo	Peintre	Argentine
Henri Atlan	Biophysicien	Israël
Luciano Berio	Compositeur	Italie
Khadidja Bel Kacem	Avocate	Algérie
Joerg Bieberstein	Haut fonctionnaire	R.F.A.
Norman Birnbaum	Professeur de sociologie à l'université de Georgetown	U.S.A.
Tom Bishop	Universitaire	U.S.A.
Augusto Boal	Dramaturge	Brésil
Ricardo Bofill	Architecte	Espagne
Massimo Bogianckino	Administrateur général de l'Opéra de Paris	Italie
Rachid Boudjedra	Écrivain	Algérie
Breyten Breytenbach	Poète	Afrique du Sud
Peter Brook	Metteur en scène	Grande-Bretagne
Hans Christoph Buch	Écrivain	R.F.A.
Ernesto Cardenal	Poète	Nicaragua
Youssef Chahine	Cinéaste	Égypte
Driss Chreibi	Poète - écrivain	Maroc
Luigi Comencini	Cinéaste	Italie
Francis Ford Coppola	Cinéaste	U.S.A.
Leonardo Cremonini	Peintre	Italie
Sandor Demcsak	Économiste	Hongrie
Antonio Dominguez-Ortiz	Historien	Espagne
Fernand Dumont	Sociologue - poète	Québec
Umberto Eco	Écrivain	Italie
Marco Ferreri	Cinéaste	Italie
Sam Francis	Peintre	U.S.A.
Max Frisch	Écrivain	Confédération helvétique
Samuel Fuller	Cinéaste	U.S.A.
Celso Furtado	Sociologue - économiste	Brésil
Kenneth Galbraith	Économiste	U.S.A.
Gabriel Garcia Marquez	Écrivain. Prix Nobel de littérature	Colombie
Ivry Gitlis	Violoniste	Israël
Graham Greene	Écrivain	Grande-Bretagne

Vittorio Gregotti	Architecte	Italie
Lakhdar Hamina	Cinéaste	Algérie
Anne Hebert	Écrivain	Québec
Imai Toschimitsu	Peintre	Japon
Joris Ivens	Cinéaste	Hollande
Miklos Jancso	Cinéaste	Hongrie
Pupul Jayakar	Écrivain	Inde
Paul Jenkins	Peintre	U.S.A.
Tadeusz Kantor	Metteur en scène	Pologne
Dani Karavan	Sculpteur	Israël
Yachar Kemal	Écrivain	Turquie
Amos Kenan	Écrivain	Israël
Joseph Ki-Zerbo	Historien	Haute-Volta
Michael Kustow	Dramaturge	Grande-Bretagne
Wassili Leontieff	Économiste. Prix Nobel d'économie	U.S.A.
Sophia Loren	Comédienne	Italie
Sidney Lumet	Cinéaste	U.S.A.
Witold Lutoslawski	Compositeur	Pologne
Maria Antonietta Macciocchi	Écrivain	Italie
Sean Mac Bride	Avocat. Ancien président d'Amnisty International. Prix Nobel	Irlande
Mary Mac Carthy	Écrivain	U.S.A.
K.J. Mahale	Homme de lettres. Ancien recteur de l'université de New Delhi	Inde
Norman Mailer	Écrivain	U.S.A.
José Antonio Maravall	Historien	Espagne
Matta	Peintre	Chili
Amadou-Mahtar M'Bow	Directeur général de l'Unesco	Sénégal
Richard Meier	Architecte	U.S.A.
Melina Mercouri	Ministre de la Culture de Grèce	Grèce
Kate Millet	Écrivain	U.S.A.
Daniel Olbrychski	Comédien	Pologne
Amos Oz	Écrivain	Israël
Luis de Fablo	Compositeur	Espagne
Allan Pakula	Cinéaste	U.S.A.
Robert Paxton	Historien	U.S.A.
Aurelio Peccei	Industriel. Président du club de Rome	Italie

Krzyfstof Penderecki	Compositeur	Pologne
Arthur Penn	Cinéaste	U.S.A.
Renzo Piano	Architecte	Italie
Ilya Prigogine	Chimiste. Prix Nobel de chimie	Belgique
Raja Rao	Écrivain	Inde
Schlomo Reich	Écrivain	Israël
Darcy Ribeiro	Anthropologue	Brésil
Augusto Roa Bastos	Écrivain	Paraguay
Francesco Rosi	Cinéaste	Italie
Raul Ruiz	Cinéaste	Chili
Tayyeb Saddiki	Poète - dramaturge	Maroc
Eduardo Sanguinetti	Metteur en scène	Italie
José Luis Sampedro	Économiste	Espagne
Volker Schlöndorff	Cinéaste	R.F.A.
Ettore Scola	Cinéaste	Italie
Manuel Scorza	Metteur en scène	Pérou
Léopold Sédar Senghor	Poète-écrivain	Sénégal
Mrina Sen	Cinéaste	Inde
Susan Sontag	Écrivain-cinéaste	U.S.A.
Wole Soyinka	Universitaire	Nigeria
Giorgio Strehler	Metteur en scène	Italie
William Styron	Écrivain	U.S.A.
Ezra Suleiman	Politologue	U.S.A.
Takis	Peintre	Grèce
Antonio Taulé	Peintre	Espagne
Kenzo Tenge	Architecte	Japon
Alwin Toffler	Écrivain	U.S.A.
Ugo Tognazzi	Comédien	Italie
Peter Ustinov	Comédien-cinéaste	Grande-Bretagne
Vassili Vassilikos	Écrivain	Grèce
Andreï Voznesensky	Écrivain-poète	U.R.S.S.
Immanuel Wallerstein	Historien-économiste	U.S.A.
Mnoriyaki Watanabe	Écrivain-critique	Japon
Elie Wiesel	Écrivain	U.S.A.
Masao Yamaguchi	Anthropologue-écrivain	Japon
Jean Ziegler	Sociologue	Confédération helvétique

PERSONNALITÉS FRANÇAISES PRÉSENTES AU COLLOQUE

Robert Abirached	Directeur du théâtre et des spectacles au ministère de la Culture
Hélène Ahrweiler	Recteur de l'académie de Paris
Anouk Aimée	Comédienne
Claude Allegre	Directeur de l'institut de physique du Globe
René Allio	Cinéaste
Jean-Paul Aron	Écrivain - historien
Roger Ascot	Rédacteur en chef de l'«Arche »
Georges Balandier	Sociologue
Jean-Louis Barrault	Comédien - metteur en scène
Jean-Claude Barreau	Écrivain
Philippe Barret	Conseiller technique au cabinet du ministre de la Recherche et de l'Industrie
Hervé Bazin	Écrivain
Thierry de Beauce	Écrivain
Émile Beaulieu	Biologiste
Simone de Beauvoir	Écrivain
Marie-Paule Belle	Chanteuse
André Bercoff	Écrivain
Jacques Berque	Sociologue. Professeur honoraire au Collège de France
Paul Blanquart	Directeur du centre de création industrielle
Yves Bonnat	Architecte
Claude Bourdet	Écrivain - journaliste
Gildas Bourdet	Metteur en scène
Christian Bourgois	Éditeur
Jacques Boutet	Directeur général des relations culturelles, scientifiques et techniques au ministère des Relations extérieures
Guy Brajot	Directeur de l'administration générale au ministère de la Culture
Frédérique Bredin	Économiste
Robert Bresson	Cinéaste
Georges Bret	Industriel-chercheur
Yves Brunswick	Secrétaire général de la commission française pour l'UNESCO
Elisabeth Burgos	Psychanalyste
André Burguière	Historien

Michel del Castillo	Écrivain
Jean Cazes	Chargé de mission au ministère de la Culture
Jean-Pierre Chabrol	Écrivain
Ida Chagall	Peintre
Jean-Pierre Changeux	Mathématicien
Edmonde Charles-Roux	Écrivain
François Châtelet	Philosophe
Patrice Chéreau	Metteur en scène
Bruno Chetaille	Économiste
Hélène Cixous	Écrivain
Georges-Emmanuel Clancier	Écrivain
Louis Clayeux	Président de la commission interministérielle pour la conservation du patrimoine artistique national (ministère de la Culture)
Catherine Clément	Écrivain
Jérôme Clément	Conseiller technique au cabinet du Premier ministre
Claude Cohen-Tannoudji	Professeur de physique au Collège de France
Jean-Pierre Colin	Conseiller technique au cabinet du ministre de la Culture
Florence Colin-Goguel	Conseiller technique au cabinet du ministre de la Culture
Georges Conchon	Écrivain
Constantin Costa-Gavras	Cinéaste
Cueco	Peintre
Alain Cuny	Comédien
Jean Daniel	Écrivain
Régis Debray	Écrivain - conseiller spécial du président de la République
Jean Deflassieux	Président du Crédit lyonnais
Régine Deforges	Écrivain
Michel Deguy	Écrivain
Jean Delannoy	Cinéaste
Gilles Deleuze	Philosophe
Jacques Derrida	Philosophe
Laurent Dispot	Journaliste
Georges Duby	Professeur d'histoire au Collège de France
Henri Dutilleux	Compositeur
Maurice Duverger	Juriste

Jean Duvignaud	Écrivain -sociologue
Jean-Marie Drot	Réalisateur
René Ehni	Peintre
Josy Eisenberg	Rabbin
Jean Ellenstein	Historien
Pierre Emmanuel	Écrivain
Etiemble	Écrivain
Stélio Farandjis	Secrétaire général du haut comité de la langue française
Jacques Fauvet	Journaliste - ancien directeur du « Monde »
Jean Favier	Directeur des archives de France au ministère de la Culture
Jean-Pierre Faye	Écrivain
Dominique Fernandez	Écrivain
Marc Ferro	Historien
Maurice Fleuret	Directeur de la Musique et de la Danse au ministère de la Culture
Jean Fournier	Musicien
Gisèle Freund	Photographe
Jean Galard	Universitaire
Louis Gallois	Directeur général de l'Industrie au ministère de l'Industrie
Gérald Gassiot-Talabot	Adjoint au délégué aux Arts plastiques
Jean Gattegno	Directeur du Livre au ministère de la Culture
Thierry Gaudin	Économiste
Félix Guattari	Écrivain - Psychiatre
Jacques Georgel	Vice-chancelier des universités de Paris
Augustin Girard	Chef du service des Études et de la Recherche au ministère de la Culture
René Girard	Philosophe
Annie Girardot	Comédienne
Vincent Giroud	Universitaire
Édouard Glissant	Écrivain
Jean-Luc Godard	Cinéaste - metteur en scène
Maurice Godelier	Anthropologue
Atlan Gokalp	Universitaire
Roger Gouze	Délégué général de l'Alliance française
François Gros	Professeur de biochimie au Collège de France
Marc Guillaume	Économiste

Eugène Guillevic	Écrivain
Bernard Hanon	Président-directeur général de la régie Renault
François Hollande	Haut fonctionnaire
Roger Ikor	Écrivain
Vladimir Jankelevitch	Philosophe
Raymond Jean	Écrivain
Thierry Jeantet	Chargé de mission à la délégation à l'Économie sociale
Betsi Jolas	Compositeur
Alain Joxe	Sociologue
Pierre Kast	Cinéaste
Roger Kempf	Écrivain
Chérif Khaznadar	Directeur de la maison des Cultures du Monde
Georges Kiejman	Avocat
Michèle Kokosowski	Comédienne
Piotr Kowalski	Sculpteur
Milan Kundera	Écrivain
Henri Laborit	Biologiste
Bertrand Labrusse	Président-directeur général de la société française de Production
Jean Lacouture	Écrivain - journaliste
Jacques Lafaye	Universitaire
Jeanne Lafitte	Éditeur
Hubert Landais	Directeur des musées de France au ministère de la Culture
Claude Lanzmann	Écrivain
Henri de Lapparent	Directeur délégué pour les usagers à l'Agence de l'Informatique
André Larquié	Chargé de mission auprès du ministre de la Culture
Claude Larquié	Universitaire
Jean-Jacques Lebel	Écrivain
Henri Lefebvre	Sociologue
Jacques Le Goff	Historien
Julio Le Parc	Peintre
Roger Lesgards	Chargé de mission auprès du ministre de la Recherche et de l'Industrie
André-Jean Libourel	Conseiller technique au cabinet du ministre de la Culture
André Lichnerowicz	Professeur de physique et de mathématiques au Collège de France
Jérôme Lindon	Éditeur

Robert Lion	Président-directeur général de la Caisse des dépôts et consignations
Artur London	Écrivain
Michael Lonsdale	Comédien
André Lwoff	Biologiste
Jean Maheu	Haut fonctionnaire
Françoise Mallet-Joris	Écrivain
Marcel Maréchal	Metteur en scène
Paul Mefano	Compositeur
Albert Memmi	Écrivain
Marthe Mercadier	Comédienne - producteur
Paul Milliez	Médecin
Alain Minc	Économiste
Alexandre Minkovski	Pédiatre
Anne Minkovski	Traductrice
André Miquel	Professeur de littérature arabe au Collège de France
Frédéric Mitterrand	Cinéaste
Ariane Mnouchkine	Metteur en scène
Claude Mollard	Délégué aux Arts plastiques au ministère de la Culture
Jacques Monory	Peintre
Jean-Louis Monzat de Saint-Julien	Directeur de l'École de création industrielle
Edgard Morin	Philosophe
Didier Motchane	Haut fonctionnaire
Jean Mouriet	Président-directeur général de la société Benson
Jean-Louis Moynot	Économiste
Maurice Nadeau	Écrivain - éditeur
Yves Navarre	Écrivain
Nicolas Negroponte	Directeur du centre mondial d'Informatique
André Nicolas	Trésorier de l'Association dialogue entre les cultures
Paul Noirot	Journaliste
Simon Nora	Directeur de l'École nationale d'Administration
René de Obaldia	Écrivain
Eric Ollivier	Écrivain
Eric Orsenna	Écrivain

Hélène Parmelin	Écrivain
Christian Pattyn	Directeur du Patrimoine au ministère de la Culture
Jean-Pierre Peroncel-Hugoz	Journaliste
Mgr Pezeril	Ecclésiastique
Anne Philipe	Écrivain
Édouard Pignon	Peintre
Ernest Pignon-Ernest	Peintre
Bernard Pingaud	Écrivain
Georges Poussin	Chargé de mission à la Commission française pour l'UNESCO
Claude Prost-Dame	Directeur adjoint des affaires scientifiques et techniques et président de Renault techniques nouvelles
Paul Puaux	Président de l'Opéra de Paris
Max Querrien	Conseiller d'État
Hugues Quester	Comédien
Jean-Pierre Ramsay	Éditeur
Madeleine Reberioux	Historienne - vice-présidente du musée d'Orsay
François Reichenbach	Cinéaste
Jacques Renard	Conseiller technique au cabinet du ministre de la Culture
Denise René	Directrice de galerie d'art
Jacques Rigaud	Président-directeur général de Radio-Luxembourg
Alain Robbe-Grillet	Écrivain - cinéaste
Jean Rouch	Cinéaste
Claude Roy	Écrivain
Jacques Ruffié	Professeur d'anthropologie physique au Collège de France
Nicolas Ruwet	Linguiste
Françoise Sagan	Écrivain
Jean Saint-Geours	Président-directeur général du Crédit national
Philippe de Saint-Robert	Écrivain
Jacques Sallois	Directeur du cabinet du ministre de la Culture
Claude Samuel	Musicologue
Claude Santelli	Cinéaste
René Scherer	Écrivain
Nicolas Schoffer	Sculpteur
Léon Schwartzenberg	Cancérologue

Michel Serres	Philosophe
Jean-Jacques Servan-Schreiber	Président du Centre mondial d'Informatique
Claude Simon	Écrivain
Christian Stoffaes	Chargé de mission au ministère de la Recherche et de l'Industrie
Jacques Tajan	Commissaire priseur
Paul Tannous	Directeur des Relations extérieures de Matra-Hachette
Bertrand Tavernier	Cinéaste
René Tavernier	Écrivain
Daniel Toscan du Plantier	Directeur général de Gaumont
Michel Tournier	Écrivain
Gilbert Trigano	Président-directeur général du club Méditerranée
Michel Troche	Inspecteur de la Création artistique
Vercors	Écrivain
Jacques Vernant	Professeur honoraire à l'École des Hautes Études
Paul Veyne	Porfesseur d'histoire au Collège de France
Vieira da Silva	Peintre
Jean-Pierre Vincent	Metteur en scène
Antoine Vitez	Metteur en scène
Pierre Viot	Directeur général du Centre national de la Cinématographie française au ministère de la Culture
Iannis Xénakis	Compositeur

SOMMAIRE

PRÉFACE

Jean Daniel

Jean Daniel

LE COMPLEXE DE LÉONARD

Ce serait manquer et à la vérité et à l'élégance que de ne pas souligner, dès le début, combien les grandes rencontres disons intellectuelles de la Sorbonne de février 1983 ont été accompagnées d'une triple inquiétude. Celle d'universitaires et de créateurs français qui n'avaient pas été associés au projet et dont plus tard pourtant on déplorera « le silence »; celle d'une partie des médias des États-Unis qui paraît avoir vu dans cette initiative (en dehors du fait qu'elle était le fruit d'un gouvernement socialiste) l'expression d'une présomption bien française; l'inquiétude enfin de tous ceux qui estiment que les rapports entre la Création et le Pouvoir sont toujours suspects et que, si on peut à la rigueur accepter quelque chose du Prince, c'est éventuellement son mécénat. On peut lui dédier l'Ode qu'on ne lui a pas soumise ou lui donner la place du donateur dans le tableau qu'il a daigné commander.

Nous nous sommes faits l'écho, au Nouvel Observateur, *de cette triple distance en manifestant d'autant plus de compréhension que dans la mouvance même de notre société, les discussions prenaient parfois un tour passionné. Si prestigieuses que fussent les personnalités de tous pays qui ont participé à ces Rencontres — et on vérifiera ici qu'elles l'étaient en effet — pouvait-on se résigner aisément à ce que la représentation de la France ne fût pas enrichie des Fernand Braudel, Georges Dumézil, Claude Lévi-Strauss, François Jacob, Michel Foucault, Julien Gracq, Henri Michaux, etc. La dénonciation, sans doute opportunément corrigée, sinon démen-*

tie, de l'impérialisme culturel, n'allait-elle pas colorer d'un tiers-mondisme sommaire et quelque peu démagogique l'essentiel du débat et des confrontations? Enfin ne pouvait-on redouter une instrumentalisation des hommes de culture par un pouvoir politique soucieux de recevoir une consécration intellectuelle lors d'une cérémonie qui relèverait de la grand-messe?

Mais les Rencontres ont eu lieu et leur déroulement en a aussitôt à nos yeux justifié le principe même; et nous avons estimé alors qu'elles devaient être mises au crédit de ceux qui en ont conçu le projet puis souhaité qu'une trace en fût laissée dans le présent recueil. Dès le départ en effet, les interventions, les échanges se sont révélés d'une originalité parfois exceptionnelle dans le contenu et aussi d'une modestie, comment dire?, prometteuse et dense dans les approches et les analyses. Autrement dit, les Rencontres de la Sorbonne devaient s'enrichir du sens même que d'autres donnaient à leurs inquiétudes. Nombreux d'ailleurs furent les intervenants qui les reflétèrent. Mais surtout, et d'autre part, la complexité des problèmes évoqués et la riche hétérogénéité des invités conduisaient l'assemblée bien davantage à formuler des questions essentielles qu'à assener des réponses définitives. L'ineptie, disait Flaubert, c'est souvent de conclure.

Question obsédante : peut-il y avoir un bon usage de la crise? Car les économistes et les sociologues présents ont tenu pour évident que nous étions entrés, et pour longtemps, dans une période de crise majeure. C'est ce que confirment, pour une fois unanimes, tous les instituts de prévision et de statistiques et tous les experts de l'Est comme de l'Ouest. Il y a pour longtemps, en effet, des pesanteurs à la fois simples et gigantesques comme celles qui relèvent de la surpopulation, du sous-développement, de la famine et des menaces nouvelles surgies par la détention des armes nucléaires; il y a d'un autre côté, à l'ombre de ces pesanteurs, les consolidant ou les fracturant, toutes les convulsions qui s'annoncent et qui précèdent les révolutions économiques ou technologiques : le spectre de l'ère post-industrielle fascine ou effraie mais il hante tous ceux qui font métier de réfléchir sur l'avenir.

En écoutant les uns et les autres j'ai cru pouvoir tirer une conclusion dont je prendrai ici seul la responsabilité parce qu'elle n'a été nettement formulée par personne et que je prêterai pourtant à la majorité des intervenants : les vrais révolutionnaires, au sens littéral du mot, sont désormais ceux qui chercheront d'abord à apprivoiser puis à maîtriser les changements qui s'opèrent malgré nous dans le monde plutôt que ceux qui rêvent et qui essaient de changer le monde. *Autrement dit, il faut revenir sur le retentissant mot d'ordre de Marx selon lequel il ne s'agit plus de comprendre le monde mais de le changer. La révolution industrielle du XIXe siècle autorisait à imaginer un infléchissement du cours de l'Histoire en s'appuyant sur la dialectique du maître et de l'esclave. Il faut au contraire aujourd'hui réapprendre le monde pour devenir les sujets d'une Histoire éclatée.*

Cette crise économique entraîne évidemment ce qu'on appelle à nouveau — et c'est un signe — une crise des « valeurs ». Toute crise suppose une rupture avec un ordre préexistant, un équilibre entre des éléments contradictoires qui s'imbriquaient dans une complémentarité avant de se transformer en incomptabilités. Mais auparavant, les crises, c'est-à-dire les jugements *selon l'étymologie, agissaient comme révélateurs et permettaient d'apercevoir les transformations dont elle était grosse, dont elle s'apprêtait à accoucher. Ce qu'il y a de plus insolite dans la crise qui progresse en cette fin du XXe siècle, c'est qu'elle autorise bien des diagnostics sur ce qu'elle est, mais aucun pronostic sur ce qu'elle annonce. Cette époque n'en finit pas de finir et les commencements demeurent dans les brumes de l'imprévisible. C'est pourquoi peut-être c'est aussi l'époque des paris technologiques et des utopies religieuses : autant de valeurs-refuges lorsqu'on désespère de la science. C'est pourquoi aussi c'est l'époque des replis sur le singulier, l'individuel, le ponctuel, le régional. On exhume l'expérience collectiviste des Jésuites du Paraguay, de la prophétie de Montesquieu selon laquelle les vertus que requiert la démocratie ne peuvent s'exercer que sur un territoire exigu : « Small is beautiful. » Tout le reste a pour vocation de devenir, selon le mot de Hegel, an-historique.*

Dans ces conditions, le paradoxe d'Umberto Eco ne risque-t-il pas de n'être que brillant? Lorsqu'il affirme : « Je ne résous pas les crises, je les instaure! », il définit le comportement de tous les grands créateurs. Cervantès, Jérôme Bosch, Monteverdi, Dostoïevsky, Goya, Proust, Kafka, Freud se sont imposés par les ruptures, les déséquilibres, les désordres, bref les crises *qu'ils ont provoquées. Et sans doute l'auteur du* Nom de la Rose *a-t-il le droit de définir son esthétique par une éthique de la rupture. C'est ce que proclamaient à la fois Delacroix contre David, et Debussy contre tous. Mais où sont désormais les ordres à rompre et les* harmonies à briser? Le génie de Picasso a-t-il été de provoquer une crise ou de la refléter dans toutes ses dimensions; d'en faire à ce point le tour qu'il devait rendre toute autre vision anachronique? Débat plus implicite qu'explicite autour duquel ont tourné quelques intervenants dans ces Rencontres...

Mais il ne s'agissait pas, on le devine, pour les organisateurs en tout cas, de savoir si Picasso avait fait ou non un bon usage de la crise, ni si Mallarmé devait rester à jamais seul devant « le vide papier que la blancheur défend ». On a prétendu dépasser le malentendu qui sépare toujours les créateurs, les sociologues soucieux de déchiffrer le sens de la création, et les « décideurs » chargés de transformer la création en culture. Faire que l'imagination de Léonard de Vinci soit aussitôt captée par l'industriel pour pallier les insuffisances des économistes, dénoncées par Galbraith, devient la nouvelle espérance lyrique. Si écrire demeure une entreprise solitaire, imaginer s'insère désormais dans un rêve collectif. Les architectes et les cinéastes le savent déjà mais les laboratoires des compositeurs qui « déconstruisent » la phrase musicale en font l'enivrant apprentissage. On en vient alors à rechercher la façon dont la culture peut organiser l'attente à l'intérieur de la pénurie et comment elle peut en même temps préparer le retour à la croissance. Comment cette culture peut-elle devenir civilisation? Comment peut-elle d'abord nous apprendre à vivre dans les ténèbres intérimaires qui préparent les nouvelles aurores?

Pour avoir posé toutes ces questions, et, encore une fois, pour avoir su ne pas y répondre, ces Rencontres ont évité et la frivolité rituelle et la présomption militante. Les absents ont vu leurs doutes exprimés par d'autres; on n'a pas distingué entre les différents impérialismes qu'ils fussent culturels ou autres; aucune langue de bois n'y a été parlée; et les prestiges enfin de la lucidité en imposaient plus que les sortilèges de la foi. Pourquoi le président de la République eût-il été indifférent au fait d'être traité comme François Ier, Catherine II ou Frédéric le Grand? L'essentiel était qu'il ne prétendît point mobiliser les créateurs de la planète autour d'un projet dogmatique. J'ajouterais au contraire, pour ma part, que lors de ces Rencontres il m'a semblé apercevoir pour la première fois les signes annonciateurs d'une humilité féconde et d'une disponibilité fervente devant l'énigme abyssale des nouvelles transformations du monde.

J. D.

INTRODUCTION

Norman Birnbaum

Jean-Pierre Faye

Giorgio Strehler

Norman Birnbaum

QUE S'EST-IL VRAIMENT PASSÉ À LA SORBONNE

C'est avec quelque hésitation que j'entreprends d'écrire sur le colloque culturel organisé par le gouvernement français à la Sorbonne en février. Contrairement à la plupart de ses détracteurs américains les plus féroces, j'y participais. Contrairement à eux, également, je ne trouve pas que la discussion d'idées françaises ou que la discussion avec des Français doive inévitablement provoquer une crise d'identité culturelle et personnelle. A Paris, je n'ai pas eu l'impression d'être un provincial, qui utiliserait l'équivalent culturel du manche de la cuillère, mais un voyageur, passé d'une métropole à une autre.

Nos nations se font une idée différente du rôle public de la culture. Le protestantisme américain (et non pas, paradoxalement, notre pluralisme religieux) nous rend méfiant vis-à-vis de toute intervention de l'État dans le domaine culturel. Il va sans dire que l'absence d'un Département de la Culture n'a jamais empêché les conseils d'administration de nos lycées, les directeurs de nos instituts et les comités de nos bibliothèques d'imposer, de A à Z, leurs idées à travers la majeure partie du pays. Mais il s'est agi là d'actions locales – la création culturelle se développant ailleurs, et souvent dans l'ignorance d'une partie non négligeable de la nation.

33

Les Dotations nationales pour les Arts et les Lettres peuvent difficilement se comparer à un ministère de la culture de type européen. Les Fondations en seraient des équivalents plus proches, même si leur nature, semi-publique, semi-privée, est hybride. Les chefs d'État américains, il est vrai, se sont récemment engagés dans le combat culturel. John Kennedy avait déclaré à Yale, que les arguments politiques en matière économique étaient désormais dépassés : seules demeuraient les questions techniques. Le regretté président doit être pardonné; il avait sans doute écouté ses conseillers d'Harvard. Le président Reagan avance des notions culturelles qui, si elles irritent et gênent la moitié du pays, n'en sont pas moins énergiquement défendues. Notre politique n'a pas manqué d'idées : Jefferson, Calhoun, le premier Roosevelt et Wilson, sont nos compatriotes. D'habiles topographes de l'idéologie savent même distinguer dans la platitude de notre paysage politique des accidents occasionnels. Il reste que le développement de l'esprit est, pour beaucoup d'Américains, sujet à controverse et suffisamment ardu sans qu'on y mêle l'État.

L'État français, par contre, a toujours été présent dans l'action culturelle. Peut-être est-ce un héritage du Catholicisme. Dans ce cas, la république laïque n'a pas hésité à l'assumer. Catholiques et anti-cléricaux, artistes et bourgeois, libéraux et marxistes se sont affrontés pendant des générations, pour dominer la psyché nationale, – dans et hors politique. Les artistes, les écrivains, les penseurs sont des personnages publics. De Gaulle, au faîte de son pouvoir, appelait Sartre « Cher Maître ». Néanmoins, les intellectuels ne font pas la politique française. Les deux dernières républiques ont été dominées par les technocrates, – économistes, ingénieurs, juristes. Ils ont incarné la rationalité sans philosophie, la technique sans passion. Les artistes et les intellectuels se sont retranchés dans leurs maisons d'édition, dans leurs recherches, dans leurs ateliers et leurs universités – qu'en vérité la plupart d'entre eux n'avaient jamais déserté. L'intérêt obsessionnel qu'ils portent au structuralisme, à la culture comme système de codes, à l'inconscient comme lieu du langage, trahit une résignation hermétique. Le travail de déconstruction s'inscrit parfaitement dans cette séquence –

la déconstruction doute de l'existence même du monde. Une génération antérieure d'intellectuels révolutionnaires pensait que ce qu'il fallait, c'était changer le monde. Leurs successeurs ne cherchent qu'à l'interpréter. A première vue, on pourrait s'étonner qu'un Malraux, comme ministre de la Culture sous de Gaulle, ait présidé les premières phases de cette séquence ennuyeuse. Les idées qu'il avait apportées au régime, cependant, avaient été élaborées dix ans avant celui-ci – tout comme le gaullisme est, fondamentalement, la réflexion d'un jeune et brillant officier d'entre les deux guerres.

Les socialistes dirigent maintenant la France, aidés par ce qu'il reste d'un parti communiste désillusionné et avec le concours d'un mélange de révolutionnaires et de gaullistes. Les technocrates demeurent souverains. Cela semble incommoder Mitterrand, un homme de lettres dont le style porte l'empreinte de la IIIe République dans laquelle il a grandi. Beaucoup d'artistes et de cinéastes, d'intellectuels et d'écrivains soutiennent le régime. Peut-être ont-ils cru possible la réédition du drame révolutionnaire de 1968, lorsque le Quartier latin faisait figure de capitale d'un monde nouveau. Le slogan de ce printemps-là, l'Imagination au pouvoir, est un souvenir lointain. L'hiver de l'austérité a recouvert la France. Le rêve surréaliste de l'Art vivant n'est pas inscrit en première page du programme de gouvernement. Les groupes sociaux dont le rôle est vital pour assurer le succès du socialisme français sont découragés, et à l'évidence, l'insatisfaction s'est étendue partout. Certes, le budget alloué à la Culture a été multiplié par deux, de même celui de la Recherche scientifique. Il serait pourtant mal venu de soupçonner les intellectuels d'un pays, de ne vivre que pour les bourses ou les travaux qu'on leur confie. (Ce qui est peut-être le cas, soit dit en passant, de ces intellectuels néoconservateurs qui avancent cette thèse pour discréditer leurs adversaires.) Ils vivent vraiment pour les idées, et en France comme partout ailleurs, les idées nouvelles, les sensibilités nouvelles, sont rares.

La conférence de Paris fut un effort pour redonner un peu d'élan au régime. Jack Lang, ministre de la culture inventif, fut doyen d'une faculté de droit et directeur de

35

productions théâtrales avant d'entrer en fonctions. Lors d'une conférence de l'UNESCO à Mexico en 1982, il avait qualifié la distribution internationale des programmes de télévision commerciale, de sous-produit de l'impérialisme culturel. Et il avait cité « Dallas ». Aussitôt, nos Philistins pris d'inquiétude, l'accusèrent d'anti-américanisme. Aurait-il comparé défavorablement Melville à Françoise Sagan, le vacarme n'eût pas été plus grand. Lang prépara le colloque avec le concours de Jacques Attali, conseiller de Mitterrand et économiste de talent. Lorsqu'ils dressèrent la liste des invités américains, les hôtes se tournèrent vers leurs amis – les sympathisants du gouvernement. Cela provoqua inévitablement quelques remous dans notre pays. Alors que si la liste des invités avait copié celle des contributeurs de « Commentary », Mitterrand aurait été loué presque aussi haut pour ses vues culturelles que pour sa prise de position ferme sur le devoir des Allemands d'accepter les missiles américains sur leur territoire. En fait il a servi le prestige de notre pays en n'invitant pas nos intellectuels conservateurs extrémistes. On a également fait une faveur aux refusés : ce sont des gens qu'effarouchent les environnements nouveaux. Lang et Mitterrand voulaient s'intéresser aux problèmes communs que nous affrontons aujourd'hui, non au rabâchage de valeurs déjà contestables au XIXᵉ siècle. Leur sélectivité fut cependant interprétée ici, comme une ingérence dans notre propre guerre civile de la culture.

Finalement, 150 invités étrangers et 300 personnalités françaises se réunirent à la Sorbonne. En hommage à Léopold Senghor, l'ancien président du Sénégal, qui fut aussi dans le passé professeur de littérature française, le colloque fut intitulé « Création et Développement ». Le titre initialement proposé était quelque chose comme « Culture et Crise » – ce qui était plus spécifique dans son flou même. Quelle culture (ou celle de qui), et quelle crise ? Ces questions dominèrent le débat.

Les artistes, les cinéastes, les musiciens et les écrivains dépassaient par leur nombre les économistes, les historiens, les philosophes et les scientifiques. L'imagination pouvait-elle trouver une issue à l'immobilisme économique de notre société, à ses stases politiques, à son inertie psychologique ?

Les créateurs retournèrent les données préparées pour eux par nos hôtes, et mirent ceux-ci au travail autour des tables de conférence (bien chargées). Ne demandez pas, dirent-ils, ce que la culture peut pour vous. Demandez-vous ce que vous pouvez pour elle. Un des éléments les plus frappants du dialogue fut la position adoptée par les participants à costumes fines-raies : économistes, banquiers et technocrates des entreprises nationalisées françaises. Des gens qui habituellement comptent et qui exprimèrent une célérité, tout de même pas ascétique, à vouloir changer leurs méthodes. Il nous faut, dirent-ils, de nouvelles valeurs de qualité pour remplacer les critères quantitatifs de notre société. Wassily Leontieff déclara que le chômage structurel augmenterait en fonction du perfectionnement des machines qui effectuent des fonctions mentales. De nouveaux concepts de la division du travail et du travail lui-même deviendraient nécessaires. Les artistes et les écrivains, en retour, expliquèrent aux technocrates qu'ils ne devaient pas fuir leurs responsabilités envers l'administration (ou la « maladministration ») de la société, dans cet ultime refuge des voyous de la politique, les valeurs spirituelles. Le cinéaste allemand Volker Schlöndorff, et l'Italien omnipensant Umberto Eco, nous avertirent que la culture n'apporte pas la paix, mais la guerre. Que leur tâche consistait à ébranler la confiance de la société en elle-mêmе, à provoquer des crises. D'autres créateurs firent des interventions qui rappelaient la célèbre rencontre entre Sam Goldwyn et George Bernard Shaw. Interrogé sur son issue, Shaw avait déclaré que l'incompréhension avait été totale. Goldwyn n'avait voulu parler que d'Art, et lui-même, seulement d'argent.

Imaginez maintenant Francis Ford Coppola, Jacques Derrida, John Kenneth Galbraith, Jacques Le Goff, Norman Mailer, Gabriel Garcia Marquez, Alain Robbe-Grillet, Giorgio Strehler, Wole Soyinka et Iannis Xenakis dans une pièce. Ajoutez auprès d'eux un groupe de scientifiques et quelques-uns des hauts fonctionnaires français. L'image finale n'a que peu de rapports avec la toile de Bosch intitulée la Tour de Babel, mais rappellerait plutôt un de ses tableaux sur le jeu. Les échanges les plus intéressants du colloque eurent souvent lieu dans les couloirs, pendant les cocktails. La plupart des journalistes américains présents (contrairement à leurs collègues européens) étaient visiblement mal à l'aise dans ce contexte de hasard et de jeu. Apparemment, un célèbre héros culturel américain est toujours vivant : Babbit. Dans sa lignée, quelques-uns de ses compatriotes journalistes paraissaient obsédés par le coût de la conférence. L'explication la plus cohérente est qu'ils avaient dû trouver le débat intellectuel lui-même trop ardu.

Il y eut débat : Sous le désordre de surface d'une multitude de thèmes, énoncés dans des langues différentes, quelques idées centrales apparurent clairement. L'esthétique, la dimension transcendantale de l'existence étaient menacées par la lutte de l'humanité pour assurer sa simple survie. Pour maîtriser cette lutte, l'humanité avait façonné des traditions. Mais celles-ci aussi étaient mises en danger; du fait de la production industrielle de la culture. La tradition vivante pouvait aussi facilement se fossiliser. Parfois recréer la tradition était une tâche insurmontable. En décrivant cette situation, les artistes, les cinéastes et les écrivains déployaient plus d'énergie, peut-être plus de courage et de naïveté que les représentants des disciplines de réflexion. David Riesman avait un jour souligné le contraste entre l'exubérance des intellectuels français, qui exposent avec une joie sans freins des philosophies du désespoir, et la gravité sinistre des optimistes américains. A la Sorbonne, le contraste n'était pas entre des nations, mais entre des genres. Ceux d'entre nous qui venaient des sciences sociales étaient pris de malaise devant la faiblesse de la pensée — ou du moins de nos pensées. Les technocrates, au contraire, donnaient l'impression d'ignorer le doute et d'être convaincus de la réalité des problèmes qu'ils évoquaient. Ces personnages articulés, habitués aux déclarations directes et linéaires (Français pour la plupart) confirmèrent nos pires intuitions. Après un accord surprenant sur un diagnostic initial, les débats pouvaient débuter.

La conférence se subdivisa en trois groupes de discussion. Vu notre nombre, six aurait été un chiffre plus approprié. Je participais au groupe « Création et changement social », présidé avec autorité et élégance par Léon Schwarzenberg, un scientifique de la médecine, spécialiste du cancer. Il y eut en tout quelque trente déclarations, bien que le président et moi-même nous accordâmes plus tard à ne retenir que trois et seulement trois idées. (Nous tombâmes d'accord que c'était également un score inhabituellement élevé.) Les deux autres groupes, à en juger par les échos recueillis auprès des rapporteurs et des participants, avaient eu les mêmes problèmes, qui s'étaient exprimés à peu près dans les mêmes termes.

Il n'y avait rien de surprenant à ce qu'une conférence, réunie par un gouvernement socialiste, discute de la démocratisation de la culture. Ce qui était plus étonnant, c'était l'absence (relative) de jargon. L'idée de progrès brillait par son absence. Le populisme culturel, dans ses formes communes, était également presqu'absent du débat. Les technocrates soulevèrent la question de la citoyenneté, ce qui est intéressant, venant de gens dont on redoute habituellement l'emprise sur la société. Si les citoyens ne veulent pas être à la merci des experts, il leur faut les moyens intellectuels de communiquer avec eux. Afin que nos contemporains puissent surmonter la médiocrité produite par l'électronique, il leur faut accéder aux moyens de réflexions. Le vieux thème socialiste de l'appropriation des moyens de production nous revenait transmué. Comment offrir à tous les moyens de la production culturelle? Pour le moment, nous savons que bien peu d'ouvriers de chez Renault lisent Pascal, que peu d'employés de chez IBM lisent Hawthorne. Dans ces conditions, se représenter nos nations comme des héritières de la culture du passé est dérisoire. Un royaume universel de la création semble un rêve utopique absurde.

Là s'étaient exprimés une partie des mécontents systématiques des sociétés industrielles. Les porte-parole, très en voix, du tiers monde parmi nous avaient d'autres doléances. On souleva le thème de la défense des cultures particulières contre les tentatives d'homogénisation. Léopold Senghor, qui s'exprimait à moitié en paraboles africaines, à moitié en citant les classiques occidentaux et la littérature contemporaine, fit figure de conscience du rassemblement. L'ennui est que sa vision d'un modèle africain original (qualifié soit de « Négritude » soit de « voie africaine vers le socialisme ») devait au moins autant à Rousseau qu'aux sources africaines. Une défense des particularismes donc peut difficilement se substituer à la quête inlassable de l'essence humaine.

Cette phrase semble sortie tout droit du passé. Les gens de théâtre et surtout les cinéastes, au colloque, étaient en un sens des traditionalistes. Héritiers de la tradition de la peinture sociale, du discours historique, des débuts du roman moderne. (Les romanciers, dans leur ensemble, utilisent d'autres moyens esthétiques.) Ce sont eux qui, au colloque, se présentèrent comme les défenseurs d'une humanité menacée partout par la famine, la pauvreté, la tyrannie et la guerre. Mais surtout, leurs efforts pour aller au-delà de la surface de l'existence quotidienne dans nos sociétés relativement stables et prospères révélaient une volonté didactique. Je rapporte, bien sûr, la façon dont ils voyaient eux-mêmes leur travail. A la conférence, les gens du cinéma ressemblaient à ceux du gouvernement dans la façon simple de s'exprimer, et à ceux des sciences, dans la passion.

On évoqua le thème de l'impérialisme culturel. Il n'y eut en fait que trois références à « Dallas ». L'une vint d'Amos Kenan, qui se plaignit qu'à Tel-Aviv, où il habite, il était impossible de faire la paix, la guerre ou l'amour lorsque « Dallas » passait à la télévision. Le cinéaste italien Ettore Scola déplora que les enfants de Milan, qu'ils connaissent ou non quelque chose à l'histoire de la Lombardie, n'ignorent rien de « Dallas ». J'expliquais que le problème n'était pas « Dallas », mais la fabrication industrielle de la culture. Si « Dallas » avait fait des victimes, il fallait y inclure aussi le public américain. (Je fis aussi quelque chose pour nos relations culturelles avec l'Amérique centrale. Je me trouvais à un moment assis auprès du Père Ernesto Cardenal, le ministre de la Culture du Nicaragua. D'abord réservé, il se détendit quelque peu lorsque je lui racontai comment j'avais, avec succès, fait condamner la CIA devant les tribunaux pour avoir ouvert mon courrier.) En fait, la plupart de la réthorique anti-impérialiste du colloque fut dirigée contre la France – par un historien africain et un cinéaste algérien.

Hélas, personne au colloque ne sut régler une contradiction. Les défenseurs du pluralisme culturel s'acharnaient contre l'idée de domination. L'argument de la conférence, cependant, était que plus rien ni plus personne n'exerçait de domination. Nul modèle culturel n'était plus canonique et l'essence même de la culture devenait une chose de plus en plus obscure. La plupart des plates-formes de discussions, comme celles de Senghor, traitèrent ces matières avec diplomatie, c'est-à-dire en les ignorant. Mitterrand, c'est à son honneur, fit mieux dans un discours qui termina les débats, mais qui aurait dû les précéder. Il plaida pour une ouverture de l'idée de créativité à ceux qui gèrent nos institutions et nos technologies. C'était là, sans doute (à la veille d'élections) une ouverture politique vers les cadres français, les élites techniciennes et gestionnaires. C'était également un renoncement implicite à une conception de la culture, confinée précédemment à des recherches humanistes. Disons que ce n'était pas une Forêt de Compiègne pour l'humanisme, mais un programme pour un nouveau Serment du Jeu de Paume. Il y avait d'autres dimensions aux remarques du président, l'idée non développée d'un nouveau rapport entre culture et quotidien. Il décrivit aussi une France prête à abandonner sa vieille revendication de capitale mondiale de la culture, pour se cantonner à une position de pôle d'attraction, parmi d'autres, dans le monde. Il y eut finalement peu d'ethnocentrisme ou de provincialisme dans l'hospitalité culturelle offerte aux visiteurs.

Nous qui appartenons aux universités américaines, pouvons, pour une fois, nous féliciter sur un point. La présence à la Sorbonne d'artistes ou d'écrivains était, en quelque sorte, inhabituelle. Même après le récent train de réformes, les universités françaises gardent une vue assez traditionnelle des disciplines dignes de figurer dans l'éducation supérieure. Les arts créatifs sont enseignés (et s'abritent) ailleurs. Nos propres universités sont devenues, pour le meilleur ou pour le pire, des centres de production culturelle. De plus, même si la plupart de ce qui passe pour du travail interdisciplinaire est banal et indifférent, nous réussissons, dans les meilleurs cas, à dépasser les rigidités. Il n'y a pas de doute, l'Amérique a manqué d'âme récemment. Mais lorsque l'esprit redescendra, au moins les vaisseaux seront prêts à partir. Quant à la rencontre entre John Kenneth Galbraith et Sophia Loren à la conférence, elle démontre peut-être combien il faut se montrer généreux dans le tracé des limites de l'éducation supérieure.

La plupart des Américains présents reçurent la confirmation de ce dont nous n'avions jamais douté. Notre nation est une superpuissance culturelle. Nos arts, notre cinéma, notre littérature et notre musique (même parfois nos sciences sociales) sont connues partout. Notre culture intéresse les autres parce qu'elle reflète nos conflits, nos échecs, autant que nos réussites. Susan Sontag, c'est vrai, a prévenu les participants qu'il ne fallait pas la « surestimer ». Elle s'est plainte du manque de financement pour ses films. C'est certes regrettable, mais ce n'est pas la preuve irréfutable d'un déclin culturel national. Nous devrions, il est sûr, investir plus pour la culture (et pour l'éducation). La leçon à tirer du colloque réside pour nous peut-être ailleurs. Était-ce il y a vingt ans seulement, qu'un tueur à gages idéologique ou autre se raillait des artistes et des écrivains qui avaient eu l'impertinence de mettre en doute la compétence et la bonne foi des généraux et des technocrates qui dirigeaient la guerre du Vietnam? Peut-être devrions-nous à nouveau nous pencher sur la valeur politique de l'imagination américaine.

Cette éventualité dérange, il me semble, les adversaires américains du colloque. Parmi eux, Raymond Sokolov du « Wall Street Journal » est une exception : il était présent, parle le français et connaît la culture française. Il provoqua une tempête transatlantique en qualifiant de nulle la culture française contemporaine. Plus tard, il m'expliqua qu'il n'avait pas voulu dénigrer l'histoire et les sciences sociales françaises, mais qu'il trouvait l'art et le roman décevants. Ce qui l'avait réellement irrité, je pense, c'est ce qu'il considérait comme la suprême arrogance française : l'idée même du colloque lui semblait une erreur. Peut-être, mais il aurait pu étonner ses lecteurs — à condition de s'être moins plaint et d'avoir écouté plus — en leur apprenant que bon nombre de penseurs éminents estiment que les notions d'économie et de travail acquises jusqu'à présent ne correspondent plus à la réalité.

Le premier prix de malveillance systématique et de philistinisme obstiné doit cependant revenir au « Washington Post ». Michael Dobbs, un journaliste jeune et prometteur, couvrait la conférence. Le problème c'est qu'il venait d'arriver à Paris, qu'il apprenait la langue, et qu'il s'arrangea pour n'assister qu'à la fin de la session terminale du colloque et à une seule réception. Quelqu'un au « Post », publia un éditorial intitulé « honte aux intellectuels » d'où il ressortait qu'il était injuste de critiquer « Dallas » alors qu'un des personnages était très malade. L'éditorialiste du « Post » avait sans doute décidé que les problèmes examinés au colloque étaient trop compliqués pour lui (ou pour elle). Ceux qui à la conférence avaient affirmé que nous manquions d'un langage commun qui ne soit ni vulgaire ni banal, je suppose, ont marqué là un point.

Il s'agissait pourtant là de défauts relativements mineurs. Deux des éditorialistes du « Post », George Will et Jonathan Yardley, prirent prétexte du colloque pour étaler avec conviction chauvinisme et ressentiment. Will cita de longs extraits qu'il détestait, tirés des ouvrages de Sontag et Mailer. Il accusa les participants américains de s'être vendus à un gouvernement de gauche. Will participe souvent à des réunions d'hommes d'affaires. Il serait surprenant qu'il offre gratuitement ses services. Ses critiques de tous les autres participants relevaient des principes fondamentaux de l'ère de Reagan. C'est vrai, nous n'avons pas été payés pour participer au colloque : Il n'y a pas preuve plus éclatante des limites de certains de nos intellectuels que dans cette volonté de saine avarice. Will eut au moins l'honnêteté de nous attaquer sur des bases politiques. Yardley, au contraire, est un de ces critiques incapables de penser une idée longue de plus d'une syllabe. Comme Will, il ne savait du colloque que ce que Dobbs lui en avait dit, c'est-à-dire rien. Yardley se mit en devoir de découvrir un conflit éternel entre art et politique. Le conflit, il faut le dire, était à la taille de l'événement. Dans beaucoup de ses éditoriaux, il loue d'obscurs écrivains pour leur « patriotisme » (absence de critique de la guerre du Vietnam). D'autres célèbrent les vertus de gens ordinaires — vertus qui semblent se limiter à accepter notre système de classes en détournant pudiquement le regard. L'incohérence de Yardley était si grande qu'il faut chercher ailleurs les raisons de sa rage. Son éditorial était imprimé côte à côte avec un reportage sur une réception donnée par les Annenbergs en l'honneur de la famille royale britannique. Le « Post » intitule la section où il mélange les arts, la culture et les échos les plus ordinaires, « Style ». En l'occurrence, c'est ce qui faisait défaut avec le plus d'éclat dans ses pages.

43

Les journaux français, pour leur part, réagirent à la conférence en fonction de leurs sympathies politiques. La presse pro-socialiste se montra plus ou moins favorable, la presse d'opposition plus ou moins critique. Même la critique, il est intéressant de le souligner, était souvent modérée : Mitterrand prend les intellectuels au sérieux et ceux qui se sont enferrés dans des polémiques contre Lang (détesté par certains, pour des raisons qui parfois ne résistent pas à l'examen) avaient des intérêts corporatistes à défendre. « Libération », à gauche, s'est moqué de « La grande messe culturelle ». Mais « le Monde » fut respectueux, qualifiant le colloque de « première internationale de l'imagination ». La presse dans son ensemble réagit avec irritation aux critiques américaines, et tout particulièrement à celles de Sokolov ; il connut une brève notoriété qui n'aurait pas été plus forte s'il avait proposé de brûler la Bibliothèque nationale. Les correspondants américains aux États-Unis furent assez perspicaces pour écrire que les critiques américaines étaient conditionnées par les politiques culturelles propres à notre pays. En attendant, la fusion entre culture et politique, visible dans les réactions à l'événement des deux côtés de l'Atlantique, a confirmé l'intuition de ses initiateurs. Les deux sont inextricablement liées.

Jean-Pierre Faye

L'HONNEUR DES RÊVES

Voici dans la mémoire ces journées des 12-13 février, en l'an 83. Elles contribuent à faire, selon les mots de Raja Rao, que « Paris, aujourd'hui, c'est l'Athènes de l'Occident ».

Bien plus : ces journées sont elles-mêmes *un moyen de la mise en mémoire*. Elles aideront le futur à se rappeler ce qui fut mis en jeu, au début des années 1980, et cette mémoire même va être ce qui permet plus d'investigation dans l'avenir.

Car elle aide à faire comprendre que chaque grande crise fut une occasion d'inventer. S'il y a crise, le moment n'est donc pas de désinvestir de l'invention. Mais bien au contraire, d'investir dans l'innovation, dans la trouvaille, dans la quête exploratoire. Et cela, sans restriction au seul niveau de la technologie : celle-ci n'est que le premier plan du nouveau paysage qui déjà se dresse. Le fond est cette entière forêt du projet sur la vie, qui s'alimente en de nouvelles nappes, plus profondément creusées.

Voici l'Angleterre, à la Renaissance, privée de charbon de bois : elle ouvre les veines du charbon de terre, première au monde en cela. Elle manquera de fer, et devra le prendre à la Suède : elle se fait puissance maritime. La construction maritime s'effondre dans une crise financière : elle s'invente de tout nouveaux dispositifs financiers. Et nous n'en sommes qu'au seuil du XVIIIe siècle.

Mais voici le grand siècle des crises, annoncé par Hegel : car « par excès de richesse la société civile n'est plus assez riche... » La crise qui ruine l'imprimeur Balzac fait naître l'auteur acharné de la *Comédie humaine* : le roman moderne est enfin né. La première « Big Depression » en 1873 ferme les portes des marchands de tableaux au nez de plusieurs jeunes peintres : ils se groupent chez un photographe, Nadar, et voici que l'impressionnisme est là. La plus grande des Grandes Dépressions dans les années 1930 pousse deux grands pays vers le double désastre du IIIᵉ Reich et du régime militaire japonais : ce qui va naître, c'est la rayonnante diaspora de la philosophie juive allemande. Ernst Bloch, Adorno, Horkheimer, Benjamin. Et à l'épicentre de la bombe d'Hiroshima, ce que va construire le Japon renouvelé, ce sera la rosace très belle d'un musée peuplé par l'impressionnisme.

Magnifiquement, c'est cette pensée qui est mise au cœur de la tâche politique, depuis le 10 mai 1981. C'est à cela que les journées de Février 1983 ont donné la visibilité. Ce n'est pas une cérémonie décorative, c'est *une nouvelle cohérence dans l'histoire.* Le monde à venir ne peut se reconstruire qu'autour d'elle, et non à partir de l'avarice, en s'accrochant à l'épave.

L'incidence d'une pensée de pareille dimension sur le marché des monnaies c'est comme de savoir si les dialogues de Platon ont fait remonter les cours de la drachme. Peut-être fut-il imprudent, de la part de Périclès, de construire le Parthénon dans la tenaille étroite entre deux dangers, la guerre des Perses, la guerre de Sparte. Mais il fait du bref espace athénien l'épicentre des nouvelles secousses inventives, d'où procède toute modernité.

Ainsi pourra se bâtir une pensée capable de *supporter* l'avenir. Les jours de Février 83 apparaîtront peut-être comme un prélude musical au déploiement de ce Bicentenaire de 89 qui devra être, non pas rétrospective, mais plongée en plein futur. Chaque jour, les feuilles imprimées nous parlent de la crise. Que ne parlent-elles, par instants au moins, d'un projet !

C'est un grand Américain, Thomas Jefferson, qui saisit tout ce qui se joue avec les journées de révolution qu'a vécues en 1792 le peuple de Paris : c'est dit-il, notre liberté qui est en cause, et « la liberté du monde entier dépendait de l'issue de la lutte ». A ces mots répondent ceux de Carlos Fuentes maintenant : « l'espoir de notre indépendance passe aujourd'hui par la France, par l'Europe ».

Et voici Styron, l'écrivain américain le plus célébré de son temps, nous dire que l'amputation culturelle pratiquée par Ronald Reagan a son complément significatif dans le *doublement* du budget culturel pratiqué à Paris : et c'est cette audace qu'il juge magnifique. Voici également Breyten Breytenbach, l'écrivain d'exil, le poète incarcéré par le plus brutal des régimes sociaux, pour qui les initiatives de Février « honorent les rêves et les besoins qui nous sont propres, à nous, citoyens de partout et de nulle part ». Voici que nous parlent, parmi les plus grands des économistes contemporains, Leontieff et Galbraith. Voici Giorgio Strehler et Volker Schloendorff, Élie Wiesel et Joseph Kizerbo, Francis Ford Coppola et Ettore Scola, Susan Sontag et Umberto Eco. Voici Senghor. Et tant d'autres, de France et de partout. Devant le fleuve de l'apocalypse africaine, notait Strehler, il a le sentiment de tenter ici « ce théâtre minuscule » – mais précisément, « il faut faire brûler ce petit feu dans le noir de la folie atomique ».

De façon égale je penserai à ce « minuscule » Collège international de philosophie dont la conception me traversait l'esprit, un certain 7 octobre de l'an 81, devant un minuscule public en effet réuni autour d'une table – et qui justement vient naître en l'an 83, de façon effective, grâce à l'écoute de ceux mêmes qui ont pris l'initiative des deux journées de Février *pour honorer les besoins et les rêves.* Cette écoute exemplaire place au cœur de la ville de Paris ce qui en ferait, comme au siècle où naît l'art ogival, la « capitale de la philosophie »...

Car il faut penser à ce qui sauve. Dans la difficulté d'une guerre de trente ans, l'Allemagne du XVIIᵉ siècle invente le *Collegium Musicum* de l'Université de Leipzig. Son animateur se nomme alors l'admirable Adam Krieger. En 1729 il se nommera Jean-Sébastien Bach. L'Allemagne naufragée est devenue pour toujours la grande puissance du règne musical.

Mais le présent est ce qui se regarde difficilement.
Quelque chose s'est sans doute mis en marche en

Février 1983, et qui honore les rêves et les besoins. Pour ces citoyens de partout et de nulle part dont l'invisible réunion débordait de toutes parts les très nombreux qui furent ici *présents*. Leur réponse à l'appel de François Mitterrand et de Jack Lang, leur prise de parole, leur réflexion rétrospective, tout cela dès maintenant dessine un espace de convergence, un grand réflecteur en lequel surgit lentement cela que déjà l'on peut entrevoir.

Le spectre qui hante les esprits s'y trouve également présent : qu'est-ce qu'une crise? Derrière lui, un autre, plus monstrueusement questionnant : qu'est-ce qu'une guerre?

On pouvait tout à l'heure se demander à juste titre si Périclès ne commettait pas une imprudence en se souciant de questions culturelles et de monuments. Alors qu'il était pris dans l'étau entre guerres mondiales et grandes puissances, et que la santé de la drachme pouvait être plus préoccupante.

Et pourtant, c'est par l'Acropole qu'il gagne, en finale, la guerre du Péloponèse. Parce qu'il a permis d'inventer le réflecteur puissant qui va faire que les épreuves mêmes d'Athènes seront *par* elle racontées, et que son récit va désormais illuminer l'histoire future. Que même les « intellectuels d'opposition », partisans du parti de l'aristocratie conservatrice — Platon, Thucydide et aussi les grands « étrangers » — Aristote, les stoïciens — vont être à l'œuvre en vue de cette partie-là. Partie, certes, qui dépasse les partis. Qui englobe d'autres enjeux. Qui rend visible une autre luminosité.

Être une Athènes de l'Occident — ou de l'Orient — remplit de toute façon une fonction provisoire, et comme par délégation de l'histoire universelle. Encore faut-il qu'au nom de celle-ci, à tour de rôle, cette fonction soit pleinement assumée, dans le mouvement de son phare tournant.

C'est ce travail plénier qui fut engagé, ici, à Paris. En l'an 1983.

Giorgio Strehler

L'OPTIMISME DU CŒUR

Nous avons été, pendant des heures, sans relâche, une poignée d'êtres humains de différents pays, de différentes expériences, de différentes langues. Nous nous sommes penchés ensemble sur des problèmes qui nous hantent, même dans nos solitudes. Nous savons bien, clairement ou obscurément, que c'est sur ces problèmes que se jouent nos possibilités de survie, notre existence de créateurs, et donc d'hommes. Oui : Max Frisch nous l'a dit : « Homo faber », l'homme est constructeur en tant qu'homme. Peut-être est-il créateur aussi, « l'homo cocacolensis » (dont nous parlait Ki-Zerbo) et qu'en d'autres termes, l'on pourrait appeler, si vous me passez l'expression, l'*homo dallasensis.*

Pour ma part il m'a suffi, ce sentiment. Cette certitude que nous nous sommes interrogés ensemble sur une série de problèmes, même si le temps était trop bref. Et j'ai constaté que ces interrogations ont ouvert d'autres interrogations qui en ont ouvert d'autres. On s'est interrogé continuellement, et nos discours ont toujours fini en points d'interrogation.

Qui attendait la réponse définitive, la solution définitive, ou le chef qui ouvre finalement la porte fermée, sera déçu. Il n'y a pas de réponse.

Peut-être sommes-nous venus ici simplement pour nous

dire, tous ensemble, notre angoisse devant l'histoire du monde qui nous dépasse trop souvent, et dont nous n'entrevoyons que des éclairs, dont nous ne connaissons que des vérités partielles. Et nous ne voyons pas le dessein, nous ne voyons pas le système. Il n'y a pas de dessein, il n'y a pas de système.

Il est venu peut-être le moment, où nous devons avoir le courage de vivre sans la vérité qui nous console. Vivre dans l'incertitude du quotidien, tel est le risque d'aujourd'hui : il n'y a plus aucune vérité qui sauve. Il n'y a plus aucun mythe qui nous apaise. Nous sommes seuls et totalement responsables. Nous vivons le grand changement. Nous vivons le grand doute. Nous vivons la grande dialectique. « Homo faber », « homo cocacolensis », « homo dialecticus » : il faut vivre la réalité de l'homme de la dialectique, totale, avec courage, je voudrais dire avec joie.

Et c'est bien, me semble-t-il, dans cette perspective totalement dialectique que nous avons parlé, par exemple, du Nord et du Sud. Tour à tour, le Sud devenait le Nord pour quelqu'un d'autre.

Et l'hégémonie apparaissait comme l'hégémonie de quelqu'un d'autre, dans une chaîne continuelle de responsabilités. Nous nous sommes dit par exemple que l'instrument du démon, c'était le petit téléviseur branché dans la cabane péruvienne ou africaine, et en même temps nous nous sommes dit que ce petit monstre n'était pas l'instrument du démon, mais qu'il était l'outil d'une communication merveilleuse entre les hommes. Et tout cela est bien vrai. Même si c'est contradictoire, une chose aujourd'hui trouve une définition seulement dans le contexte de ses multiples réalités.

Ce qui n'empêche pas de constater aussi une chaîne de responsabilité réciproque qu'il faut briser. Comment ? On a compris que seul un geste de solidarité pouvait nous sauver, comme le disait José Luis Sampedro.

Et nos discours ont sûrement donné un sentiment de liberté. Nous n'avons pas escamoté les problèmes, nous ne nous sommes pas fait de politesse, nous avons parlé de tolérance. Nous avons atteint aussi un certain niveau poétique. Nous avons parlé de liaisons, et nous avons été pendant des heures *liés*. Chahine a déclaré : « De nos jours, des milliers d'êtres humains, dans leur vie quotidienne, sont gérés par le mot liaison. » Ce ne sont ni les moyens de transport qui manquent, ni les communications électroniques, ni les communications téléphoniques.

Les pensées venant de l'hémisphère nord peuvent atteindre leur frère du sud en quelques secondes, par un toucher de boutons. Les années-lumière ont été raccourcies par les ordinateurs. Mais alors qu'est-ce qui fait une vraie liaison, un quasi-miracle? C'est le mot frère.

Nous étions, je crois, pour un instant, frères. D'autres sont portés à croire que race et religion sont d'insurmontables barrières. Eh bien, j'ai vu des noirs aux cheveux blonds, et des jaunes rougir autant que des Suédois. Et je suis loin de croire que chaque fois que je déguste un excellent pain azyme en forme de croquettes, il est pétri de sang chrétien. Quant aux mariages mixtes, comme on les appelle, ils défient tout être vivant, sur n'importe quel continent, de prétendre avoir une lignée pure, puisque toute race se voulant pure est vouée à l'extinction. La seule différence, je l'ai remarqué, tient à la culture, et c'est pour l'accès à ce droit que la lutte devrait être menée.

N'est-ce pas là que les hommes de bonne volonté devraient intervenir? Voici la seule différence sur laquelle il faut agir, sur laquelle c'est un devoir d'agir. La culture à la portée de tous; la culture, droit primordial des êtres.

Cela, c'est Chahine qui nous l'a rappelé. Mots de tolérance, mots de liaison. Pourtant, nos discours ont aussi, selon moi, fait résonner le ton de l'impuissance et du désespoir. Comment ne pas éprouver ces sentiments, devant l'image qu'évoquent les mots de notre cher Ki-Zerbo, lorsqu'il parle de l'Afrique. Un continent qui était un conservatoire fascinant de formes artistiques s'est mué en un marché où, par mimétisme, on reproduit la culture dominante! Quand un pauvre perd sa culture, qui constitue sa seule richesse, quelle plus grande aliénation? Ce phénomène est d'autant plus grave qu'il n'est pas abrupt et catastrophique. Car alors les Africains s'insurgeraient contre la brutalité de l'agression. Mais des scénarios grandioses se déroulent avec la lenteur implacable, quasi clandestine, d'une apocalypse au ralenti. Comme un fleuve qui coule. Devant le fleuve qui coule, devant ce fleuve au ralenti, j'éprouve, comme devant cet autre fleuve dont on ne voit pas les deux rivages (selon le mot de Gabriel Garcia Marquez) le sentiment de l'impuissance. Le sentiment du désespoir. Et je crois que nous l'avons tous éprouvé.

Et justement, hier, j'ai croisé à un certain moment le regard de Jack Lang qui était venu assister quelques instants à notre séance. Nous sommes en train de donner la vie à un théâtre de l'Europe, donc de faire quelque chose pour la création et les relations internationales : c'est-à-dire quelques spectacles de théâtre, un peu de lumière, un peu d'illusion pour des milliers de personnes dans un petit théâtre de l'Europe. Pour faire quelque chose, faire un petit morceau de l'Europe. Et là devant le fleuve de l'apocalypse africaine qui coule au ralenti, là il y a ce petit théâtre, où l'on joue, devant 3 000 personnes, l'illusion. Et bien nous nous sommes interrogés en silence, Jack Lang et moi : personne ne s'est aperçu de cela. Et puis, toujours en silence, nous nous sommes dit oui de la tête. Oui il faut le faire, ce théâtre minuscule, serait-ce au-dessus du vide. Il faut le faire quand même, ce petit geste d'illusion. Il faut faire brûler ce petit feu dans le noir de la folie atomique.

Car il faut se battre contre la destruction et la folie, contre le désespoir et la solitude, avec les armes que chacun de nous possède, si faibles soient-elles, au point de paraître presque inutiles, comme quelquefois semblent l'être les armes des créateurs et des poètes. Il faut le faire, comme on sait le faire : sans répit. Il faut se réunir, il faut se trouver, il faut se parler. C'est pour cela que je fais la proposition personnelle que ce congrès, que ces rencontres se reproduisent à l'avenir et que chaque année, nous ou d'autres que nous, sachions qu'ici à Paris l'on peut se retrouver, peut-être avec un peu plus de temps, pour se regarder dans les yeux, et pour échanger des points de vue.

Tel est le sens de ce geste humain d'espoir, qui, ici même, nous réunit tous ensemble. C'est la raison pour laquelle le gouvernement français aujourd'hui et pas un autre, cherche à donner une place nouvelle à l'aventure culturelle, à la recherche et à la création, c'est-à-dire à l'espoir de l'homme. Pourtant nous avons tous le droit d'être pessimistes. Nous avons tous de justes motifs pour professer un pessimisme de la raison. Mais nous croyons aussi qu'il y a en nous un sentiment inguérissable : l'optimisme du cœur. Un vieux poète dramatique qui a vécu longtemps en France, et que j'aime particulièrement, Carlo Goldoni, a écrit un jour : « Mais en fin de compte, ce qui gagne, ce qui va vaincre, ce sera toujours et encore le cœur de l'homme. » Optimiste? Utopiste? Oui, nous le sommes. Moi je le suis. Mais au bon, au vrai sens du terme. Car ce que nous voulons, ce que tous les créateurs veulent, c'est en effet l'utopie. L'utopie dans le sens exact du mot, c'est-à-dire le pays du bonheur, le pays de la liberté, de la création, la terre, la nôtre. A chacun son choix.

I. LES INVENTEURS DE CRISES

Umberto Eco

Ilya Prigogine

Jacques Derrida

Umberto Eco

JE NE RÉSOUS PAS LES CRISES, JE LES INSTAURE

Il y a trois termes sur lesquels il faudra s'entendre avant de discuter sur la crise, la culture et l'économie. Pardonnez-moi cette précision critique, mais je fais simplement mon métier d'homme de culture : bref, je ne résous pas les crises, je les instaure.

Je n'aime pas tellement l'opposition culture/économie ou culture/politique. J'entends culture dans le sens de l'anthropologie culturelle et de ce point de vue le gouvernement de M. Mitterrand, l'organisation de la Sécurité Nationale, le débat entre producteurs de vin italiens et français font partie de la culture française et européenne du XXᵉ siècle au même titre que les travaux et l'organisation de l'École Pratique des Hautes Études, les ouvrages de Foucault et de Lévi-Strauss et les mises en scène du Théâtre National Populaire.

A la rigueur j'accepterais l'opposition entre *hommes de culture* (les savants qui étudient les phénomènes culturels — ou les créateurs qui les représentent — bref les interprètes d'une culture) et *hommes de pouvoir* qui, dans l'activité politique, économique ou militaire, produisent et règlent la culture dite matérielle.

Le troisième terme qu'il faut soumettre à la critique est justement le concept de *crise*. Il y a au moins deux sens du mot crise et cette duplicité s'instaure au moment même où la civilisation grecque pose le terme de *krisis*. Chez Aristote et Platon la *krisis* est jugement, choix, sens des différences : chez Diodore et dans la première traduction grecque de la Bible, la *krisis* est explication et interprétation : donc, une tâche positive, un devoir culturel, le ressort même de toute décision juste.

Mais de surcroît chez Platon, chez Hérodote et d'autres auteurs, la *krisis* est aussi lutte et querelle, et pour Xénophon elle était aussi la condamnation qui suivait le jugement.

Ainsi, pour des historiens tels que Thucydide et Polybe elle était l'événement et la révolution (bien que jusqu'au XVIIIe siècle, révolution n'ait pas le sens d'un changement radical). D'ailleurs les médecins, par exemple Hippocrate et Gallien, parlaient de la « crise » d'une maladie – dans le sens moderne de catastrophe, point critique, changement soudain entre la phase de la maladie et l'événement décisif, qu'il s'agisse de mort ou de santé. Donc, il y a une crise qui est santé, activité de distinction, recherche, éclatement ou transformation positive d'un système ou d'une structure, et une crise qui est instabilité, maladie, déséquilibre sur lequel il faut agir pour rétablir un ordre quel qu'il soit.

Or, chers amis du pouvoir, vous qui agissez en tant qu'hommes de culture en organisant cette occasion de réflexion critique, chers amis du pouvoir qui souvent dans votre vie intellectuelle travaillez en tant qu'hommes de culture (exactement comme nous hommes de culture, nous nous trouvons si souvent à travailler en hommes de pouvoir dans maintes institutions) – il doit être bien clair qu'en jouant nos deux rôles spécifiques, nous avons affaire avec deux crises différentes.

L'homme de pouvoir, qui doit faire face à l'inflation, à la crise du pétrole, à la crise des valeurs qui produit le crime ou l'administration malhonnête et incompétente, à la crise due à la complexité croissante des systèmes d'information, doit guérir une maladie du corps social et rétablir un ordre (tant mieux s'il est capable non de revenir à des modèles d'ordre périmés, mais d'en créer de nouveaux).

Au contraire l'homme de culture doit produire des crises là où il n'y en a pas. Il y a production de crise dans la découverte scientifique (qu'il s'agisse de sciences naturelles ou humaines), là où le savant découvre un nouveau paradigme et pose les conditions de ce qu'on a appelé une révolution scientifique. Toute révolution scientifique décide que les principes qui auparavant représentaient le centre d'un savoir (en en définissant la périphérie) doivent être ou bien changés ou bien structurés d'une façon différente. Il y a production de crise dans tout discours créateur, qu'il s'agisse d'un poème, d'un film ou d'une réflexion métaphysique, parce que à travers ces discours on instaure une façon « autre » de voir le monde – le discours créateur parlerait-il d'une fleur, comme le voulait Mallarmé.

L'homme de culture produit une crise même lorsqu'il collabore au pouvoir. Son devoir n'est pas de défendre les choses telles qu'elles sont. Même quand il produit un recueil de textes classiques pour les écoles secondaires il devrait viser à une lecture nouvelle des auteurs du passé et (à la limite) son ambition devrait être celle de Pascal : « qu'on ne dise pas que je n'ai rien dit de nouveau : la disposition des matières est nouvelle ».

Donc l'homme de pouvoir ne peut pas demander à l'homme de culture (même lorsqu'il se pose, en tant qu'homme de pouvoir, des questions à lui-même en tant qu'homme de culture) comment résoudre la crise.

Comme le disait l'écrivain italien Elio Vittorini, l'intellectuel, bien qu'engagé, ne doit pas jouer du fifre pour la révolution (et encore moins pour la restauration).

Demandez, si vous voulez, pourquoi *votre* crise s'est établie. Mais ne nous demandez pas de recettes ou de panacées parce que nous savons bien que tous les malades sont, plus encore que des malades imaginaires, des complices de leur maladie.

Demandez qu'on produise, toujours et encore, des critiques et donc des crises. Dans le sens de jugement, soupçon, inquiétude, interprétation, querelle.

Ilya Prigogine

LA LECTURE DU COMPLEXE [1]

Plus qu'aucune autre période de l'histoire peut-être, notre époque se caractérise par une diversification croissante des savoirs, des techniques et des modes de pensée. Nous vivons pourtant dans un monde unique, et plus que jamais chaque domaine d'activité implique l'ensemble des autres; c'est pourquoi il me semble essentiel d'essayer de dégager quelques lignes de rencontre.

Un point de départ possible pour cette quête est la conviction que notre rapport au réel suppose une construction. Que ce soit dans les sciences physiques, ou *a fortiori* dans les sciences humaines, l'idée d'une réalité qui s'impose comme donnée n'est plus recevable [2].

1. Je remercie S. Pahaut de son aide pour la mise au point de ce texte.
2. Que ce soit en psychologie ou en philosophie, de nombreux auteurs tentent d'imposer l'idée que la connaissance est un ensemble de constructions, et non pas un rapport passif d'emprunt à un donné. Cf. Les commentaires de J. Piaget sur A. Lichnerowicz et S. Bachelard, dans *Biologie et connaissance*, Paris, Gallimard, 1967, pp. 472-477; ou, plus près de la réflexion philosophique sur les rapports entre réalisme du concept et activité du jugement, les réflexions et souvenirs de K. Popper dans *Unended Quest*, Open Court, 1976. J'ai eu l'occasion d'attirer l'attention sur un dialogue étonnant entre A. Einstein et R. Tagore, « The Nature of Reality », *Modern Review*, Calcutta, 1931 : I. Prigogine, « Only an Illusion », *The Tanner Lecture on Human Values* (18 déc. 1982), à paraître chez Cambridge University Press.

C'est peut-être dans les sciences physiques que l'évolution de notre rapport au réel est la plus nette ; cette évolution est lourde de conséquences qui débordent largement le domaine scientifique proprement dit.

Pendant plusieurs siècles – en fait, depuis la fondation de la physique par Galilée, Descartes et Newton – l'idée de simplicité, la recherche d'un niveau fondamental, stable à travers les apparences, dominait les sciences de la nature [3].

Nous devons nous rendre à l'évidence : à aucun niveau qui nous soit accessible, des particules élémentaires à la cosmologie, la nature ne semble plus se conformer à ce paradigme classique [4].

Les sciences physiques sont engagées dans un processus de reconceptualisation. Il est intéressant de noter que ce processus s'est déclenché dans un cadre social qui, à la suite de l'explosion démographique (et d'autres développements comme l'importance accrue des techniques informatiques) conduit également à l'éclatement de concepts souvent simplistes à la faveur desquels on cherchait à décrire les sociétés humaines.

Reconnaître la complexité, trouver les outils pour la décrire, et relire dans ce contexte nouveau les relations changeantes de l'homme avec la nature et de l'homme avec lui-même, voilà les problèmes cruciaux de notre temps.

Dans cet exposé, nous aborderons d'abord notre rapport au monde tel qu'il résulte des progrès récents des sciences physiques.

Nous chercherons ensuite à dégager les principales modifications qui en découlent pour la position des sciences dans la problématique globale de notre temps. Le fait central est le rapprochement qui se cherche entre sciences physiques et sciences humaines ; nous en donnerons quelques exemples.

3. I. Leclerc a bien décrit la volonté de prêter une permanence aux composants élémentaires dans le projet des atomistes de la Renaissance et de l'Age classique, et sur le caractère philosophique de leur révolte contre Aristote, en particulier Giordano Bruno et Sébastien Basso (cf. *The nature of Physical Reality*, George Allen & Uniwin 1972, pp. 169 sqq. et 143 sqq.)

4. S. Weinberg, *The First Three Minutes. A Modern View of the Origin of the Universe*, Basic Books, New York, 1977 ; tr. fr. *Les trois premières minutes de l'Univers*, Paris, Seuil, 1978.

Il est évident qu'il ne peut être question d'être complet, ni de cerner toutes les dimensions de ces problèmes. Nous voudrions simplement exprimer un point de vue qui nous semble en toute objectivité résulter de la confluence de nombreux courants de pensée, ainsi que des résultats inattendus et pourtant convergents d'expériences menées dans le domaine des sciences.

J'esquisserai d'abord ce qui dans mon esprit constitue l'essentiel de la reconceptualisation en cours dans les sciences physiques [5].

La description que nous pouvons donner du monde autour de nous doit de toute nécessité présenter un caractère pluraliste, qui reflète la variété des phénomènes que nous y observons.

On distingue traditionnellement les phénomènes selon qu'ils sont réversibles ou irréversibles, et selon qu'ils sont déterministes ou aléatoires.

Ces catégories sont familières à chacun. Chacun sait que le pendule sans friction est réversible et déterministe ; la diffusion thermique ou chimique est déterministe et irréversible ; les mouvements susceptibles d'être décrits en termes de trajectoire sont déterministes ; et chacun appelle aléatoire le chiffre qui apparaît après un coup de dé.

Il nous serait difficile d'accepter une vision du monde qui exclurait une catégorie de phénomènes par rapport aux autres. Il existe des phénomènes réversibles, il existe des phénomènes irréversibles. Nous avons isolé des processus déterministes ; mais il est difficile, devant le nombre des espèces vivantes (qui dépasse l'ordre du million), de croire que l'évolution biologique – pour ne pas parler de l'évolution culturelle – était programmée depuis les premières secondes de notre univers.

Le problème est donc d'apprécier l'importance que nous donnons à chacun de ces catégories. C'est ici que s'introduit la modification de point de vue dont nous parlions tout à l'heure : pour la physique classique, les systèmes réversibles

5. I. Prigogine et I. Stengers, *La nouvelle alliance*, Paris, Gallimard, 1979. Ces ouvrages datent à présent de quelques années ; des progrès importants ont été enregistrés depuis lors dans la théorie microscopique des processus irréversibles.

et déterministes constituaient le modèle conceptuel par excellence. Nous retrouvons ici le point de départ historique de la science occidentale, dont les premiers travaux furent surtout consacrés à l'étude des mouvements, et en particulier des mouvements planétaires. La réussite newtonienne a orienté pour plusieurs siècles l'évolution des concepts scientifiques : l'aléatoire et l'irréversible n'apparaissaient guère que comme des cas d'exception, presque des artefacts introduits par l'homme dans une nature simple, réversible et déterministe.

La situation a aujourd'hui changé, et notamment à la suite de trois mutations spectaculaires :

Les particules élémentaires se sont révélées presque toutes instables, et sont loin d'être le support permanent des apparences changeantes que promettaient les doctrines atomistes.

La cosmologie contemporaine nous met en présence d'une histoire de l'univers et d'un déploiement successif de structures de plus en plus complexes.

Enfin, les phénomènes macroscopiques traditionnels, et en particulier ceux dont s'occupent la chimie, la biologie ou l'hydrodynamique, ont changé de visage [6]. Partout nous découvrons l'aléatoire et l'irréversible.

Dans ces conditions, nous voyons aujourd'hui que les processus réversibles et déterministes, qui étaient au cœur de la description classique, constituent des idéalisations excessives, et relèvent, pourrait-on dire, de l'artificiel.

Il faut bien des précautions pour obtenir d'un pendule concret qu'il maintienne son état de mouvement réversible et déterministe sans dissiper son énergie.

De même, le mouvement d'une planète autour du soleil est depuis Newton un modèle de parcours réglé; mais les problèmes de stabilité et de prédictibilité se posent dès que l'on passe de ce cas simple à celui du problème à trois corps [7]. La perspective s'est donc inversée : le légal et le réversible sont à présent l'exception.

6. G. Nicolis, I. Prigogine, *Self-Organization in Nonequilibrium Systems. From Dissipative structures to Order through Fluctuations*, Wiley, 1977.
7. Voir C. W. Horton Jr., L. E. Reichl, V. G. Szebehely eds., *Long-Time Prediction in Dynamics*, Wiley, 1983, où est posée la question du caractère non déterministe de la mécanique céleste.

Nous reprendrons plus loin cette évolution des idées scientifiques contemporaines. Mais je voudrais dès à présent insister sur le renversement corrélatif de nos positions épistémologiques.

Dans la conception classique, on l'a remarqué de nombreuses fois, nous avons affaire à un univers automate. Cet univers pouvait être manipulé en imposant des conditions initiales appropriées. D'une certaine manière, l'homme apparaissait comme un être tout-puissant, maître, en principe, d'un univers contrôlable en droit jusque dans ses moindres détails.

Cette toute-puissance s'accompagnait d'un prix à payer : l'inquiétante étrangeté de l'homme par rapport à l'univers qu'il décrivait.

La vie, phénomène irréversible, la culture et ses vicissitudes, ne pouvaient figurer que comme des étrangères dans un règne physique réduit à ses composantes dites fondamentales [8].

Dans les conceptions actuelles, l'aléatoire et l'irréversible jouent un rôle à tous les niveaux. Dès lors, la science est apte à donner de l'univers une image compatible avec celles que nous imposent la biologie et l'histoire des cultures.

Par là même, la science cesse en droit d'être l'expression d'une phase culturelle isolée, celle du XVIIIe siècle européen. Bien des chercheurs ont souligné le caractère historiquement situé du concept de loi naturelle [9]. Aujourd'hui, nous

8. Cf. I. Prigogine et I. Stengers, *op. cit.*, 101-113 sur les impasses du réductionnisme physique en biologie et les solutions de Waddington et Needham après Whitehead ; p. 44, sur l'histoire des cultures et les thèses de « Race et histoire » de Cl. Lévi-Strauss (*Anthropologie structurale 2*, Paris, Plon, 1973) ; on lira aussi l'œuvre monumentale de G. Steiner *After Babel*.

9. Les travaux d'Edgard Zilsel sur la constitution historique de l'idée de loi naturelle ne sont guère connus en France. Après avoir figuré aux côtés d'Otto Neurath dans la mouvance du cercle de Vienne, il écrivit aux USA une œuvre importante, dont quelques textes ont été publiés en traduction chez Suhrkamp : *Die soziale Ursprünge des neuzeitliche Wissenschaft* (stw 152, 1976). Les remarques historiques du P. Lenoble sur l'hypothèse de Lachelier (déterminisme sans régularité légale) devraient surtout servir à analyser les idées du XVIIe siècle, et non pas à « expliquer » pourquoi l'antiquité atomiste ou autre n'aurait pas fondé la science (*Histoire de l'idée de Nature*, Paris, Albin Michel, 1969). Pour la réévaluation du rôle des ingénieurs (quelque peu maltraités par Koyré) dans la préparation – et la mise en

dépassons le cadre historique qui a vu naître la science. D'autres discours sur la science deviennent recevables, construits dans des cultures différentes.

Par exemple, une préoccupation essentielle de la philosophie indienne a été la vision intérieure, la découverte du monde *via* le retour à soi [10]. La vision occidentale avait longtemps posé un regard épistémologique et critique sur le monde extérieur à nous; un dialogue entre ces deux approches est à présent possible.

La science chinoise, avec sa vision complexe de l'harmonie spontanée des diverses composantes du monde, pourra mieux que nous peut-être commenter les phénomènes d'autostructuration qu'il devient possible de décrire [11].

Des concepts fondamentaux qui semblaient devoir suffire à décrire la réalité, comme l'idée de trajectoire ou de fonction d'onde, se retrouvent aujourd'hui dotés du statut d'idéalité : pour des conditions initiales extrêmement voisines, nous trouvons désormais que certains systèmes peuvent diverger au cours du temps.

Par ailleurs, et contre l'analogie que suggérait l'étude des systèmes dynamiques simples, nous savons qu'il existe des systèmes où toutes les conditions initiales ne sont pas réalisables : celles que nous adoptons doivent faire partie de l'ensemble des états accessibles au système. La condition initiale fait partie de la dynamique du système.

Le problème des racines du temps dans la nature commence à se préciser. L'irréversibilité n'est pas une propriété universelle, comme l'indique l'existence de mouvements réversibles très simples, pendulaires ou planétaires. Nous pressentons qu'elle est elle-même, un effet, un résultat d'une complexité microscopique.

En bref, nous découvrons une hiérarchie de propriétés :

scène – de la révolution galiléenne, on relira avec profit l'ouvrage de Moscovici, *Essai sur l'Histoire humaine de la nature*, Paris, Flammarion, 1977.

10. Sur la confrontation de l'évolution de l'idée et des pratiques de l'individualisme en Inde et en Occident, et la dimension corrélative de l'intériorité, je ne puis que renvoyer à l'œuvre de Louis Dumont.

11. J. Needham, biologiste avant d'être sinologue, a donné plus que quelques indications dans cette direction dans son œuvre monumentale *Science and Civilization in China*, Cambridge University Press.

instabilité (classique ou quantique) conduisant à un comportement nouveau qui fait que les propriétés du système peuvent se décrire en termes de processus aléatoire (en langage technique : du type des chaînes de Markov), et brisement de symétrie par suite de la non-accessibilité des catégories de conditions initiales. Ce brisement de symétrie exprime en termes mathématiques notre sentiment intuitif que le temps n'est pas manipulable à volonté.

Les états interdits d'un système sont séparés des états permis par une barrière entropique infinie, que ni la nature ni nous ne pouvons franchir [12]. Il s'agit donc d'une nouvelle impossibilité, quelque peu analogue à celle qui interdit à un signal de voyager plus vite que la vitesse de la lumière, ou de mesurer simultanément la vitesse et la position d'une particule en mécanique quantique.

Notons enfin que cette impossibilité est objective : bien loin que l'irréversibilité nous distingue et nous sépare de la nature, elle nous relie désormais à une nature elle-même irréversible.

En fait, le message scientifique du XXe siècle nous semble résider dans cette volte-face : de l'univers automate, réversible et déterministe, nous allons vers un univers aléatoire et polarisé dans le temps.

La mécanique quantique avait déjà découvert l'aléatoire au niveau microscopique. A présent, l'aléatoire apparaît à tous les niveaux, et il devient une étape de la construction de l'irréversible. Les conséquences de cette nouvelle situation sur les plans épistémologique et éthique sont fondamentales [13].

J'ai évoqué le changement de perspective vers lequel semblent converger des recherches très diverses dans l'ensemble des sciences physiques, chimiques et biologiques. Ce changement implique en particulier une reconsidération des rapports entre ordre et désordre, et, de manière plus générale, de la notion de structure.

12. Des travaux récents de notre groupe à ce sujet sont en cours de publication.
13. L'éthique suppose une rupture de symétrie entre être et devoir être, dont un monde automate semble incapable. La science nouvelle n'est plus indifférente à cet ordre de choses.

L'équilibre thermodynamique, celui qui est exprimé par le maximum de la fonction d'entropie, est chaotique. Un exemple très simple est celui d'un gaz formé de molécules. A l'équilibre, les molécules sont indépendantes : aucune corrélation n'apparaît entre leurs mouvements.

Le non-équilibre est source d'ordre, de cohérence : des corrélations apparaissent entre ces unités. Le non-équilibre comme source d'ordre apparaît désormais comme un des principes les plus généraux que nous puissions formuler à l'heure actuelle. Il semble s'appliquer aux différents niveaux de description accessibles aujourd'hui : particules élémentaires, mouvement des molécules, phénomènes macroscopiques décrits par la thermodynamique.

Conçu comme maximum d'entropie accessible à un système donné, l'équilibre devient synonyme de chaos, de désordre, comme l'avait déjà dit Boltzmann.

C'est le non-équilibre, qui est la source de toute cohérence, et ceci semble vrai à tous les niveaux de description accessibles aujourd'hui : si nous chauffons une barre de métal, des corrélations à longue portée apparaissent entre molécules. Comment ne pas penser aux relations d'ordre à distance qui existent entre les molécules de l'A.D.N. ou entre les mots d'un langage?

A tous les niveaux nous retrouvons ce dualisme : à l'équilibre, des unités incohérentes, qui peuvent être complexes en elles-mêmes, mais oublieuses les unes par rapport aux autres.

Si je n'avais pas peur d'un néologisme, j'aimerais les appeler des *hypnons,* qui tels des somnambules se meuvent, ignorant le monde extérieur. Comment ne pas penser aux monades de Leibniz? l'élément neuf est qu'à présent c'est le non-équilibre qui introduit les interactions entre les monades, là où chez Leibniz régnait une harmonie préétablie. La matière redevient enfin active de plein droit.

Le changement de perspective que j'ai exposé ci-dessus nous amène à recourir à un ensemble de nouveaux concepts : bifurcations, non-linéarités, fluctuations. Nombre de ces concepts étaient connus depuis longtemps. Mais leur importance et leur signification se trouvent renouvelées du fait des récents développements. Arrêtons-nous un instant sur la triade flux/fonction/structure.

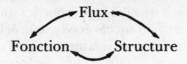

La sensibilité aux contraintes externes que permettent les réactions non linéaires, les effets d'historicité qu'introduit le phénomène des bifurcations en cascade, le rôle des fluctuations enfin dans l'analyse de stabilité donnent aux systèmes de ce type un comportement de feed-back évolutif : les flux externes peuvent faire passer la structure interne d'un état à un autre, voire modifier les réactions actives; et en retour le système peut être ensuite sensible à des contraintes externes qu'auparavant il ne lisait pas. Cette triade nous donne un excellent accès au pont qui relie ces problématiques physiques à celles des sciences sociales et humaines.

Il est évident qu'une société est un système non linéaire : ce que fait chacun est réverbéré et amplifié par l'action du *socius*. Ce caractère non linéaire s'est accru spectaculairement du fait de l'intensification des échanges de tous ordres. Je viens d'évoquer la triade du flux, de la fonction et de la structure, qui se retrouve des systèmes les plus élémentaires aux plus complexes, avec la nuance que dans les systèmes complexes comme les systèmes humains, le flux n'est pas quelque chose de donné, mais est relayé et relancé par la société : il est donc pris dans le processus d'humanisation de la nature qu'a décrit Serge Moscovici.

Dans ses passionnants *Entretiens avec Georges Charbonnier*, Claude Lévi-Strauss distingue des sociétés « horloges » et des sociétés « machines à vapeur » [14]. Il est clair que le vocable « horloge » évoque la répétition, le déterminisme, le caractère presque cristallin de ces sociétés, tandis que le vocable « machine à vapeur » évoque l'inégalité et la dégradation. On peut se demander si les formes fortes de ce couple existent vraiment. Nous pouvons nous tourner vers des sociétés consi-

14. Publiés dans la collection des lettres nouvelles, chez Plon en 1961.

dérées comme bien plus proches de l'idéal-type « horloge »
que ne l'est aucune société humaine : les sociétés d'insectes.
J'avoue que ces sociétés m'ont toujours passionné, et tout
spécialement depuis que j'ai appris que les sociétés de fourmis
comptent à leur actif un succès écologique éclatant : on estime
que le nombre de fourmis vivantes est de l'ordre de 10^{15} : il
semble qu'il y ait environ un million de fourmis pour un être
humain.

Il est de fait que plusieurs aspects du comportement de
ces sociétés peuvent faire penser à la société « horloge ». Une
expérience récente illustre l'un de ces aspects [15]. C'est en
effet de manière déterministe que l'augmentation de la taille
d'un nid de fourmis entraîne un brisement de symétrie entre
les densités d'utilisation respectives de deux chemins équivalents qui conduisent tous deux du nid à deux sources de
nourriture : l'effet de grégarité complexe qui rabat la plus
grande partie des ouvrières sur l'un de ces deux chemins au
détriment de l'autre découle nécessairement de l'interaction
sémiologique dont le support chimique est fourni par les
phérormones.

Mais nous devons nous garder de toute extrapolation
imprudente. Si l'expérience précédente vérifie l'idée d'horloge, d'autres types d'expériences montrent qu'en réalité la
part de l'aléatoire, la part des probabilités dans le comportement des insectes sociaux est beaucoup plus importante
qu'on ne le pensait jusqu'à présent. En particulier, leurs
stratégies de chasse et de cueillette montrent une grande
variabilité de comportements qui recourent à diverses modalités de l'aléatoire [16].

Le taux d'erreur admis dans chacun de ces comportements
constitue pour les fourmis « l'imagination de la colonie », et
maintient un flux d'innovations exploratoires, lui-même
amplifié, voire régulé par le système de communication. Cette
imagination à pas variable semble liée à des paramètres envi-
ronnementaux et sociaux.

15. M. Paro, mém. lic. fac. sc. Université Libre de Bruxelles, 1982.
16. J. Pasteels, J. C. Verhaeghe, J. C. Deneubourg, « The adaptative value
of probabilistic behavior during food recruitment *in* Ants » *Biology of Social
Insects*, M. D. Breed, C. D. Michener, H. E. Evans eds., Westview Press,
Boulder, Colorado, 1982.

Les espèces dont la stratégie consiste à exploiter jusqu'à l'épuisement les sources découvertes présentent dans les opérations de recrutement un degré de bruit assez élevé, lui-même lié au degré de dispersion des sources. Au contraire, les espèces qui jouent sur la rapidité d'exploitation peuvent être beaucoup plus déterministes, tout en présentant divers niveaux de bruit dans leur communication.

Nous voyons que hasard et nécessité coopèrent déjà dans ces sociétés très simples, et que l'image de l'horloge est loin d'épuiser l'ensemble complexe de relations à l'œuvre entre les sociétés d'insectes et leur environnement.

L'image de la machine à vapeur est-elle plus fidèle? Ici, je voudrais que l'on me permette de faire le saut vers les sociétés humaines les mieux équipées par les progrès récents de l'informatique.

Au début, j'ai déjà évoqué la problématique de la complexité. Nous la retrouvons ici, relancée par le volume contemporain des flux d'énergie, de matière et d'information, tant à l'intérieur des frontières des états qu'entre les grands ensembles du monde. André Danzin [17] étudie dans un rapport récent les conséquences de la croissance rapide des informations à l'échelle internationale : de l'ordre de 14 % l'an. Comment interpréter cette situation dans le langage de la physique du non-équilibre, que nous avons exposé tout à l'heure?

La triade flux/fonction/structure implique un *feed-back* évolutif : de nouvelles structures peuvent émerger, qui à leur tour modifient le flux, ce qui en retour permet l'émergence de structures nouvelles. Nous sommes semble-t-il dans une conjoncture où les structures créées dans une période précédente ont conduit à de nouveaux flux, sans que ces nouveaux flux aient encore trouvé leur inscription sociale sous la forme de structures aptes à les processer : d'où le désarroi et l'inquiétude qui se font jour partout. Ce qu'a construit la génération précédente revient de partout sous la figure des nouveaux flux d'échanges, lesquels appellent une reprise des constructions historiques précédentes.

Il est d'usage de parler de crise. Certes, le mot crise se dit

17. Rapport au Club de Rome, réunion de Tokyo, 1982.

en de multiples sens; l'un de ces sens renvoie probablement au fait que chacun sent que de nouvelles structures doivent aujourd'hui voir le jour, en rapport avec de nouvelles échelles temporelles ou spatiales, les unes courtes et les autres longues, suivant la spécificité des flux dont il s'agit. Le monde n'a pas atteint en pluralisme ce que permet le niveau des flux. Il y a là presque un paradoxe : contrairement à la tendance habituelle, qui voit dans la circulation des flux un processus dont le terme doit être l'uniformisation la plus étale, je crois que, couplés à l'activité des hommes, ces flux sont une source de différenciation.

Ces processus de diversification se font jour de manière très claire dans plusieurs domaines comme on le voit dans la littérature, où l'augmentation globale du nombre de livres permet l'édition d'ouvrages très spécialisés. On pourrait faire la même observation pour l'édition musicale.

La diversité culturelle telle que nous la connaissons était une donnée de l'histoire, un sédiment de la dispersion des groupes sur la carte du monde. Cette différenciation en quelque sorte mécanique pourrait faire place à de nouveaux processus où les pratiques culturelles seraient libres de se différencier de manière largement délocalisée.

Il est évident que deux phénomènes se développent en même temps. D'un côté se déplace l'image de l'homme moyen; et d'un autre côté la définition toujours mouvante des fluctuations accessibles à partir de cette moyenne. Peut-être, en physique comme en sociologie, norme et fluctuation constituent-elles deux aspects complémentaires. La physique classique ne connaissait ni normes ni fluctuations : la perturbation d'un mouvement planétaire est enregistrée sans retour. Dans le monde qui est le nôtre, il existe des attracteurs (la position de repos de l'oscillateur amorti par exemple) : fluctuations et attracteurs ne peuvent s'y définir que corrélativement.

Je voudrais à présent évoquer quelques aspects du dialogue renouvelé avec les sciences humaines que permet l'évolution récente des sciences physiques. Je prendrai seulement un exemple, emprunté à la dynamique urbaine [18].

Mon collaborateur P. Allen et son équipe ont développé des modèles de l'évolution structurelle du système urbain, pour explorer les effets à long terme des décisions dans le domaine du transport, ou relatives aux variations des coûts énergétiques, aux changements technologiques ou socio-économiques.

Les méthodes traditionnelles utilisées pour l'évaluation des effets de politiques différentes (quoique basées sur des équations économétriques, des analyses du type *input-output,* les méthodes de simulation, ou les techniques de programmation linéaires) consistent de fait en une description de la structure et des flux existant dans le système. Elles ne possèdent pas de mécanisme expliquant le « pourquoi » de la structure et ne peuvent donc pas montrer si oui ou non l'état existant du système persistera réellement ou si certains changements se préparent.

De telles méthodes quoique très utiles pour le court terme, peuvent être radicalement erronées pour de plus longues périodes durant lesquelles le système et ses « problèmes » peuvent changer qualitativement.

Le monde physique tel que nous le connaissons aujourd'hui est moins manipulable que selon la lecture classique. *A fortiori* en va-t-il ainsi des sociétés humaines. Et tout modèle qui veut éviter d'être strictement descriptif, et conduire finalement à la répression pour le maintien des conditions acquises doit nécessairement tenir compte de fluctuations et de possibilités d'auto-organisation. En visitant Brasilia j'ai trouvé un modèle urbain figé d'une manière inacceptable : dessiner une ville d'après un oiseau qui atterrit, c'est la geler et faire fi de la créativité des générations futures.

Aussi les modèles auxquels j'ai fait allusion sondent-ils constamment la stabilité de leur propre état d'organisation et peuvent ainsi capturer les changements structurels quand de nouveaux types de comportements apparaissent ou quand

18. Sur ces classes de modèles, cf. P. M. Allen, « Evolution, modelling and design in a complex world », *Environment and Planning* B, 1982, vol. 9, pp. 95-111.

des paramètres ou tendances caractéristiques peuvent changer (par exemple, la croissance des « suburbs » éloignés, l'apparition spontanée des centres commerciaux, des satellites industriels ou des ghettos, etc.). C'est précisément à de tels moments que les modèles usuels doivent être « recalibrés » après coup, pour compenser leur incapacité à prédire le comportement du système.

Ces équations décrivent donc une constante négociation et renégociation de l'espace urbain. Elles permettent d'explorer l'évolution à long terme de chaque centre urbain selon différents scénarios tels que : rénovations spécifiques, coût de l'énergie et du transport, impact d'une technologie nouvelle relative aux traitements et communications de données aussi bien que l'effet de modifications spécifiques du réseau de transport, etc.

Les répercussions de stratégies particulières peuvent être analysées sur une longue période durant laquelle les acteurs urbains répondent aux circonstances nouvelles, produisant un ensemble de réactions en chaîne de réponses successives.

Par exemple, si l'on diminue l'accessibilité du centre pour les navetteurs, il peut en résulter soit une revitalisation du centre quand les employés s'installent dans des zones rénovées conduisant à une croissance des services locaux à ces endroits, soit au contraire la relocalisation des bureaux et commerces dans la périphérie de la ville et accélérer le déclin du centre.

Si je me suis arrêté sur cet exemple, c'est parce qu'il me semble typique en ce sens que tout modèle cherchant à décrire des activités complexes (démographie, circulation urbaine, etc.) comprend nécessairement deux aspects : un aspect thématique, incorporant des idées telles que flux, non-linéarité et bifurcations, et d'autres notions qui résultent notamment des développements récents des sciences mathématiques et physiques; et un aspect phénoménologique, décrivant le comportement des protagonistes, et qui ne peut être saisi qu'expérimentalement, par enquête sociale. En d'autres termes, pour déchiffrer le comportement humain dans cette perspective, nous devons le situer à l'intérieur d'un modèle; et celui-ci n'est intéressant que s'il peut être confronté à la richesse observée des comportements effectifs.

Il s'agit donc de réussir un dialogue proche de celui que les sciences physiques ont toujours mené, mais dont le cadre intellectuel est infiniment plus complexe. Insistons aussi sur le fait qu'en aucun cas il ne s'agit de substituer le modèle à une prise de décision : bien au contraire, le modèle doit aider à l'explication des implications des décisions.

Il est temps de conclure. Comment juger ce siècle? Certes, que de convulsions, que de menaces sur le futur! Cependant, peut-être le siècle restera-t-il malgré tout celui de l'espoir. Car nous vivons une double révolution : l'une dans les relations de l'homme avec la nature, à laquelle j'ai fait allusion, l'autre dans les rapports de l'homme avec l'homme, qui se fait jour avec la fin de l'ère de colonisation et le double mouvement de décentralisation et d'unification en cours dans un grand nombre de régions du monde.

Le temps est construction : il ne suffit pas de le redécouvrir, pas plus que de redécouvrir la liberté dans la peinture ou la musique. La redécouverte du temps nous confère une responsabilité éthique. Du moins pouvons-nous aujourd'hui éviter de subir comme un fardeau inévitable le poids de nos histoires. D'autres bifurcations sont imaginables, accessibles au prix d'autres fluctuations sur les chemins de l'humanité nombreuse de demain. La redécouverte du temps, c'est aussi la redécouverte de l'utopie.

Jacques Derrida

CE QUE J'AURAIS DIT...

J'ai gardé le silence pendant tout le Colloque, il est vrai, mais on ne peut en conclure que j'y ai seulement assisté. J'y ai participé. Invité, j'y suis venu, marquant ainsi approbation et solidarité de principe. Et si j'y suis resté silencieux, c'est bien pour y être resté : constamment intéressé par ce que j'y entendais, et non moins par ce que j'y observais. Et pourtant, ni à l'intérieur du groupe *Création et changement de société* ni même en séance plénière je n'ai pu ou cru devoir prendre la parole, alors même que j'y étais expressément invité.

Pourquoi? Ne souhaitant pas donner à ce silence une signification équivoque, j'essaierai donc d'en dire les raisons, ou aussi bien ce que j'aurais esquissé si j'avais parlé pendant les quelques minutes auxquelles il était en effet raisonnable (mais c'est un premier problème) de limiter le temps de chaque discours. Je me donnerai donc ici pour règle de ne pas excéder cette dimension. Conséquence formelle : l'aphorisme ou l'ellipse, l'improvisation d'un « sketch », bref le télégramme, dix mots ou dix minutes.

I

« Nous » invitions : il fallait donner d'abord la parole, on nous l'avait d'ailleurs suggéré et c'était bien, à nos hôtes étrangers. Ce qui laissait le temps, la marge ou le for intérieur pour toute une fourmilière de questions sur ce lieu et ce moment nommés, pendant vingt-quatre heures, « France ». Pourquoi cela se produisait-il en France? Et ne pouvait avoir lieu qu'en France? Pourquoi dans la France d'aujourd'hui : majorité de gauche, à tel moment singulier de son expérience de « socialisme à la française », plaçant le projet culturel et la « culture » – le nom d'une énigme sans fond pour qui tente aujourd'hui de la penser – au centre de son programme? Pourquoi la France est-elle seule à pouvoir provoquer et accueillir ainsi une telle « manifestation »? J'ai donc passé beaucoup de temps, entre parenthèses, à énumérer, arguments à l'appui, *tous* les pays, plus précisément tous les États pour lesquels une telle manifestation serait impensable, indésirable, impraticable. Si, soustraction faite, il ne reste que la France, voilà, offert à tant de lectures, un grand symptôme de l'histoire mondiale, mais aussi une responsabilité singulière, mais aussi un événement sans commune mesure. Le déchiffrement en reste difficile mais l'étrange et spectaculaire communauté ainsi rassemblée pour vingt-quatre heures ne pourrait pas même commencer à se comprendre, à penser quelque chose de sa responsabilité si elle ne donnait pas toutes ses chances à tous les possibles d'une telle lecture, et même aux plus critiques. Or était-il possible d'y faire droit dans de telles conditions, et compte tenu des protocoles, dispositifs de la prise de parole, règles de déontologie implicite, contraintes de la rhétorique et du temps? Et comment faire pour affirmer cette responsabilité française en effaçant toute trace de nationalisme?

II

Oui, ce fut une « manifestation ». Limite nécessaire dans un premier temps, certes, mais limite. Il s'agissait d'abord d'un acte et d'un événement : la prise de position, l'affirmation, le témoignage y prennent le pas sur le travail, la recherche aventurée, la vraie discussion. Et c'est aussi pourquoi (me disais-je) la simple présence n'y comptait pas moins que le discours, je veux dire la présence silencieuse. Ou encore : le fait de prendre la parole pouvait, ce qui revient au même, paraître plus essentiel que ce qui se disait alors et qui, dans l'ensemble, déroulait sans surprise une logique programmable. D'où ce paradoxe : à tout prendre, à tout entendre d'une *certaine oreille*, j'ai fini par trouver cette manifestation *silencieuse*. Elle fut étrangement réservée, sinon muette, digne et généreuse dans une sorte de silence; et celui-ci difficile à situer, aussi bien du côté de discours attendus que de *l'autre* côté. « Une certaine oreille » : quand on n'a d'oreille que pour ce qui pourrait interroger ou déranger la profondeur du consensus. C'est dans ce silence que les vraies questions s'annoncent. Lesquelles?

En tout cas, digne et généreuse, réussie dans son « acte de présence », telle manifestation ne peut recevoir son sens que de l'avenir. Si elle ne devient pas le coup d'envoi pour d'autres expériences, pour des expériences *autres* (différence des lieux, des participants, des langues, des rythmes et des procédures de travail, des risques pris, etc.), cette « première » aura été vide, formelle, protocolaire. Du même coup, elle sera plus facilement réappropriée par de vieilles forces et vieux programmes. Pire, on soupçonnera la puissance invitante, et peut-être les invités, d'en avoir seulement escompté telle ou telle plus-value dans le calcul d'un moment...

III

Dans ce silence (mais où était-il? où étais-je?), je me disais, j'aurais dit : s'il y a une responsabilité de ceux qu'on appelle si confusément des « intellectuels », des « artistes », des « hommes et des femmes de culture », elle ne peut aujourd'hui s'exercer qu'à cette condition, au moins : ne jamais participer à une manifestation, qu'elle soit organisée par l'État ou par des institutions privées, sans se poser et surtout sans poser *publiquement*, sous une forme ou sous une autre

79

(un certain silence par exemple), « en direct » ou « en dif-
féré », les questions suivantes :

a) Qui a l'initiative réelle, à chaque moment du processus?

b) Qui la médiatise, avec quels moyens, en vue de quoi?

c) Qui en est exclu? Cette dernière question est la plus
indispensable. Elle donne le fil conducteur le plus sûr pour
l'analyse de tout phénomène socio-institutionnel ou socio-
culturel. Il ne conduit pas nécessairement au procès et à la
condamnation. Si transitoire soit-elle, aucune communauté
ne peut *s'identifier* sans exclusion. Mais il vaut toujours mieux
en porter au jour les modalités, les mécanismes et chaque
fois les singularités. Quelles évaluations les expliquent et les
justifient? Quel discours implicite? D'où tient-il sa légitimité
et son autorité? A cet égard, le Colloque offrait un champ
d'analyse passionnant. Très grande concentration : dans le
temps et dans l'espace. Large représentativité, grande diversité, mélange des genres, des savoirs, des milieux, des sta-
tuts, etc. Belle réussite à cet égard, mais raison de plus pour
se demander, en vue d'autres expériences à venir : qui aura
été absent ou exclu, et quoi (individus, groupes, nations,
langues, discours)? Et pourquoi? Et comment? Qu'on sache
ou non déterminer aujourd'hui un concept de culture qui
soit à la fois rigoureux et à la mesure, à la dé-mesure de ce
temps, on devrait s'accorder pour dire ceci : une affirmation
de la culture *doit* se laisser traverser, travailler par ces questions. Elle doit exhiber ces analyses, et sans ménagement
reconnaître ces limites.

d) En quoi cela ne traduit-il pas seulement les intérêts
présumés (et sans doute eux-mêmes largement surdéter-
minés) des organisateurs, de tous ceux à qui l'on attribue
l'initiative? Il faut tenir compte des « réponses » ou de ces
réponses que sont aussi les « non-réponses », en France et à
l'étranger. Il y a ceux qui ont répondu (oui ou non), ceux
qui n'ont pas répondu, ceux qui ont dit « oui » mais ne sont
pas venus, ceux qui sont venus et n'ont pas parlé, pas tout
de suite ou pas du tout, pas en séance plénière ou pas même
en « groupe restreint », ceux qui ne sont venus qu'à la séance
finale ou aux réceptions, etc. Et puis l'énorme continent de
la presse et des « médias », invités ou non : pas plus que les
autres pouvoirs culturels, ce continent n'était seulement un

thème à traiter, un thème majeur, mais aussi dès le départ un lieu de décision pour l'interprétation du Colloque lui-même, pour son retentissement et pour sa signification. Tenir compte ici de toutes les presses en France et hors de France. Pourquoi fut-il à la fois inévitable et dérisoire de donner tant d'importance à telle réaction primaire et haineuse du *Wall Street Journal?* Ce symptôme peut être lu sur de très nombreuses portées. Par exemple : alors que s'élève partout la grande rumeur « anti-Dallas » sur laquelle il y aurait aussi tant à dire, il se trouve dans une partie de l'intelligentsia nord-américaine, et notamment dans une fraction assez puissante de la société universitaire, des voix pour protester contre une pénétration française qu'on juge excessive et dangereuse. Elles réclament un nouveau protectionnisme, non pas contre des produits du marché ou de l'industrie culturelle, mais contre des penseurs, théoriciens ou écrivains français jugés trop populaires sur les campus américains. Dans le même journal (est-ce un hasard?), quelques mois auparavant, le nouveau Président de la *National Endowment for the Humanities* (une sorte de super CNL) se livrait à une attaque en règle, au-delà des caricatures les plus grossières, contre tel mouvement de pensée venu de France et dont la « popularité » menacerait la santé des études littéraires, notamment celle des « Humanités » et des « English studies » (William Bennett, *The shattered Humanities,* The Wall Street Journal, 31 décembre 1982). Ce n'est là qu'un signe parmi beaucoup d'autres. Ils appellent tous une analyse très stratifiée. Pas plus que toutes celles dont il vient d'être question, cette analyse ne relèverait simplement d'une sociologie, d'une économie ou d'une politique de la culture. Celles-ci sont nécessaires, sans doute, et plus que jamais. Mais il y a un point (une ligne plutôt, et elle-même divisible, d'où la difficulté) où les limites de ces concepts (sociologie, économie, politique et surtout, ici, culture) deviennent *plus que* problématiques. Même si ce n'est pas faux, il me paraît insuffisant de dire que l'axiomatique et les fondements de tels savoirs sont « en crise ». Mais cela ne peut être avancé, ni surtout démontré au cours d'un tel Colloque, voire dans l'« après-coup » télégraphique dont je prends ici le risque. Ceci me conduit au point suivant.

IV

Quels discours *ne pouvaient pas* être tenus, quels gestes *ne pouvaient pas* être faits dans un tel Colloque, comme d'ailleurs dans la plupart des rassemblements du type « Colloque »? Je me le suis tout le temps demandé, sans penser que ce « ne pas pouvoir » relevât de la forclusion délibérée, de la censure ou de l'interdit. Les actes d'autorité furent d'une grande politesse et d'une grande libéralité. La société ainsi formée pendant trente-six heures resta très ouverte, tolérante, attentive et plurielle, s'exposa parfois, jusqu'à un certain point, aux risques de l'improvisation. Ce « ne pas pouvoir » ne relevait pas seulement d'un puissant contrat ou d'un consensus implicite, plutôt de contraintes tenant à la fois au dispositif scénographique, aux conditions techniques de la prise de parole et surtout aux impératifs d'une traductibilité immédiate. Tout devait être immédiatement intelligible et donc, à tous les sens de ce mot, *recevable*, sous la forme de séquences allant de trois à quinze minutes. Dès lors le recours au consensus facile et au code établi devient la règle – et le thème dont les variations ne s'écartent pas trop. Toute question sur le code dominant devient inaudible, à moins qu'elle ne prenne la forme d'une provocation facile et symétrique, dans le même registre, ce qui ne change jamais rien à la scène. C'est ce dispositif qu'il faudrait transformer, si d'autres rencontres devaient suivre : que les réunions en groupes plus restreints soient très préparées, certes, mais que les prises de parole ne se fassent plus sur inscription en début de séance pour quelques minutes, que le temps soit donné, un autre temps et non seulement plus de temps, pour que de nouvelles questions se forment et de nouveaux langages se mettent à l'épreuve.

V

J'ai assisté aux séances du groupe réuni autour du thème « création et changement de société ». Sans même prétendre reconsidérer toute l'histoire et tout le discours qui sont à l'œuvre dans un mot comme celui de « création », par exemple, et qui l'habitent dans telle ou telle « culture » déterminée, comment ne pas essayer de *situer*, au moins, le problème de ces présupposés ? A quoi reconnaître aujourd'hui une « création » dite artistique, scientifique ou technologique ? Comment les distinguer ? Comment les mesurer, évaluer leur rapport aux structures et à l'histoire sociale. Si par exemple (ce n'est qu'un exemple, mais est-ce un exemple parmi d'autres ?) on rappelle, comme cela du moins fut fait, la dimension théologique de tout discours sur la « création », il faut en tirer toutes les conséquences ; elles peuvent être nombreuses et fort concrètes. Et pour faire vite au moins celle-ci : si l'on tient au mot « création », qu'on lui garde ou non sa valeur expressément théologique, il faudrait : 1) secondariser, minoriser tout ce qui ne serait que transformation ou mise en œuvre technique voire production, tout ce qui ne serait pas création *pure*, et dès lors toutes les conditions (socio-économiques, institutionnelles, techno-scientifiques, etc.), voire les supports de la création dite artistique, les plus nouveaux et les plus anciens. Quoi de la langue à cet égard ? Est-ce seulement un exemple (énormes problèmes...) ? 2) admettre qu'on ne saurait programmer ce qu'on veut appeler « création », même indirectement, et quels que soient les modalités, les auxiliaires, les délais ou les relais. Au sens classique de ces mots (mais faut-il s'y tenir ? Est-ce possible aujourd'hui, est-ce sérieux ?) il n'y aurait pas de politique de la création ou de la culture créatrice. Si peu qu'on garde de mémoire théologique au mot de création, il faudrait au moins reconnaître que ce qui paraît surgir *ex nihilo*, naturellement, génialement, la rupture, l'imprévisibilité, la surprise, l'irruption, la mutation, bref *l'avenir*, la venue de l'avenir dans ce qu'elle a de plus immaîtrisable, devrait soustraire ladite création à tout *programme*. Aucune anticipation n'en est représentable. En quoi elle resterait *dangereuse* : non seulement *critique*, comme on l'a dit — ce ne serait pas grave, plutôt rassurant — mais dangereuse, exposée ou exposant aussi aux pires menaces. Quelqu'un l'a suggéré, et ce fut la seule note heureusement discordante, donc mal entendue, de ces échanges. Qu'on s'en réjouisse ou non, il n'est pas sûr que la « créativité » soit simplement favorisée par la paix (intérieure, sociale ou internationale), par les conditions de prospérité ou de progrès techno-économique, par le discours politique et le consensus philosophique qui se règlent sur de telles conditions. Le contraire n'est pas sûr non plus; c'est donc que le problème appelle une autre élaboration et d'autres prémisses. Conclusion précipitée : il faut travailler à réinterpréter, traduire, écrire autrement tous ces langages; il faut se méfier de tout ce qui paraît aller de soi, penser et repenser au-delà de ces axiomatiques. Dans d'autres circonstances et selon d'autres dispositifs, ne serait-il pas possible d'accueillir des discours *détonnants*, ce qui ne signifie pas bruyants ou brouillons, au contraire, et qui soient en mesure de prendre et de dire ces risques, à un autre rythme, dans un autre « style »? Cela me paraît *possible* et *compatible* avec ce qu'il y a de plus généreux, rigoureux, ouvert et cohérent dans la « politique de la culture » qui aura provoqué ce Colloque – pour ce que du moins j'en perçois et approuve. Suffit-il d'ailleurs de dire « possible et compatible »? En vérité la seule chance vivante pour ce qui soutient une telle « politique de la culture », c'est qu'elle s'expose à la discussion, aux pensées les plus provocantes, les moins rassurantes, les plus intransigeantes, qu'elle y expose les assises mêmes de son discours. A commencer ici, pour ne rien dire des autres concepts, par ceux de *crise* et de *culture*.

VI

Qu'appelle-t-on La Crise? Au singulier, armé de son article défini, passant très vite d'une phrase à l'autre, le mot visait un lieu commun, le centre vide ou surchargé du Colloque. On n'en finirait pas de décrire tout ce qui « va mal » aujourd'hui, pour l'homme, pour l'humanité de l'homme et pour la totalité des hommes. Le mal-être et la menace n'épargnent aucune *région*, qu'on entende par là le territoire des cultures, nations, régimes politiques, etc., ou les régions de l'être et du sens (le technique, l'économique, le politique, l'éthique, le religieux, le métaphysique, le scientifique, l'artistique – et j'accumule à dessein ces catégories classiques dans le désordre pour finir par demander : où situer ici la spécificité du culturel? J'y reviens plus loin). N'épargnant aucune région, ce mal-être et cette menace affectent bien la destination de l'humanité, et moins que jamais depuis cinquante ans nous ne saurions les localiser, leur assigner, pour les contenir, un lieu propre. Il s'agirait plutôt d'un mal du lieu. Or qu'on l'ait voulu ou non, la polytopie ou la polysémie de la crise s'est trouvée réduite au cours du Colloque. Réduite au bout du compte et dans l'effet global, même si cela n'est pas vrai pour tel ou tel écart de détail. Réduite, donc, à la *corrélation* de deux lieux : le *techno-économique*, pourtant si difficile à circonscrire, aujourd'hui plus que jamais, et le *culturel* qui finissait par nommer confusément tout le reste! Ici *deux questions* pour hâter vers sa fin une improvisation simplifiante (j'aurais déjà parlé plus de dix minutes et beaucoup trop vite, le président de séance ferait signe. Comment parler de ces problèmes à ce rythme? Voilà au fond le seul signe de patience ou d'impatience que je voudrais donner à entendre : décélérez!). *Première question :* Y a-t-il là *une* crise, une crise qui soit *une*? Cette corrélation des deux lieux, de quelque façon qu'on l'interprète (la crise «culturelle» comme effet ou accompagnement de la crise techno-économique, ou inversement, la culture comme «moyen de sortir de la crise», chance d'un nouvel élan ou d'un autre équilibre mondial, etc.), peut-on croire qu'elle permette de situer l'unité et l'unicité rassemblée du critique? de rendre raison de la dispersion qualitative des lieux, des formes et des temporalités critiques? *Deuxième question :* Y a-t-il là une crise qui soit une *crise*? Une crise est toujours suspendue, elle est ce suspens même, à la possibilité d'un *jugement* et d'une *décision* de discernement : choix, évaluation, élection, dénouement au terme d'un procès, phase finale ou pénultième. Comme le mot l'indique (krisis, *krinein*), d'une crise on doit sortir par l'acte décisoire d'un jugement, l'acte pris d'un dénouement ou encore le tranchant d'un arrêt. Or malgré toutes les crises hétérogènes dont on peut parler aujourd'hui, ce qui rassemble l'humanité dans l'angoisse la plus commune ne se laisse peut-être plus penser dans la forme de la crise. Celleci supposerait encore phase, période, pause, suspens, mais aussi décidabilité, volontarisme, prédicabilité, jugement,

« predictability », prévisibilité, programmation, principe de raison, mais encore tout un réseau de philosophèmes européens inséparables du langage le plus fondateur de la culture occidentale. Nommer tout cela *crise*, n'est-ce pas encore ou déjà « européaniser »? Pour la « pensée », qui n'est pas simplement la science, la théorie, pas même la philosophie, c'est le moment de penser au-delà de la crise, non que cela suffise pour en sortir mais parce que cela est indispensable si l'on veut voir ou entendre s'annoncer la crise, se former ou s'imposer le concept de crise dans son *horizon* même – autrement dit depuis ses *limites*. (Ici, avec décélération brutale, fiction d'un immense colloque parenthétique. Au programme, *La crise des sciences européennes et la philosophie transcendantale, La crise de l'humanité européenne et la philosophie de Husserl*, les grands discours téléo-eschatologiques du XIXe et du XXe siècle – on y suivrait le fil généalogique des socialismes européens, on y reconnaîtrait une certaine singularité française –, le Heidegger de *La lettre sur l'Humanisme* et du *Principe de Raison,* sa méditation des rapports entre la métaphysique et la modernité technique, puis tant d'autres, d'hier et d'aujourd'hui, qui ne seraient pas nécessairement des philosophes, mais qui « pensent » cet au-delà de la crise en « savants », « écrivains », « artistes », autant de guises et de déguisements de la veille.) Et puis, reprise, accélération, suffit-il de dire que la culture ne résout jamais la crise, ayant plutôt pour vocation de mettre en crise? Non, il faut sans doute commencer par reconnaître la crise dans le concept même de culture. Mieux, que ce concept n'est plus à la mesure de ce qui arrive à la valeur de « culture ».

VII

D'où, depuis longtemps et surtout depuis peu, la nécessité de préciser les contours de ce qu'on appelle « culture ». Si on ne sait plus arrêter les limites de ce concept ni, par conséquent, les compétences et les responsabilités, par exemple, d'une politique culturelle, cela ne peut être imputé en dernière instance à telle ou telle faiblesse pour le flou, ce qui ne l'exclut pas ici ou là. Où commence le culturel? Ne faut-il pas une fois encore s'engager dans une méditation patiente sur toutes les oppositions qui construisent la valeur de « culture »? Celle-ci commence-t-elle partout où s'arrête, non pas la *physis* mais, beaucoup plus tard, la nature? Suit-elle le trajet de cette longue chaîne de significations (*nomos, thesis, tekhné* – souvent opposés à *physis* –, puis société, esprit, liberté, histoire, etc.) qui ont tour à tour simplement délimité la « nature »? Mais la valeur de « nature » n'est-elle pas elle-même un phénomène « culturel » (dernier en date, pour ne prendre qu'un exemple : la forme moderne du mot d'ordre « écologique »)? La « culture » couvre-t-elle donc tout le « champ » des phénomènes sociaux (technique, économique, écologie, art de vivre, éthique, droit, religion, beaux-arts, etc.), tout le domaine du politique de l'institutionnel et du symbolique? La science et la philosophie appartiennent-elles pleinement et simplement à la culture? Sont-elles vraiment des « phénomènes culturels »? Ce n'est pas sûr, si la relativité des « cultures » ne peut dominer le projet universaliste de la science, de la philosophie, de la philosophie comme science. La vérité, est-ce une chose de la culture? Si je nomme sommairement ces problèmes trop classiques, ce n'est pas pour re-scolariser le débat à toute allure mais pour désigner l'urgence de quelques enjeux :

a) Au-delà de partages traditionnels que la politique culturelle de la France remet en question (arts et lettres, beaux-arts et arts « mineurs », classifications et hiérarchies d'origines diverses), l'art ne semble plus conférer son sens tuteur, sa mesure principale à la culture – et donc à quelque chose comme une « politique », voire un « ministère » de la Culture. C'est qu'il est remplacé dans ce rôle par le langage dans sa valeur la plus étendue d'«information» et de «communication». Ce langage d'information n'a plus de limite et l'extension du champ culturel, de la compétence culturelle, en est la conséquence. Quoi de l'information, donc, et de l'interprétation de l'essence du langage comme information? Elle ne va pas de soi, elle cache une énorme « histoire ». Faute de penser cette histoire, que deviennent les discours les plus lucides et les plus agiles sur la culture, les plus généreux parfois? Échappent-ils aux effets d'un puissant programme, à sa combinatoire implacable et à son empire mondial? Cette efficience quasi somnambulatoire affecte aujourd'hui tout le champ dit « culturel » par la voie de l'information (communication, archivation, informatisation, nouvelles technologies et nouveaux pouvoirs liés à l'informatisation, etc.). D'où l'impossibilité apparente de délimiter ce champ, donc de l'évaluer, pour l'exalter ou le minoriser.

b) On ne devrait pas considérer comme une agression tel geste qui consisterait à soustraire à la culture – et à son autorité ou à sa compétence – un certain nombre de possibles : par exemple la science, la philosophie (peut-être), la « pensée » surtout si l'on entend par là, entre autres choses, ce qui interroge la culture, son concept, son histoire, sa destination. Une certaine face de cette « pensée » relève toujours de la culture et cette interrogation n'est jamais interdite, au contraire, à quiconque répond de la culture (je veux dire en porte pour une part la responsabilité), mais l'essence de cette pensée, s'il en est une, ne saurait être culturelle. Problème encore plus difficile, mais connexe : celui du rapport entre la culture et les « arts » dont le langage ne serait pas encore ou plus informatif (instrumentalisable)...

c) Au protocole de toutes ces questions, une généalogie rigoureuse du concept de culture est indispensable, même si elle reste insuffisante. Premier axiome, trivialité à ne jamais oublier : c'est un concept occidental. Il s'est formé, « cultivé » à travers une histoire originale. A cette histoire appartient le concept d'histoire lui-même, et la constitution de « *cultura* » passe au moins par des relais aussi énigmatiques que *skholè, paiedeia*. Avec la valeur de « colonisation », la « culture » colonise et se laisse coloniser ensuite par *Bildung, formation*, etc. Européenne par tout ce réseau, elle ne peut cesser de l'être que dans un mouvement proprement colonisateur. Elle n'est donc pas, comme on l'a bruyamment clamé, une généreuse « internationale de l'imaginaire ». Si elle n'est pas coloniale, c'est son internationalité qui reste imaginaire. Rappeler cette sédimentation surdéterminante et son énormité, ce n'est pas refuser, bien entendu, la « culture » aux « cultures » non occidentales. C'est précisément le contraire. C'est commencer à réfléchir cette puissante « acculturation » du concept même de culture dont on mondialise le thème sous cette catégorie européenne. Ce processus d'assimilation, d'incorporation à l'histoire de l'Europe n'est pas un accident ou l'effet d'une décision, il appartient aujourd'hui à l'histoire du monde. Un certain repli de l'Europe à l'intérieur de ses petites frontières économiques, démographiques ou simplement territoriales n'y change rien. De même, on n'y change rien en insistant sur la nécessité de reconnaître les différentes identités culturelles. Au cours du Colloque, l'affirmation, voire la revendication des identités, c'est-à-dire des différences culturelles, a certes été confiante, unanime, on doit dire sympathique. Elle a formé le contrat indiscuté de cette communauté internationale. Mais cela n'a pas empêché, bien au contraire, que ce consensus se forme dans un élément qui reste de part en part occidental. Il s'est *traduit*, et ce ne fut pas seulement parce qu'une langue dominante y offrait ses services, ce ne fut pas seulement pour des raisons techniques ou diplomatiques, dans l'idiome de la culture occidentale. Dans le système et dans le concept occidental de « culture ». On pourrait le décrire de façon très concrète. Par exemple : à la tribune, les affirmations les plus nobles et les plus rigoureuses de l'indépendance culturelle devaient s'énoncer, et le faisaient admirablement, dans la langue, la logique, l'axiomatique et les formes juridiques de l'Occident, au moment même où cette autonomie était réclamée pour des sociétés non européennes par leurs plus éminents représentants et avec l'approbation de toute cette communauté internationale. La même dissymétrie marquait le discours des femmes parlant au nom des femmes, et ce n'est pas tout à fait un *autre* problème. Tous les problèmes traités, les discussions engagées, les accords ou les discords (peu nombreux en vérité, toujours secondaires) se sont laissé formaliser dans le discours de l'homme occidental, celui de la tradition ou celui de la modernité : empire plus puissant, aux assises plus profondes que tous les phénomènes de « colonialisme », de « néo-colonialisme », d'« acculturation ethnocentrique », etc., car il les conditionne et informe tout, jusqu'aux dénonciations les plus sincères et les plus respectables de ces violences. Ne masquons jamais cette irrécusable vérité. Pensée au-delà de la culture et de la crise, elle donne la mesure d'une responsabilité. Responsabilité, ici, de toute politique culturelle, à commencer par celle de la France. Responsabilité singulière : à favoriser de manière aussi spectaculaire et démonstrative l'affirmation internationale des différences culturelles, en cherchant à déplacer des axes de domination techno-symboliques, en contestant des hégémonies, la France risque aussi du même coup, si elle ne donne pas ses chances à la pensée dont nous parlons ici, si elle n'y *répond* pas, de jouer la carte forcée de l'homogène : la mondialisation en cours de la métaphysique et de la technoscience occidentales. D'autres rencontres devraient faire droit à ces questions et préciser ces responsabilités. Dès sa création, le Collège international de Philosophie (institution projetée en France mais authentiquement internationale) devrait offrir un lieu privilégié pour de tels débats. Cela fut précisé dans le Rapport concernant la création d'un tel Collège : toutes les questions que je viens d'évoquer pourraient annoncer certaines des missions essentielles de cette institution originale, comme l'esprit dans lequel elles pourraient, me semble-t-il, être conduites. Cela ne pourrait aller sans une pensée et une déontologie nouvelles des rapports entre la « culture » et toutes les structures institutionnelles, privées ou publiques, entre la « culture », la « société civile » et l'« État ».

VIII

Il n'y a pas de culture d'État : voilà une phrase qu'on a entendue au cours du Colloque. Elle voulait dire : *il ne devrait pas* y avoir de culture d'État. Et tout le monde acquiesce, à commencer par les représentants officiels de la France dont c'est heureusement la conviction déclarée. Nous savons aujourd'hui mieux que jamais le mal, la misère et la violence des « cultures d'État ». Mais les choses se règlent-elles si vite ? Compte tenu de certaines transformations et mutations, la notion même de culture d'État doit être réélaborée. L'intervention de l'État passe aujourd'hui par de tout autres voies. Celles-ci doivent être reconnues avec la plus grande vigilance – et ce n'est pas toujours facile, et les trajets ne sont pas toujours visibles – mais elles n'ont pas toujours et nécessairement l'effet négatif de l'étatisation. Ce que peut démontrer la France aujourd'hui peut encore être exemplaire à cet égard. Elle peut offrir un champ d'innovation unique. Quelqu'un a dit que la « culture », à moins que ce ne soit la « création », s'est toujours inscrite en dehors des institutions voire contre elles. Cela ne serait vrai que si on limitait massivement le concept d'institution. C'est toujours dans une contre-institution au moins virtuelle ou en formation, toujours en son nom, que de telles contestations ont eu lieu pour chercher à leur tour quelque nouvelle légitimité. Trop souvent le discours de la sauvagerie an-institutionnelle – lui-même très codé – sert, bon gré ou mal gré, les intérêts de marché ou d'institutions privées plus ou moins dissimulés. On apprend à détecter ces appropriations, et leurs mécanismes sont retors. Dans certaines conditions à définir (parmi lesquelles une nouvelle réflexion sur le pouvoir et la structure de l'État moderne, les processus d'institutionnalisation et de légitimation, etc.), l'État peut jouer le rôle paradoxal de contre-institution et de contre-culture : lutter contre des appropriations abusives ou des hégémonies de marché, corriger des mécanismes meurtriers dans l'accès à la culture et aux conditions techno-économiques de la « création ». Cette tâche apparemment paradoxale est plus nécessaire que jamais en raison du rôle massif que jouent les nouvelles technologies et les nouveaux « supports », qu'il s'agisse de création ou de diffusion des arts, de formation, d'éducation, de nouveaux rapports entre technique, science et « beaux-arts ». Les stratégies d'appropriation sont aujourd'hui très nouvelles, les risques de monopolisation plus graves que jamais, à l'échelle nationale et internationale. La présence de l'État doit se limiter elle-même mais elle peut être vitale. Et elle ne peut prendre qu'une forme contradictoire, en réajustement incessant : lutter contre les dispositifs d'appropriation violente et abusive, la monopolisation et la standardisation, défendre les droits et le potentiel de la culture (nationale et internationale), libérer pour cela des espaces et des forces, sans pourtant programmer, induire, orienter; en tout cas le moins possible, si c'est possible – et sans oublier qu'il y a *violence et violence,* que la « création » la plus irruptive ne peut pas être pure de tout désir de maîtrise. Un dessein d'appropriation y est toujours à l'œuvre, et son calcul peut s'y dissimuler sous les dehors sublimes. Autant dire qu'il faut à l'État – et à tous

91

ses représentants – l'art, la culture et le discernement nécessaires pour *savoir* où s'annoncent les nouveaux frayages, où
il convient d'ouvrir des *places encore vides,* de ménager des
espaces blancs, puis pour accepter de s'en retirer en y laissant
la « création » et la « pensée » s'y écrire sans contrôle étatique.

IX

Cette *utopie,* c'est aussi bien une idée régulatrice pour une
nouvelle déontologie. Elle en appelle à un nouveau rapport
des « intellectuels », « artistes » « savants », « philosophes »,
« penseurs », mais aussi bien de toute communauté culturelle,
à l'État. Ce rapport est marqué du même paradoxe, de la
même aventure, il s'expose aux mêmes risques. L'extériorité
ou l'abstention restent illusoires et en vérité impossibles. Mais
le souci de la plus rigoureuse indépendance doit en être
d'autant plus affirmé. Et respecté par l'État, dans son intérêt
même. (Ici encore, dernière parenthèse, anamnèse et réin-
vention de la philosophie politique : impossible dans un tel
Colloque, même dans son après-coup. La place vide dont je
viens de parler ne l'est jamais. Et c'est aussi celle du temps
donné, d'un autre temps, de rythmes à inventer, de programmes et impératifs de « productivité » à desserrer, voire
à abandonner. A cet égard, un mot d'ordre tel que « la
culture pour sortir de la crise » ne serait pas seulement
impuissant, il serait choquant s'il était interprété comme la
mission d'un nouvel auxiliariat au service de finalités techno-
économiques commandées par la valeur de « production » ou
de « croissance ». Pour qu'il n'en soit pas ainsi, ne convient-
il pas de penser, dans leur histoire et dans leurs limites, le
concept de production et la valeur de productivité ? Cette
tâche inciterait à *penser* parfois au-delà de la culture, de la
philosophie et de la science – auxquelles cette pensée n'a
jamais voulu de mal, et n'en a d'ailleurs jamais fait.)

2. L'ÉCONOMIE POLITIQUE DE LA CRÉATION

Michel Tournier

Susan Sontag

François Châtelet

Wassili Leontieff

Jack Lang

John Kenneth Galbraith

Michel Tournier

L'ÉCRIVAIN ET LE POUVOIR

On dit parfois que les Français pensent à gauche et vivent à droite. Parce que la gauche, c'est l'imagination et la générosité, tandis que la droite, c'est la sécurité et la sauvegarde des avantages acquis. On pourrait dire à l'inverse que les écrivains pensent à droite et écrivent à gauche. C'est vrai en tout cas de certains d'entre eux – et des plus grands. Rien de moins « sociales » que les préoccupations que traduisent la carrière et la vie de Stendhal. Pourtant le discours que tient Julien Sorel à ses juges dans *le Rouge et le Noir* paraît annoncer explicitement le *Manifeste* de Marx et Engels qui devait paraître dix-huit ans plus tard. Balzac de son côté déclare : *« J'écris entre deux flambeaux, le Trône et l'Autel. »* Ce qui ferait augurer une œuvre furieusement réactionnaire, en somme l'équivalent romanesque de Maistre et de Bonald. Heureusement il n'en est rien, et la peinture de la société de la Restauration que nous offre la *Comédie humaine* sent à plein nez la poudre révolutionnaire. On connaît les déclarations fulminantes de Flaubert contre le « peuple » en général et les communards en particulier. Mais le respect infini avec lequel il traite dans son œuvre les « pauvres », comme par exemple la Félicité d'*Un cœur simple*, part d'un esprit généreux, voire utopiquement « populiste ». Plus contradictoire encore se révèle Émile Zola. Il défend la théorie d'un roman « naturaliste » qui poserait l'hérédité des personnages – tous issus de la même souche familiale – et en déduirait leur comportement avec une rigueur fatale. Propos « héréditariste » donc typiquement de droite, voire d'extrême droite. Mais rien ne paraît de ce beau programme à la lecture des Rougon-Macquart. Au contraire, les personnages de cette série romanesque sont écrasés, ou pour le moins commandés, par la seule pression du milieu, parti pris caractéristique de la gauche. Et on connaît la conduite de Zola face à l'affaire Dreyfus, dont la prétendue culpabilité paraissait à la droite de l'époque découler de sa « race », c'est-à-dire de son hérédité.

Sans doute pourrait-on multiplier les exemples de ce genre. Leur analyse mènerait loin. Constatons simplement qu'une œuvre littéraire importante respire naturellement un esprit de gauche, quelles que soient les idées politiques de son auteur. Or il en va tout inversement des hommes au pouvoir. Qu'ils pensent à droite ou à gauche, leur action vise toujours leur propre stabilité et la conservation de leur régime, même lorsque ses origines sont lointainement révolutionnaires. A propos des événements qui secouent actuellement la Pologne, on relève dans un éditorial soviétique une expression qui fait rêver : le syndicat polonais Solidarité y est accusé de vouloir « déstabiliser la révolution socialiste ». Admirable révolution qui se veut avant tout conservatrice! Il y a quarante ans, j'étais bien jeune, mais tout de même un slogan du même genre élaboré par Vichy m'avait beaucoup frappé. Il disait à peu près ceci : « Le mot d'ordre de la révolution nationale : maintenir! »

Rien d'étonnant par conséquent si les relations entre le pouvoir politique et la création littéraire ont toujours été délicates, souvent orageuses, parfois catastrophiques. Il suffit pour s'en convaincre d'évoquer certains couples célèbres, Molière et Louis XIV, Diderot et Catherine de Russie, Voltaire et Frédéric de Prusse, Chénier et Robespierre, Germaine de Staël et Napoléon, Victor Hugo et Napoléon III, Soljenitsyne et Brejnev, Malraux et de Gaulle, Günther Grass et Willy Brandt. Dans ces couples, l'écrivain est dans l'immédiat écrasé par l'homme politique, mais le temps qui passe travaille pour lui. Déjà Valéry observait qu'on dit aujourd'hui « Stendhal et Napoléon ». Mais qui aurait osé dire à Napoléon qu'on dirait un jour : Stendhal et Napoléon? L'idée de cette dignité posthume supérieure ne devrait jamais quitter un écrivain quand il rencontre un souverain. On souffre de la flagornerie vis-à-vis du roi qui salit certaines comédies de Molière. On déteste la servilité qui précipite Goethe aux pieds de Napoléon [1], et tout près de nous, on n'aime pas trop l'empressement de mince journaliste avec lequel Malraux faisait antichambre chez Staline, Mao, Kennedy ou de Gaulle. Ce même Malraux gémissait que Chateaubriand n'eût pas fait le voyage de Sainte-Hélène pour aller s'entretenir avec l'Aigle vaincu. Certes ce n'est pas l'auteur des *Antimémoires* qui aurait manqué ce « scoop »! Mais on est libre de préférer l'affrontement, si noble dans sa terrible inégalité, de Germaine de Staël avec ce même Napoléon, ou celui de Victor Hugo avec le 3e du nom, ou encore Soljenitsyne défiant l'appareil soviétique.

Un mot nouveau a fait une entrée en force dans le vocabulaire politique, mais il s'étend facilement à notre propos : récupération. Autrefois on aurait dit : compromission. En d'autres termes encore : un écrivain peut se laisser acheter par le pouvoir politique. Il aura la paix, le confort, la richesse même peut-être. Moyennant quoi il acceptera de porter une muselière et de laisser ses testicules aux vestiaires. Il y a ainsi dans les pays socialistes des « Unions des écrivains » où sont empaillés tout un zoo de plumitifs. Je n'ai garde de leur jeter la pierre, car, en semblable occurrence, rien ne prouve que je ne préférerais pas cette solution à l'exil ou au goulag. Tout le monde n'a pas la vocation du martyre.

Au demeurant nos sociétés occidentales possèdent elles aussi des poisons qui pour être plus doux n'en sont pas moins fort propres à apprivoiser les écrivains sauvages. Ce sont les prix littéraires, les académies, les charges officielles, et plus

1. En 1829 ses *Chansons inédites* valent à Béranger neuf mois de prison fermes. Il y avait manqué de respect pour Charles X. Commentaire de Goethe (qui le considérait comme le premier poète français de son temps) : « *C'est bien fait. Ses dernières poésies sont un défi à la décence et à l'ordre, et il a mérité sa punition en s'attaquant au roi, à l'État et à la paix civique.* » Entretiens avec Eckermann, 2 avril 1829.

encore la confiance et l'attachement d'un certain public de lecteurs. Un écrivain est d'autant plus exposé à cette sorte de compromission qu'il se met davantage personnellement dans son œuvre. L'incorruptibilité d'un conteur ou d'un romancier de pure fiction a moins de mérite que celle d'un auteur d'essais, de confessions ou de journaux intimes. La lignée des grands « intimistes » – Montaigne, Rousseau, Chateaubriand, Gide – est évidemment beaucoup plus exposée aux atteintes de son milieu que celle des grands « fictionnistes » – Stendhal, Balzac, Hugo, Flaubert, Zola. C'est pourquoi on ne rendra jamais assez justice à André Gide de ses engagements. Lui qui se mettait toujours tout entier dans chacun de ses livres n'a jamais cessé durant sa longue carrière de défier sa société : d'abord en s'attaquant avec *Corydon* à la tyrannie hétérosexualiste – au moment même où l'Angleterre victorienne broyait Oscar Wilde – ensuite en devenant le compagnon de route des communistes, puis en dénonçant le stalinisme tel qu'il l'avait vu (Louis Guilloux qui avait fait le même voyage et vu les mêmes choses préféra s'enfermer dans le silence de la lâcheté), et encore en s'astreignant à faire partie d'un jury d'assises pour savoir comment était rendue la justice, enfin et surtout en entreprenant cet immense et dangereux voyage au Tchad et au Cameroun à la suite duquel il put dénoncer les méfaits du colonialisme. Rarement un grand bourgeois fortuné et raffiné se sera aussi constamment empoisonné l'existence et suscité d'innombrables ennemis, à seule fin d'obéir à ce qu'il considérait comme son devoir. Ceux de ses épigones qui se voulurent à leur tour « engagés » – Malraux, Sartre, Aragon, Camus – paraissent en comparaison singulièrement prudents.

Les écrivains qui relèvent de la pure fiction et ne tirent pas leur œuvre de leurs propres tribulations personnelles peuvent certes plus facilement établir entre elle et eux-mêmes une distance grâce à laquelle ils peuvent prétendre se compromettre tout en sauvegardant l'essentiel. Erik Satie n'aimait pas Maurice Ravel. Apprenant que l'auteur du *Boléro* venait de refuser la Légion d'honneur, il dit : *« Ravel refuse la Légion d'honneur, mais toute son œuvre l'accepte. »* C'était très injuste s'agissant de Ravel, qui n'était tout de même pas Camille Saint-Saëns. Mais on peut imaginer à l'inverse un écrivain disant : « *Je peux bien accepter la Légion d'honneur, puisque toute mon œuvre la refuse.* » La devise de cet écrivain-là pourrait être alors : accepter toutes les compromissions au nom d'une œuvre elle-même incorruptible. J'en connais qui se sentent au fond d'eux-mêmes si radicalement marginaux qu'ils pourraient bien devenir président de la République ou pape sans croire avoir consenti la moindre concession au « système ».

Cette importante question de la vulnérabilité de l'écrivain face au pouvoir et à la société pourrait avantageusement être rapprochée d'une réflexion sur le génie et le talent. On pourrait dire en effet que le génie est création solitaire, alors que le talent relève davantage de la communication. Un écrivain de génie dépourvu de talent restera isolé, incompris, stérilisé par l'absence d'écho. Son œuvre risque de disparaître avec lui, ou même avant lui, car il se peut que par désespoir il la détruise de ses propres mains. En effet le talent rend conductible le milieu dans lequel baigne le créateur, et il lui permet seul de se faire entendre de ses contemporains. Mais cette conductibilité n'est pas sans danger, car elle s'exerce dans les deux sens. C'est pourquoi un écrivain de talent dépourvu de génie s'imbibe comme une éponge de tout ce qui passe à sa portée. Il est fêté, il court de succès en succès, parce qu'il comprend tout, il imite tout – en mieux – il met en forme ce que la société lui a livré à l'état brut. Ce n'est pas rien, mais son œuvre risque de n'être qu'une chambre d'écho. Cet écrivain-là aura pris au total plus qu'il n'aura donné. On songe à la terrible rivalité qui opposa Michel-Ange et Raphaël. Un jour Michel-Ange, sombre d'humeur et de vêtement comme à l'accoutumée, voit passer un cortège brillant et joyeux. C'était Raphaël et ses amis « *toujours entouré comme un prince* » murmura-t-il. Raphaël qui l'avait entendu répliqua : « *Toujours seul, comme un bourreau.* »

Certes, le génie est condamné, s'il n'est pas servi par un minimum de faculté de communication. Mais on souffre inversement de voir des écrivains que l'on aime et que l'on admire défigurés par des traits négatifs – des mutilations, des difformités – qui trahissent leur appartenance à leur société, voire leur honteuse complicité avec elle. Je pense à un couple exemplaire et maudit que nous a donné l'Angleterre victorienne.

D'abord R. Kipling. On n'évoque pas sans tendresse les *Histoires comme ça, Kim* ou les deux *Livres de la jungle,* qui sont un enchantement de l'imagination et de l'esprit. On accepte difficilement en revanche le chantre officiel de l'empire colonial anglais, et ce bras séculier de Kipling que fut le général Lord Baden-Powell, triste héros de la guerre des Boers. Il y a indiscutablement chez Kipling une horreur pathologique de la sexualité et – fatalement – une apologie de l'armée et de la guerre, école de vertus « viriles », avec en corollaire une pédagogie « scout » visant à combattre les « mauvaises pensées » grâce à des fatigues physiques épuisantes. Faites la mort, ne faites pas l'amour. Étripez-vous les uns les autres, cela vous évitera de vous caresser.

Et inexorablement surgit l'ombre, la contre-épreuve, le frère ennemi, tout aussi caricatural mais dans un sens diamétralement opposé, Oscar Wilde, l'anti-Kipling, salonnard à monocle, dandy fessu et mafflu dont la bouche en cul de poule et aux dents noires distille des mots féroces.

J'admire également ces deux écrivains, je dois également à l'œuvre de l'un et de l'autre, mais je pleure sur les hideurs qu'une marraine Carabosse, penchée sur leur berceau, a infligées à leur génie, cette reine Victoria, obèse mais sans entrailles : son œil de crapaud ne voyait pas les enfants de dix ans que la société – dont elle était le symbole – envoyait gratter au fond des mines du Yorkshire. Par leur talent, Kipling et Wilde se sont laissé prendre au piège de cette société. On eût aimé que leur génie se déchaînât contre elle.

Ce ne sont que deux cas exemplaires parmi bien d'autres. En vérité les relations entre l'homme politique et l'écrivain sont arbitrées par l'opinion. Encore faut-il qu'elle existe. Molière ne pouvait espérer ébranler par ses comédies le pouvoir royal. Cent ans plus tard, Beaumarchais y parviendra. C'est qu'en l'espace de ce siècle s'est formée une « clientèle » éclairée sans laquelle plus rien n'est possible. Son pouvoir n'a cessé depuis de grandir, et avec lui l'importance politique des écrivains. Cette évolution est d'autant plus remarquable qu'elle va de pair avec un constant renforcement des moyens matériels mis à la disposition de la tyrannie. Jadis une bande de gueux n'ayant pour eux que leur courage désespéré pouvaient se mesurer victorieusement à une armée régulière. Entre la faux emmanchée à l'envers du « jacques » et le sabre du soldat, la partie n'était pas trop inégale. A l'heure des missiles, le bon peuple n'a pas la moindre chance de l'emporter sur des unités régulières. Pourtant ces dernières années ont été marquées par des chutes retentissantes. Aux États-Unis le président est chassé par deux journalistes. Seuls des intellectuels sont capables d'ébranler le Kremlin. En Amérique latine, en Afrique, en Iran, des tyrans s'écroulent sous le choc des mots. Ce qu'il importe de souligner, c'est qu'il ne s'agit pas de la part des écrivains d'une « fronde » passagère et accidentelle, mais de l'exercice d'une fonction sociale fondamentale. *« L'ordre et le désordre, ces deux fléaux »*, écrivait Paul Valéry. Il s'agit bien en effet de deux pôles également redoutables entre lesquels les sociétés humaines ont toujours oscillé. La constante de toute création littéraire, c'est de rappeler que la société humaine ne doit pas – sous peine de mort – devenir l'équivalent d'une ruche ou d'une termitière. Il faut que sans relâche elle se remette en question et évolue, et c'est à l'écrivain qu'il incombe de briser les cadres existants, de faire tomber les cloisons, de créer une vision et une sensibilité nouvelles. Un chef-d'œuvre littéraire retentit toujours comme un rappel au désordre.

Il est donc fatal que le tyran considère l'écrivain comme un fauteur de trouble, et le persécute en conséquence. Aussi bien les grandes figures mythologiques – dont la mise en circulation et la constante renaissance constituent l'ultime succès de la création littéraire – sont tous sans exception des révoltés, des maudits, de Prométhée à Don Juan, sans oublier Tristan, Faust et Robinson Crusoé.

Le tyran certes, mais le chef politique sage et lucide sait qu'il faut laisser à toute société sa marge d'évolution et de révolution, parce que c'est la vie même. On ne donnerait pas une idée fausse de la démocratie, en disant que c'est un régime où il est possible de tout changer sans rien briser.

Susan Sontag

LE MYTHE DE LA CULTURE AMÉRICAINE

Je viens d'un pays où il n'y a pratiquement aucun soutien public à la création, où l'idée même d'un soutien d'État pour les arts est insolite. Nous avons certes une tradition de mécénat privé, mais un rapport entre l'État et les arts sérieux est chez nous inconcevable jusqu'à maintenant. Dans mon pays, il n'y a pas non plus de ministre de la Culture – cela aussi, c'est inconcevable. Et j'avoue que même si je suis plus qu'envieuse des Français, des Allemands, des Scandinaves, des Italiens, des artistes de ces pays qui disposent du soutien que l'État leur fournit, je n'attends pas avec impatience la nomination d'un ministre de la Culture dans mon pays. Ce ne serait sûrement pas, si cela arrivait un jour, quelqu'un comme Jack Lang. Peut-être aurions-nous Clint Eastwood ou quelqu'un du même genre. Sans doute alors avons-nous la chance de ne pas avoir une telle institution dans notre pays. Mais je répète que je déplore la situation des arts dans mon pays; je sais que c'est une position qui n'est pas très populaire en Europe, où je décèle partout une grande surestimation de la culture américaine.

Je ne partage pas ce sentiment européen de fascination, et je sais qu'il y a beaucoup de disciplines artistiques aux États-Unis (notamment les arts de « performance » comme le théâtre

103

et, de plus en plus, la danse) qui sont en train de mourir ou qui n'existent pas du tout sur le même plan qu'ici en Europe.

Le théâtre aux USA, la mise en scène dans le sens européen n'existent pas. Nous n'avons personne qui soit l'équivalent d'un Chéreau, d'une Ariane Mnouchkine, d'un Strehler, ou de Grüber, Stein, ou Vitez... et je cite les noms les plus célèbres, il y en a d'autres! Nous n'avons pas ce genre de théâtre, nous n'avons pas une Pina Baush; ce genre d'art a besoin des subventions de l'État et nous n'en bénéficions pas. Bob Wilson est produit ici, en Europe, pas aux États-Unis.

Évidemment, pour les arts qui se pratiquent en privé, en « solo », c'est-à-dire souvent l'écriture et même à la limite la peinture, il est possible de continuer sans grand soutien public. Mais pour la pratique sérieuse des arts de groupe comme le cinéma, le théâtre, la danse, comme pour beaucoup de formes de musique, s'il n'y a pas un apport de l'État, un apport public important, tout repose sur des contraintes purement commerciales. Tel est le cas dans mon pays. Aussi, j'espère que nous autres, Américains qui sommes aussi des francophones, qui venons souvent en Europe, qui sommes très attachés à la culture française, nous pourrons rester en contact avec vous et commencer à faire un peu de publicité pour un autre rapport entre les arts et les pouvoirs publics.

Je sais par expérience (je suis écrivain mais j'ai aussi fait du cinéma et du théâtre), que lorsque j'écris, je reste aux États-Unis; et que lorsque je fais du cinéma ou du théâtre, je viens en Europe. Parce que j'en trouve les moyens non pas là-bas, mais ici.

Un meilleur rapport entre l'Europe et les USA doit s'établir car l'écart se creuse de plus en plus entre mon pays et l'Europe. C'est très mauvais pour notre culture, même si c'est peut-être profitable à la vôtre. Mais j'envie ce genre de réunion, ce désarroi même, riche d'interrogations — et tellement inconcevable aux USA.

Je tiens donc à remercier le Gouvernement français de m'avoir invitée et à exprimer ma solidarité avec le Président Mitterrand.

François Châtelet

DEUX HYPOTHÈSES SUR LE DROIT A LA CULTURE ET LA CULTURE COMME SERVICE PUBLIC

Dans les pays où règne la démocratie politique, qu'on dit aussi pays « avancés », la culture, qui est un fait, est désormais pensée comme un *droit*. Cela veut dire que le citoyen contemporain, se connaissant lui-même et connaissant la société dans laquelle il vit, a le pouvoir (ou la capacité reconnue, sinon effective) de réclamer de la collectivité que celui-ci lui assure, ou développe en lui, une modalité de son être qu'il possède déjà. En ce sens, ce droit est sensiblement différent de droits plus anciennement proclamés comme, par exemple, le droit à l'instruction. Ce dernier suppose, d'une part, que celui qu'on a à instruire possède les dispositions qui permettent de l'être et, d'autre part, que de manière « naturelle », il ne possède pas les arts et techniques constituant normalement le « bagage » de l'homme instruit. Au sens strict, l'instruction consiste en l'acquisition, par le moyen de procédés théoriques et pratiques, d'un système complexe et hiérarchisé de savoir-faire (dont certains supposent des connaissances abstraites fort élaborées) tenu, non sans arbitraire, comme un instrument neutre en vue de la réalisation de fins elles-mêmes tenues pour indépendantes de cet instrument quant à la signification éthico-politique.

Il n'en va pas de même avec la culture. Si l'on considère

105

l'acception courante du terme – qui d'ailleurs n'est point tellement différente de l'acception « savante » –, il y entre certes une part de *formation*. En langue allemande, un des termes employés pour la nommer est, comme on sait, *bildung*, qui renvoie aux notions de construction, d'édification. Mais, en premier lieu, cette formation n'est en aucune manière assimilable à l'acquisition d'un savoir-faire; en second lieu, toute culture possède une part fondamentale de donné. C'est même ce second aspect qui la constitue originairement : chaque individu est, pour ainsi dire, attendu par « de la culture » qui insensiblement définit le fond de sa « nature » et organise son existence de part en part. Homogène, disparate ou contradictoire, cet horizon culturel pèse et libère, informe et déforme. Il est inéluctable et, cependant, matériau de dépassement, donc susceptible dans son contenu de constants remaniements.

A partir de cette schématique description, qu'il conviendrait de nuancer et d'approfondir, on comprend mieux la diversité de revendications que recouvre la dynamique du droit à la culture. Faute de reconnaître cette diversité et d'en apprécier les modalités, la détermination des tâches et de statut de service public correspondant à ce droit risque d'être incertaine. Il va de soi – mais encore faut-il le dire et même le souligner – que la défense de ce droit n'a pas du tout le même sens lorsqu'il s'agit d'un groupe social que, sous prétexte d'acculturation, on arrache à son enracinement et lorsqu'un groupe, bénéficiant des privilèges de l'instruction, s'interroge sur la possibilité qui lui est laissée de se reconnaître dans la réalité culturelle complexe dans laquelle il est immergé et sur la capacité qu'il possède d'y participer. Dans le premier cas, aucun « service public » ne peut plus rien – au moins si l'on en juge par l'exemple nord-américain et les effets des pratiques passées et présentes du gouvernement de Washington concernant les « affaires indiennes », tout juste peut-on espérer qu'au niveau des individus et des familles, des dispositions soient prises pour que soit assurée dans de meilleures conditions de confort matériel la prétendue acculturation. C'est seulement dans le second cas que s'imposent des précisions touchant à l'action de l'autorité légale.

La tentation est grande de plaider la cause de l'abstention.

L'idée d'une intervention étatique dans un domaine où doit régner par définition l'initiative privée, où l'essentiel consiste en l'action et la réaction subjectives, n'est-elle pas simplement absurde? De nombreuses formations étatiques écartent comme inopportune et dangereuse pour les productions culturelles une telle intervention. Des expressions comme celles de « directeur de la Musique » ou « du Théâtre » ne sont-elles pas, comme telles, choquantes? Précisément, elles le sont comme telles. Mais on sait bien que, pratiquement, dans un pays démocratique, en France singulièrement, les directives de ces « directions » s'appliquent aux moyens matériels mis à la disposition des musiciens et des artistes dramatiques. Que la menace soit constante d'un détournement au profit d'une idéologie ou de groupes d'intérêts signifie que la politique culturelle d'un gouvernement doit faire l'objet d'une explication permanente de la part de ceux qui la conduisent et d'une constante attention du corps civique.

Un fait actuel – qui est certainement présent à l'esprit de tous – illustre ces propos. Depuis des décennies en France, des « minorités » culturelles revendiquaient pour la reconnaissance officielle de leur langue, de leur littérature, de leur théâtre, etc., comme modes d'expression légitime. La République centralisatrice leur opposait, au nom du principe de l'universalité d'expression nécessaire à la cohésion nationale, la culture « française », oubliant ou feignant d'oublier qu'elle imposait une autre culture, propre à une région du territoire et, dans ses formes élaborées, apanage de certaines couches sociales. L'universalité « patriotique » abstraite conduisait à un traitement inégal contre lequel ont opportunément réagi les droits, encore insuffisants, accordés aux cultures nationales et régionales. Sans doute ne faut-il pas s'y tromper et ne pas envisager ces cohabitations de manière idyllique à une époque où, internationalement, ne cessent de se préciser les dangers d'un impérialisme linguistique? Sans doute faut-il garder d'omettre que, bien souvent, les productions artistiques et les inventions dans l'expression se font à coup de transgressions et que la tradition est faite pour être maltraitée.

Mais il faut encore que la tradition soit autre chose qu'un souvenir livresque. Comme il faut que la fameuse *éducation* sans laquelle, disait-on précisément dans les discours de distribution des prix, l'instruction ne vaut rien, soit l'objet d'une diffusion effective et démocratique et qu'elle ne devienne pas sa propre caricature. Probablement d'ailleurs est-ce à ce niveau que la revendication du *droit à la culture* (et des moyens qui l'actualisent) se manifeste plus clairement encore comme question politique décisive. Pour s'en tenir au cas français, le travail accompli du début du siècle à la Seconde Guerre mondiale par l'instruction publique a incontestablement été un succès. Mais ses perspectives n'étaient guère démocratiques : dans l'acquisition des savoir-faire comme dans l'éducation du citoyen, à la hiérarchie des classes a toujours correspondu la hiérarchie des enseignements. Aussi bien le « primaire » – à quoi était réduite la grande majorité de la population – atteignait-il à des résultats souvent remarquables qualitativement et quantitativement quant aux savoir-faire élémentaires, mais réduisait la formation à la pratique systématique du respect et de l'obéissance, laissant à quelques fables de La Fontaine le soin de mettre en question le Bon Sens dominant. A cette époque, on ne parlait de culture qu'à mots couverts et, en tout cas, pour évoquer une denrée mystérieuse, sorte de supplément, de complément ou de résidu spirituels du savoir, propriété des élites urbaines et, finalement, équivalent intellectuel des bonnes manières.

La première hypothèse qu'après ce long préambule proposera cette communication est que l'incontestable recrudescence des manifestations multiples des intérêts pour la réalité culturelle émanant de groupes sociaux très différents a pour cause les transformations profondes qui ont affecté l'enseignement depuis les trois dernières décennies. Ces intérêts pour la culture – on serait presque tenté de dire : pour la pensée – s'expriment à de multiples niveaux : dans la vente inattendue de textes réputés difficiles, et pas seulement dans les collections dites de poche, tant dans le domaine de la fiction que dans celui de l'histoire et de la réflexion, dans la fréquentation jamais atteinte des salles de cinéma, de théâtre, de concert et d'exposition et sans préjuger de la qualité culturelle qui y attend généralement les spectateurs-auditeurs, dans le succès qui ne se dément pas des entreprises culturelles ou para-culturelles privées ou publiques, dont l'énorme fréquentation du Centre Beaubourg est un témoignage à Paris, etc. Ils s'inscrivent dans la société française contemporaine comme un désir vague, mais puissant, que cernent mal les enquêtes sociologiques, mais que l'analyse politique et philosophique repère sans difficulté. Après l'institution quasiment fortuite d'un ministère de la Culture, le maintien, puis l'extension de celui-ci, montrent la sensibilité des forces politiques à ce phénomène.

L'hypothèse que l'on fait à son propos est tirée entre autres d'une expérience qu'ont pu avoir les enseignants de philosophie de l'Université de Paris VIII-Vincennes, aujourd'hui installée à Saint-Denis. En effet, dès 1970, le département de philosophie a été privé du droit de délivrer des titres universitaires ayant valeur nationale par une décision arbitraire du ministère de l'Éducation soucieux à la fois de combattre le refus de toute sélection et de plaire à son collègue de l'Intérieur, convaincu du caractère subversif de ce département. L'objectif visé était de vider celui-ci de ses étudiants. Il n'en a rien été : chaque année, et ce jusqu'à aujourd'hui, le département de philosophie a maintenu ses effectifs en valeur relative. A cette situation, il y a sans doute des causes diverses qu'il n'y a pas à analyser ici. Mais ce qui est révélateur, c'est qu'une des motivations maintes fois déclarée par des étudiants dûment inscrits et suivant normalement plusieurs enseignements de philosophie, ayant pour la plupart une activité professionnelle régulière, se trouve *le seul désir de connaître*. Désintéressé? Oui, si l'on précise que, dans leur grande majorité, ils n'attendent rien de la philosophie dans le domaine professionnel et que le travail de réflexion et de lecture auquel ils se livrent n'a rien à voir avec un recyclage ou avec la formation professionnelle (que certains suivent en même temps en langues vivantes par exemple). Mais follement intéressé, en un autre sens, si l'on songe que nombreux sont ceux qui déclarent que, grâce à ces lectures qu'ils sont incités à faire, ils découvrent des aspects nouveaux et exaltants de l'existence.

Ils précisent que, mis en contact avec le monde de la culture au collège ou au lycée qu'ils ont fréquenté un certain temps, ils sont restés intellectuellement « sur leur faim ». Car la démocratisation progressive de l'enseignement s'est accompagnée d'une très importante modification d'accent dans la façon de le concevoir et, par conséquent, de le pratiquer. Cette modification s'est marquée particulièrement dans le « secondaire » et elle agit maintenant officiellement dans les Universités. La pression exercée par les forces sociales guidées par la vision utilitariste, positiviste et scientifico-technique du monde a triomphé de la conception traditionnelle, il est vrai, tout à fait caduque. Tout ce qui, dans l'acquisition des savoir-faire déjà plus subtils que ceux qu'enseignait l'école primaire, comporte une modalité éducative ou quelque chose qui corresponde à une connaissance dénuée de rentabilité sociale, disparaît peu à peu. Il y a bien des années déjà qu'on ne peut plus légitimer l'enseignement des langues anciennes sans insister sur leur intérêt comme exercice intellectuel; et encore est-ce pour s'entendre répondre que, comme exercice, rien ne vaut l'apprentissage des mathématiques dont l'utilité comme savoir-faire est, de plus, indiscutable.

Cependant, quelque effort que puisse faire le pédagogue nouveau style pour ne conserver, à moindre effort et avec l'aide d'une batterie de machines toujours plus perfectionnées, que l'acquisition des techniques et des connaissances rentables à courte et à moyenne échéances, il ne peut éliminer le contenu et, du coup, la part culturelle du « produit ». Celle-ci subsiste, semble-t-il, comme sollicitation... A cet égard, les prochaines années dans les secteurs des Universités ressortissant anciennement aux Lettres, aux Sciences naturelles et aux Sciences sociales seront très intéressantes. Ces secteurs sont en effet invités avec fermeté par les pouvoirs publics à consacrer leurs activités à la formation de compétences professionnelles. L'efficacité avant tout! Les étudiants en philosophie ou en littérature, soumis à un tel régime, en admettant qu'on réussisse à l'administrer, ne seront-ils pas en droit de réclamer de ces mêmes pouvoirs publics qu'on leur parle de Descartes autrement que comme lointain initiateur du taylorisme ou de Gustave Flaubert autrement que comme modèle stylistique?

En réalité, il s'avérera qu'à moins de supprimer (ou, ce qui revient au même, de caricaturer) un certain nombre d'enseignements, l'objectif de faire exclusivement du « supérieur » un lieu de formation professionnelle est inaccessible.

Il est probable, dès lors, pour ne pas renoncer à la perspective rassurante de professionnalisation des études à tout prix, sans mécontenter complètement la demande sourde de nombreux étudiants et sans méconnaître la pression d'enseignants peu enclins à sacrifier les matières qu'ils aiment, qu'on s'efforcera de renouveler, en lui donnant de nouvelles couleurs, le compromis qu'on peut nommer *culture générale*. On poursuivra ainsi une bévue fort ancienne, en usage dans quelques grandes écoles scientifiques (et dans les classes des lycées qui y préparent). Ce qui donnera comme physionomie d'ensemble : d'une part, un fond d'enseignements scientifiques, c'est-à-dire sérieux parce que utiles, entrecoupés de quelques moments de culture générale.

L'expérience des classes préparatoires des lycées et des I.U.T. montre certes que de nombreux enseignants savent faire de ces moments des oasis de culture fine et spécialisée. Il reste qu'il y a dans une telle répartition une conception délétère pour la pensée, donc pour la recherche fondamentale et l'approfondissement des connaissances dans tous les domaines. C'est une conception *réactionnaire*, parce que réactive et malthusienne. Il y a déjà plusieurs décennies que les philosophes de l'École de Francfort en ont démontré les rouages, les finalités et les effets tant dans les démocraties occidentales que dans les pays de l'Est. De nombreux savants européens et américains en ont proclamé les dangers. Il n'est pas nécessaire de parler d'inféodation au Capital ou de soumission consentie au processus de domination (bien qu'il s'agisse de cela!) : il suffit de comprendre que c'est un méfait, de portée désastreuse même à courte échéance, que de confondre la formation à la vie professionnelle et la formation à la vie, pas seulement à la vie civique, mais à celle de l'individu en interférence avec les groupes sociaux dont il est partie prenante...

C'est cette « éducation » que les jeunes filles et garçons des lycées et des Universités, que ceux qui reprennent « tardivement » des études dans des Centres d'enseignement comme Paris VIII viennent aussi chercher. La deuxième hypothèse que propose cette communication est que, pour permettre et aussi contraindre à une extension raisonnable les enseignements destinés à la formation à la profession, d'une part, et pour éviter que ne se maintienne l'illusion que la culture réside suffisamment en ce que diffusent la télévision dans son mince effort pédagogique, les pages *ad hoc* des magazines et journaux et les essais lancés tous les quinze jours à grands coups de publicité comme devant révolutionner le monde, d'autre part, se constitue un vaste service public de la culture. Le noyau d'un tel service existe déjà, formé par les institutions mises en place par le ministère de la Culture et par celles consacrées aux éducations artistiques dépendant du ministère de l'Éducation nationale.

Mais pour intéressant, voire excellent en certains secteurs qu'il soit, en dehors des enseignements professionnels qu'il recèle, continue à s'attacher à lui l'idée que ce qui s'y fait est de l'ordre – qu'on signalait tout à l'heure – du supplémentaire, du complémentaire, pour ne pas dire du luxueux, l'essentiel, c'est-à-dire l'important restant à la formation *utile*. La remise à sa place – limitée – de ce triste Bon Sens, qui est confit en rentabilité comme on l'est en dévotion, suppose une offensive ouverte des pouvoirs publics, étendant plus largement la tâche, vitale pour le pays, de défense de la culture au moins au ministère de l'Éducation nationale et au ministère de la Recherche. Car il ne s'agirait de rien de moins que d'associer progressivement tous les établissements d'enseignement public à l'œuvre sociale de diffusion et d'extension de la Culture, en commençant par les Universités, qui ont déjà une expérience parcellaire de ce travail, en poursuivant très vite par les lycées, puis par les collèges et les écoles primaires. La définition de cette culture qu'il convient de faire valoir, il n'est pas besoin d'être grand clerc pour l'énoncer, au moins dans l'extrinsécité. La culture, c'est l'expérience (au sens d'épreuve active), la connaissance et, si possible, la pratique des Arts, les Beaux et les « ordinaires », intimement entremêlés avec l'épreuve et la connaissance des disciplines dites au lycée littéraires, y compris l'histoire et de la philosophie et de celles des sciences sociales et naturelles qui refusent de se réduire à leurs effets sous-techniques. Or, la mise de cet ensemble à la disposition d'un vaste public, mise à la disposition qui n'a d'autre fin que de maintenir et de renforcer cet ensemble et de satisfaire ceux qui souhaitent en être, si peu que ce soit, les étudiants et les praticiens, *quels que soient leur âge et leur profession,* ne peut avoir lieu de manière moralement acceptable que si, d'abord, l'autorité publique qui la suscite et la protège y garantit, de manière réaliste, la plus complète liberté de tous les participants et que si, ensuite, l'exposition de la culture, sa pratique, y sont *toujours* liées à la recherche. La « popularisation » de domaines comme ceux de la littérature, de la philosophie, de l'histoire, de l'ethnologie, de l'astronomie, de la génétique, de l'histoire et des techniques de l'art musical et pour ne citer qu'eux, exige, plus que l'apprentissage d'une matière en vue de sa reproduction, une familiarité que seules permettent des recherches constantes et approfondies. Que l'universitaire et bientôt le professeur de lycée et de collège et l'instituteur aient deux tâches liées intellectuellement et déliées matériellement : dispensateur de savoir-faire, de connaissance et de techniques intellectuelles afin de préparer efficacement à la vie professionnelle, mais aussi et spécifiquement initiateur en culturel... Que les Universités, les Lycées, les Collèges, les Écoles ne soient plus seulement des bâtiments où stationnent successivement pendant quelques années de petits ou des grands enfants mais qu'ils deviennent des lieux où s'entrecroisent librement et se soutiennent les uns les autres les dynamismes de la vie collective et le foisonnement des vies individuelles.

Wassili Leontieff

VERS LA DÉMOCRATIE DES LOISIRS

1. La technologie, l'économie, les institutions et les valeurs sociales doivent être, comme les membres d'une même famille, compatibles. En période de changement rapide, des tensions surviennent entre eux. Si elles ne sont pas réduites par l'innovation créatrice, ces tensions sont à même de créer une crise.

2. La technologie, incarnée par les travailleurs dans leur usine et les postes de télévision regardés dans chaque foyer, constitue une grande partie de l'environnement dans lequel nous vivons, et détermine directement l'expérience personnelle immédiate de chacun. Plus indirectement mais peut-être plus inévitablement, la technologie influence notre vie tout entière en imposant ses exigences à la structure de l'économie et de la société dans laquelle nous vivons et par conséquent est amenée à « imprimer » et à réfléchir en même temps notre conception culturelle et nos valeurs morales.

3. L'histoire ne se répète pas, tout au moins pour ce qui concerne les changements culturels et matériels. La nouvelle vague du changement technologique associée à l'informatisation et à l'automation commence seulement; elle ne se développera probablement qu'au cours des trente ou cinquante prochaines années. Elle est fondamentalement dif-

férente dans sa nature – et ses effets seront par conséquent très différents – de la dernière grande vague de l'innovation technologique qui a amenée la Révolution industrielle du XIXᵉ siècle et s'est épuisée après la fin de la Deuxième Guerre mondiale.

4. La machine à vapeur, le moteur à combustion interne et le moteur électrique ont pratiquement éliminé le besoin de force musculaire, autrement dit l'effort physique, qui, depuis l'époque où Adam et Ève furent chassés du paradis, représentait la principale contribution des hommes et des femmes laborieux à la production de divers biens et services ; mais en même temps, l'utilisation de machines toujours plus complexes et plus puissantes exigeait des travailleurs des capacités mentales nécessaires à l'acquisition et à l'utilisation de techniques spécialisées et sophistiquées.

Les ordinateurs, qu'ils fonctionnent seuls ou à l'intérieur de robots, peuvent cependant réaliser des fonctions quasi mentales : très simples au départ, mais au fur et à mesure que le temps passe et que leur conception évolue, de plus en plus sophistiquées – fonctions qui jusqu'à présent ne pouvaient être effectuées que par des hommes ou des femmes vivants.

En d'autres termes, l'informatisation et l'automation peuvent réduire et réduiront progressivement le rôle joué traditionnellement dans le processus de production par la main-d'œuvre, et augmenteront celui des sorties d'inanimés, c'est-à-dire les biens d'équipements, l'énergie, et les différentes ressources naturelles. Cela ne s'applique pas seulement au transport, à la fabrication, et à l'agriculture mais également aux prétendues « industries de service. »

5. D'un point de vue strictement technique, ce processus n'est pas seulement analogue, mais en principe identique à celui qui eut lieu il y a quelque cinquante ans au niveau de l'agriculture lorsque les tracteurs commencèrent à remplacer les chevaux. Progressivement, les chevaux furent au « chômage technologique » et disparurent finalement de la scène.

Si les chevaux pouvaient voter et envoyer leur représentant au Parlement ou au Congrès, cette histoire aurait été très différente. Des propositions auraient certainement été faites pour interdire ou tout au moins ralentir l'introduction des tracteurs ou bien pour réduire le salaire de la race chevaline (à savoir, la quantité d'avoine reçue par heure de travail). Ou bien, et ceci semble plus sensé du point de vue d'une société chevaline, le besoin pour le travail chevalin diminuant, on aurait pu réduire la longueur de la journée de travail, harnacher le jeune cheval un ou deux ans plus tard, et faire prendre sa retraite au plus vieux un peu plus tôt afin de le laisser paître.

6. Depuis la moitié du siècle dernier, la longueur de la journée de travail dans tous les pays économiquement avancés n'a cessé de diminuer régulièrement et de façon importante; en d'autres mots, le chômage technologique augmentait progressivement, mais volontairement. Étant donné que le salaire augmentait dans le même temps très rapidement, la famille moyenne, au lieu de dépenser la totalité de ce revenu potentiel supplémentaire en achetant plus de nourriture, de vêtements, de logements, d'automobiles ou de postes de télévision, choisit de passer moins de temps à l'usine ou au bureau et davantage dans des activités de loisir non rémunératrices. Cependant, à la fin de la dernière guerre mondiale, le processus de réduction volontaire de la journée de travail connut un ralentissement et aux États-Unis ce processus était pacifiquement au point mort. Pourtant le processus de changement technologique continue à se développer, et maintenant qu'il entre dans une nouvelle phase, les machines continuent à prendre la place de la main-d'œuvre, non seulement du point de vue physique mais aussi de plus en plus du point de vue de ses fonctions mentales.

7. A moins que l'introduction de la nouvelle technologie ne soit prohibée par notre société (ce qui, espérons-le, ne se produira pas), nous serons bientôt confrontés à un choix entre une situation dans laquelle une partie de la force de travail est employée à plein-temps tandis que le reste est complètement inemployé, ou bien une situation dans laquelle les possibilités d'emploi sont également réparties entre tous les membres de la force de travail, ce qui implique bien entendu que, petit à petit, le temps consacré au travail « nécessaire » est progressivement réduit pour tous tandis que celui consacré à d'autres activités augmente. Il ne peut y avoir aucun doute qu'aussitôt que le nombre de chômeurs à

plein-temps deviendra très important, la seconde solution sera choisie.

Si jamais, disons dans cinq cents ans, nous atteignions un état utopique et paradisiaque dans lequel tous les services et marchandises standards pouvaient être produits par une très petite quantité de données humaines, non seulement physiques mais mentales, son affectation cesserait bien évidemment d'être controversée.

8. Quelle que soit la solution adoptée pour lutter contre le problème du chômage technologique, elle entraînera un changement radical du mécanisme de la répartition des revenus : que le chômeur ou le chômeur partiel entre en concurrence avec l'employé à plein-temps et avec des machines automatiques de plus en plus efficaces, et le prix de la main-d'œuvre (c'est-à-dire le véritable taux du salaire) — et avec lui la part du travailleur dans le produit national tout entier — sera soumis à une intolérable pression qui le diminuera. Les sociétés démocratiques modernes ne permettent pas que cela arrive en payant des indemnités de chômage. Dans bien des cas, même le revenu de ceux n'étant que partiellement employés est déjà augmenté. Nous assistons déjà à une modification progressive d'un système dans lequel, malgré le fait que non seulement le travail physique mais aussi le travail intellectuel devient de moins en moins important en tant que facteur indispensable de production, l'efficacité accrue du système tout entier permet non seulement de maintenir le niveau de vie de toutes les familles (et particulièrement celles qui sont le moins prospères) mais encore de l'améliorer. L'assistance médicale gratuite, le financement public des écoles primaires, secondaires, et dans certains cas l'université sont les formes les plus importantes au sein desquelles de tels transferts ont lieu.

9. On demande souvent : « Comment feront les hommes et les femmes, habitués à passer le plus clair de leur vie à travailler, pour s'adapter à une situation dans laquelle ils ne seront à leur travail que trois ou quatre heures par jour, trois ou quatre jours par semaine, auront des vacances beaucoup plus longues, et devront prendre leur retraite beaucoup plus tôt ? » La réponse à cette question doit nécessairement dépendre de la nature de la culture dominante et de ses

118

valeurs. Certaines tribus primitives des Iles des Mers du Sud, nous disent les anthropologues, ne travaillent que quelques heures par jour, et passent le reste du temps à bavarder, chanter, danser, et autres activités cérémonielles du même genre ; – malheureusement, certaines de ces tribus consacrent la majeure partie de leur temps à la guerre. Cela est vrai aussi pour la vie de certains groupes à revenu très élevé, et ce, de tous temps. Il n'est pas étonnant que l'économiste américain Thorstein Veblen parle de « classes de loisir » [1].

C'est l'état de la culture générale, de l'éducation et de la technologie dans la mesure où il entre directement dans nos propres vies – pensons à l'automobile, à la télévision, ou à l'ordinateur individuel – qui déterminera dans une très large mesure quel usage les différentes couches d'une société donnée feront de leur temps « libre ».

10. De même, et du point de vue des démocraties occidentales modernes et économiquement avancées, la question primordiale est de savoir comment une société industrialisée moderne, imbue d'une éthique victorienne du travail fondée sur une moralité quasi puritaine, aura la capacité de se réconcilier avec une situation dans laquelle la répartition cesse d'être gouvernée entièrement ou même avant tout par le fonctionnement automatique des forces impersonnelles du marché, mais est contrôlée publiquement, c'est-à-dire déterminée par l'intermédiaire du processus politique. Une réponse satisfaisante à cette question n'a pas encore été trouvée. Comme nous l'avons observé plus haut, la législation sociale en vigueur aujourd'hui réalise, dans la majorité des cas, la fonction d'augmenter et dans un sens de corriger la répartition des revenus résultant du fonctionnement des prétendues forces libres du marché de façon relativement satisfaisante et fréquemment sur une très grande échelle. Par ailleurs, le changement le plus radical dans cette direction effectué dans les pays socialistes centralisés ne s'est pas révélé être un grand succès – c'est le moins que l'on puisse dire.

---

1. Dans *The Theory of the leisure class* : la *Théorie de la classe de loisir*, éd. Gallimard.

Jack Lang

LA CULTURE C'EST LES POÈTES PLUS L'ÉLECTRICITÉ

Me taxerez-vous d'abus de langage si, pour vous accueillir dans cet amphithéâtre (nom lui-même évocateur d'un riche passé) j'évoque la treizième colline de Rome? Votre Quartier latin, qui tient son nom du fait qu'il fut la résidence de nombreux chefs romains, dont l'empereur Julien, et grâce à la topographie, autorise cette entorse... géographique.

C'est pourquoi je me permets de parler de réunion au sommet, en jouant sur le mot bien sûr, mais le nôtre peut avoir une vraie altitude, car nous allons nous interroger sur les questions essentielles de l'avenir. Et, en songeant aux innombrables grands esprits qui se sont développés ici depuis tant de siècles, je forme le vœu qu'on puisse dire demain de notre assemblée qu'elle se tint sur une colline inspirée.

Il y a toujours des esprits chagrins, qui ne veulent pas croire aux progrès possibles. Il y a aussi les dénigreurs professionnels. Je crois nécessaire de répondre, aux uns et aux autres, ceci : la matière grise n'est-elle pas la plus précieuse de ces matières premières qui les préoccupent tellement?

L'imagination n'est-elle pas la meilleure forme d'investissement pour les générations, ces investissements qui connaissent, dans le monde économique, une crise évidente?

La technique, sous toutes ses formes, restera-t-elle long-

121

temps encore réservée à ses manipulateurs, alors que la technologie est la quatrième dimension de la culture, et que les inventions même les plus balbutiantes du début de ce siècle ont permis de libérer l'homme de la pauvreté, de l'aliénation, et d'apporter un incontestable mieux-vivre au monde des opprimés?

Les orgues, elles-mêmes, sont électriques aujourd'hui, mais aucun compositeur actuel ne s'aviserait de dédaigner l'apport que la technique propose à son art.

Entre la viole d'amour et l'ordinateur, je gage qu'il a déjà choisi. Paraphrasant une phrase de Lénine, je dirai qu'aujourd'hui, la culture c'est les poètes plus l'électricité.

Tous les mots que nous utilisons sont comme des planches qui nous « manquent » sous les pas. Mais ils nous sont nécessaires pour communiquer. Il en est ainsi du mot « culture » qui recouvre tant d'acceptations différentes.

Il en est ainsi du mot « artiste ». C'est pourquoi, j'aimerais réhabiliter dans mon propos un autre mot, protéiforme lui aussi, mais peut-être plus « inspirant » : le mot « poète », qui qualifie l'artiste par excellence, l'auteur de l'œuvre accomplie par excellence, de la chose par excellence qu'est la culture.

Je heurterai alors moins les habitudes et les préjugés, en plaidant au nom des poètes, en demandant, par exemple, qu'on leur reconnaisse de nouveau droit de cité en les associant aux conférences et commissions économiques et financières, aux travaux des plans et des spécialistes de la prospective : car ils sont le sel de la cité, disait Alain. C'est parce qu'on a délibérément tenu les artistes, les poètes hors de l'économie moderne qu'il y a un écart aussi apparent — et seulement apparent — entre elle et la culture.

Je n'irai pas jusqu'à évoquer Virgile ou Solon, qui participaient totalement à la vie civique, y compris le premier pour orchestrer les plans, quinquennaux avant la lettre, d'Auguste.

Moins loin de nous, Érasme et Voltaire, Hegel et Spengler, ont démontré que la culture et l'économie sont un tout.

Je ne suis donc ni un original ni un amateur de paradoxes quand je tiens mes propos habituels : je me place dans une filiation européenne de l'esprit.

On veut qu'il y ait antinomie entre culture et économie,

122

certains se montrent sceptiques quand j'affirme que la culture doit être mobilisatrice et payante en temps de crise économique.

Comme si Venise avait mis une cloison dans ses palais entre le négoce et la peinture! Comme si les Médicis avaient cru que sans la banque ils pourraient construire des palais!

Culture et économie sont des sœurs siamoises, et l'une vivifie l'autre alternativement.

L'architecte de la Villette ou de Brasilia a autant de poids sur le marché du travail que tel combinat industriel, et, *en plus*, il ajoute aux beautés du monde.

Je ne prétends pas vous proposer des recettes, des solutions, puique c'est à vous tous que nous demandons vos concours. Je vous confierai seulement quelques images qui me sont chères, qui sont parlantes aussi.

Aujourd'hui, en France, deux siècles après 1789, nous n'avons plus besoin de prendre la Bastille, *mais* c'est à la Bastille, que nous allons ouvrir un grand opéra.

Aujourd'hui, nos capitales ne se jaugent plus au pourcentage de produit national brut qu'elles apportent aux économies nationales, mais aux effectifs d'individus créateurs qu'elles accueillent, qu'elles attirent, aux œuvres de culture qui rayonnent sur leurs sites illustres : le Centre Beaubourg, par les foules de pèlerins du monde entier qu'il attire, le Lincoln Center à New York, sont les cathédrales de la culture de ce siècle.

Aujourd'hui, un esprit qui se voudrait universel ne pourrait récuser la technologie : Pic de la Mirandole, Érasme auraient un ordinateur à leur disposition.

Aujourd'hui, le propre de la culture (protéiforme, rappelons-le pour la distinguer de la culture au sens classique du terme) est une permanente réaction en chaîne, et la gravitation de ses éléments irradie toute la vie.

Depuis que les hommes ont pu voir quelle image donnait, depuis la lune, leur planète, la notion de globalité est devenue perceptible à chacun. Et, de ce jour, seule l'idée de culture a commencé de s'imposer comme possibilité de résoudre globalement les problèmes de l'humanité entière.

(Si vous trouvez que je me perds trop haut dans le firmament, aidez-moi à redevenir terre à terre sans en revenir aux problèmes précédents, car seul compte, en définitive, le problème de notre époque.)

Cette esquisse que je vous ai soumise, sans prétendre tout dire, nous amène à la question capitale que je me pose en permanence : où en est la rationalité de la culture, aujourd'hui? C'est-à-dire, quelles formes doit-elle prendre pour s'insérer au mieux dans le mouvement du monde en cours? A mes yeux, la culture est le vrai surgénérateur de la société en gestation, de la civilisation à créer : comment faire pour ne pas nous tromper sur les buts et les procédures d'envol?

Tout geste culturel a des retombées actives, mais la culture, n'étant pas une science exacte, a beaucoup d'actes manqués. Elle est, cependant, à mes yeux le seul bouclier contre la barbarie, même si elle n'est pas l'arme absolue : rappelons-nous quelle effervescence culturelle a connue l'Allemagne de la République de Weimar en même temps que se préparait souterrainement l'explosion dévastatrice du nazisme. Toute civilisation est un chef-d'œuvre en péril, toute société en gestation a l'âme fragile.

Mettre la culture au pluriel est un grand dessein : l'idéal serait que le citoyen cultivé succède à l'homme cultivé (notion restrictive et élitiste). Alors la culture moderne aura accompli sa mission publique, car c'est toute la culture qui doit se faire l'Avant-Garde du Nouveau Monde, tout en réveillant la mémoire des sociétés d'où nous venons.

N'en doutons pas, la révolution est là, mais ce n'est pas celle qu'on croit. Fini les temps des barricades et des soulèvements! Les tremblements du monde, les tremblements profonds, surviennent ailleurs et ont recours à d'autres images. Ma conviction est que la fin de ce siècle verra la révolution de la culture sous toutes ses formes, et elle sera l'œuvre de la première vraie Internationale qui se constitue et défile sous nos yeux : la 1re Internationale de la Jeunesse. Regardez-la, elle se moque des frontières, des idéologies fatiguées, elle se ressemble partout, et elle se rassemble, malgré les espaces, musique à l'oreille, tee-shirt sur les épaules, elle a son langage commun avec son uniforme (pacifique) commun, ses artistes en commun, et elle est en train de bâtir une société parallèle à la nôtre, mais porteuse, elle, de l'avenir. Lassée de contester en vain, elle s'est mise à inventer son univers, et elle nous dit qu'elle n'aura bientôt plus besoin de nous. Elle est en marche et elle vous adresse déjà quelques pieds de nez révélateurs.

Elle a compris que la culture est le pont-aux-âmes d'un renouvellement social et économique. Elle se moque des querelles entre dirigistes et libre-échangistes, elle a fait son argent de poche d'autres devises que nos monnaies fondantes, elle a le soleil au cœur. Elle fait de vous tous, sans vous en apercevoir, l'Ancien Régime.

Être ci-devant aujourd'hui est une simple question d'âge.

John Kenneth Galbraith
L'ART ET L'ÉCONOMIE

Voilà quinze ans sinon davantage, j'ai créé à Harvard un cycle de séminaires sur la science économique et les arts. Cette initiative fut mal accueillie dans l'ensemble, sauf par les étudiants. Mes amis artistes y virent – si tant est qu'ils y virent quelque chose – une entreprise entachée de philistinisme. A leurs yeux, rien ne pouvait être plus dégradant pour l'art que cette association avec l'économie, point sur lequel je reviendrai ultérieurement. Mes amis économistes, pour leur part, jugèrent qu'il s'agissait d'une fuite dans l'imaginaire, d'une approche frivole et singulière. En fait, pour exprimer les choses clairement, ce n'était absolument pas le genre de réflexion susceptible d'éveiller le moindre intérêt chez l'érudit sérieux.

D'un bord comme de l'autre, artistes et économistes ont réagi en accord avec les traditions admises dans leur milieu respectif. Depuis fort longtemps déjà, l'attitude de l'artiste consiste à se tenir à l'écart des préoccupations économiques. Son univers lui suffit. Lorsqu'elle atteste du mérite, la réussite économique est fortuite, insignifiante, voire perverse. Ainsi, on parlera avec admiration de l'artiste qui ne mange pas à sa faim tous les jours, presque jamais de son homologue fortuné. A notre époque, cependant, force est de reconnaître que les artistes s'enrichissent, notamment à Hollywood et à New York, mais aussi à Paris. C'est en partie pourquoi les moyens d'expression artistiques, films, télévision ou musique populaire, sont considérés comme étant en marge de la création artistique proprement dite. Dans la mesure où l'argent entre en ligne de compte, on ne peut parler de « véritable art ».

L'attitude des économistes vis-à-vis de l'art est moins équivoque, en ce sens qu'elle est pratiquement inexistante. L'absence quasi totale d'articles ou de communications émanant de professionnels de l'économie fut l'un des problèmes avec lesquels il m'a fallu compter lors de mon séminaire, et, dans une certaine mesure, l'une des satisfactions que j'en ai tirées. Les économistes se consacrent à plein-temps aux secteurs industriels, acier, automobile, chimie et textile. Aux États-Unis, à l'heure actuelle, on évoque abondamment le piteux état de la grande industrie. Nul économiste, dans aucun pays, n'est tout à fait respectable s'il ne donne pas un point de vue avisé sur l'avenir des technologies de pointe et des industries connexes. Il y a quelques mois, le *New York Times* rapportait dans ses colonnes que Broadway pâtissait sérieusement de la récession – on y connaît la plus mauvaise saison depuis bien des années. Quel(le) économiste a prêté attention à cette information? Qui aurait pu songer y trouver la matière d'un article propre à alimenter les pages économiques, ou un sujet d'intérêt pour un journaliste économique. La plus grande personnalité de ce siècle dans le monde de l'économie, Lord Keynes, portait un vif intérêt à l'art et aux arts en général. Tout le monde s'accordait à trouver cela remarquable : toutes les biographies mentionnent ce fait en termes émerveillés. Et aussi que son épouse était danseuse aux ballets russes. Keynes ne se souciait pas particulièrement de réduire le fossé entre les sciences économiques et les arts. Plutôt que de rester cantonné dans un seul monde, il vivait tout simplement dans les deux.

Dans cette analyse, je me propose de mesurer et d'examiner l'étroite interdépendance des deux domaines – au risque d'être taxé de philistinisme par les artistes et d'ésotérisme par les économistes lorsque j'affirme que des liens

128

importants, nécessaires et mutuellement bénéfiques existent entre l'art et l'économie.

Nous avons énormément à gagner, dans la pratique, d'une meilleure compréhension du rôle de l'artiste, des arts, au sein de l'économie moderne.

Il existe entre l'art et l'économie un lien très ancien, que je formulerais ainsi : comment l'artiste subvient-il à ses besoins? On a depuis longtemps résolu la question en supposant que l'artiste est unique en son genre; parmi ceux qui participent à la réalité sociale et économique, il est le seul à ne dépendre d'aucune compensation financière pour son « travail ». La pauvreté peut même être favorable à la création artistique. Si l'on remonte à Aristote et à l'approbation qu'il fit de l'esclavage, la pensée sociale se distingue depuis longtemps par l'aspect pratique de ses conclusions. Il en va de même ici. Trois autres liens doivent par ailleurs solliciter notre attention avec urgence. Citons en premier lieu le rôle important joué par les objets d'art — peinture, sculpture et autres manifestations de la création artistique — dans le capital de la communauté moderne, et les problèmes de gestion afférents. En second lieu, du fait de sa présence croissante, sous de multiples formes, dans notre mode de vie, l'art est devenu un rouage de l'économie dans son ensemble. Enfin, signalons un lien extrêmement important et souvent négligé, celui qui existe entre l'art et la création industrielle. Aux détracteurs, je répondrais que l'artiste, autant que le savant ou l'ingénieur, est un des moteurs de la réussite économique moderne. Et je répète ceci : un artiste ne saurait être davantage découragé que lorsqu'il découvre qu'il est un élément en pleine croissance du produit national brut. Mais j'ai encore d'autres mauvaises nouvelles à lui annoncer : de plus en plus, dans une économie adulte, il est amené à jouer un rôle important dans la réussite économique. Il contribue au succès et à la crédibilité des firmes impliquées.

Depuis peu, et plus particulièrement au cours des dix dernières années, l'art apparaît comme un domaine majeur d'investissement. Rivalisant avec ceux qui préconisent d'investir dans des actions, des obligations ou l'immobilier, on trouve dans l'autre camp, sûrs de leurs bons conseils et souvent incompétents, ceux qui encouragent les investisseurs à miser sur les objets d'art. Jadis, l'homme de biens allait chez son comptable ou au coffre de sa banque pour constater les résultats de son savoir-faire financier. A l'heure actuelle, il lui suffit très souvent de regarder ses murs.

Cette évolution, à mon sens, ne pose pas de grands problèmes en ce qui concerne l'artiste ou l'investisseur. Cet investissement sert en grande partie à accroître la valeur des œuvres d'art consacrées telles. Les fruits reviennent, hélas, non pas aux artistes mais, dans bien des cas, fortuitement à ceux qui ont reçu ces œuvres en héritage ou les ont acquis de toute autre façon.

Toutefois, tel l'effet « compte-gouttes » de Ronald Reagan, des retombées parviennent effectivement jusqu'au peintre ou au sculpteur. Certes, une fraction de capital à haut risque va à l'homme ou à la femme qui a la réputation de faire quelque chose de neuf ou, quelle que soit la difficulté, tente d'innover. Cela est une bonne chose. Pour ma part, j'ai l'intime conviction que l'on a par trop exagéré l'effet néfaste qu'aurait l'argent sur les artistes. Citons, à titre d'exemple, le cas de Raphaël, du Titien, de Michel-Ange, de Léonard de Vinci et de beaucoup d'autres, depuis Rubens jusqu'à Picasso, pour comprendre que le grand art peut s'accommoder des dangers d'une grosse fortune personnelle. Nul besoin non plus de verser des larmes sur les investisseurs. Si certains y gagnent, d'autres y perdent. C'est un fait bien établi du système capitaliste que les imbéciles et bien d'autres encore se trouvent régulièrement séparés de leur argent. Nous devons encourager les placements dans l'art, et les arts en général, sans nous soucier de ce que les artistes s'enrichissent ou non, ni de ce que les investisseurs y perdent ou non.

Un problème d'une tout autre gravité se pose à ceux dont la tâche est de sauvegarder les trésors rassemblés dans nos musées. Un peu partout, ils sont, à l'heure actuelle, les gardiens de richesses d'une très grande valeur pécuniaire, lesquelles recevront de plus en plus une attention avaricieuse ou incompétente. Il faut faire preuve de vigilance et ne pas prendre à la légère tout risque de voir ce patrimoine se volatiliser pour une raison ou une autre. Les pressions ne sont pas minces et continueront à ne pas l'être.

Récemment, nous avons fait une expérience salutaire dans ma propre université. Harvard, comme la plupart d'entre vous le savent, reçoit une belle dotation, la plus importante des États-Unis et, à vrai dire, du monde. La gestion en incombe à des hommes qui peuvent s'enorgueillir d'avoir le meilleur esprit financier de la nation, et ils ne sont pas les seuls à le penser. L'Université possède, par ailleurs, un grand trésor artistique surtout constitué de peintures et de dessins, mais aussi de bien d'autres chefs-d'œuvre. Les hommes et les femmes responsables de ce patrimoine, d'une manière générale, seraient considérés avec méfiance dans les milieux financiers s'ils devaient traiter des affaires à une grande échelle. Il n'existe pas de statistiques valables sur la question, mais il y a fort à parier que le capital artistique de l'Université a augmenté plus vite au cours des dernières années que ses finances, bien plus vite qu'on pourrait le supposer. Le savoir-faire économique des personnes sensibles au talent artistique opposé à celui des plus fins esprits financiers de la nation : voilà la question que l'on doit se poser. Les sages de la finance n'ont pas battu en retraite. Bien au contraire, ils ont fait en sorte d'avoir la mainmise sur le trésor artistique. Construire est, de nos jours, une opération périlleuse sur le plan financier. Il y a peu de temps, lorsqu'il fut envisagé d'agrandir le Fogg Museum de l'Université, ils proposèrent qu'une partie du patrimoine artistique serve à cautionner les travaux au cas où les frais dépasseraient le montant prévu au devis. Dans l'affirmative, les œuvres d'art n'auraient pas été vendues : il y aurait toutefois eu perte de jouissance. (Les banques n'ont plus désormais de crédits douteux : elles ont des actifs improductifs.) Dans ce cas particulier, la menace fut évitée de justesse : des fonds furent trouvés pour mener à bien les travaux d'agrandissement du Musée, sans qu'il soit nécessaire d'entamer le capital artistique. L'expérience tient lieu d'avertissement. A cela, on ne peut pas répondre carrément qu'il ne faut jamais s'en prendre au capital artistique. Dans certaines circonstances, la vente et l'échange sont bénéfiques et peuvent valoriser les collections. Toutefois, il ne faut jamais céder aux contraintes nées du besoin, ni aux contingences. Considérons avec la plus grande méfiance toute incursion du génie de la finance, ou supposé tel. Avant toute chose, nous devons avoir le plus vif respect pour les responsabilités assumées par les gardiens de notre patrimoine artistique. Ce n'est pas une banale affaire. De nos jours, le conservateur de musée a pour mission de protéger des ressources comparables à celles déposées entre les mains du grand banquier. Au vu des prêts consentis ces dernières années par les gros banquiers de la finance internationale, il faut espérer que le directeur de musée est nettement plus perspicace, et bien plus conservateur.

Surtout, nous ne devons pas croire que nous nous entourons des meilleures garanties lorsque nous confions la prise de décision à des individus extérieurs au monde de l'art et des musées. Depuis quelque temps, les grands musées américains, dont le Metropolitan de New York, ont entrepris de déléguer une part importante des responsabilités à des administrateurs professionnels. La tâche, prétend-on, est trop immense, trop complexe, la responsabilité trop grande, pour un directeur de musée habituel, issu des milieux artistiques. Cela est faux. Quiconque d'aptitude moyenne peut maîtriser les connaissances administratives requises en la matière. S'il en était autrement, le monde moderne des affaires et du gouvernement se trouverait dans un état lamentable de désorganisation. Il est plus sage, voire préférable, pour les questions artistiques, de s'en remettre à ceux qui comprennent l'art et le servent par un profond engagement moral. Nous nous en trouverons mieux. En tout état de cause, nous ne devons pas croire que les protecteurs de notre trésor artistique doivent faire preuve d'un savoir financier plus poussé.

J'en arrive maintenant au rapport entre l'art et le revenu. Il s'agit de déterminer comment les arts contribuent à la formation du revenu, et comment cette contribution s'accroît en période d'opulence et de bien-être généralisés.

Que l'art contribue au produit économique est un point trop peu souligné à notre époque. Cependant, au XVIIᵉ siècle, qui a davantage stimulé l'activité économique que Molière? Ou, en des temps moins éloignés, messieurs Gilbert et Sullivan ou Jean Poiret? Si ces hommes avaient été hommes d'affaires, ingénieurs ou savants, nous ne douterions pas de leur contribution au produit national brut. Mon ancien collègue à Harvard, Joseph Schumpeter, se plaisait à observer que chaque printemps de jeunes Américains, dont on ne saurait nier l'instinct résolument démocratique, partaient pour l'Europe y admirer les monuments érigés sous les régimes despotiques de jadis. Il aurait pu tout aussi bien dire y célébrer les contributions du passé au domaine de l'art, et la pérennité de leur importance économique. Peut-on même imaginer que les frères Wright ont fait autant pour l'industrie du voyage que Michel-Ange, Raphaël, Le Titien et Sir Christopher Wren?

Tel est l'enseignement du passé, à savoir la façon dont l'art a contribué au renforcement du produit économique. Cette contribution continue et s'amplifie. A mesure que les individus et les nations s'enrichissent, l'art, dans ses diverses manifestations, occupe une place de plus en plus importante dans le niveau de vie. Là encore, nous ne possédons pas de chiffres probants; une définition valable de l'art nous fait défaut [1]. De tout temps, les princes, les marchands et les congrégations religieuses aisés se sont tournés vers l'art. Ce sont les riches qui ont acquis, puis conservé les trésors que nous admirons encore à l'heure actuelle. La nourriture, l'habillement, le logement et les biens matériels constituent la première ponction opérée sur le revenu. Après l'utile, les gens recherchent le beau. L'art visuel, au même titre que la musique, la danse, ou le cinéma, occupent un place grandissante dans la vie de tous les jours. On a tenté de réfuter l'idée d'une association entre art et opulence. On a suggéré qu'il existe, ou doit exister, profondément enracinée dans l'inconscient et la psyché des pauvres, une forme d'expression artistique instinctive qu'il suffit de mettre à nu. D'où l'intérêt porté à l'art populaire, à l'art prolétarien, à l'artisanat, à l'art par implication des masses, toutes formes d'art

---

1. J'aimerais mentionner trois livres intéressants parus récemment traitant de la science politique et économique appliquée à l'art. Il s'agit, en premier lieu, de *Canada's Cultural industries* de Paul Audley (Toronto : James Lorimer and Co, en collaboration avec le Canadian Institute for Economic Policy, 1982). Le second s'intitule *The Reluctant Patron : The United States Government and the Arts, 1943-1965* de Gary O. Larson (Philadelphie : University of Pennsylvania Press, 1983). Le troisième, qui couvre le monde anglophone, s'appelle *The Politics of the Arts Council* (London : Sinclair Browne, 1982) de Robert Hutchison.

que l'argent n'a pas terni. Chacun prendra alors conscience de l'effort de dissociation.

Ce raisonnement n'est pas convaincant. Dès que tous leurs besoins sont satisfaits par ailleurs, les peuples et les communautés se tournent généralement vers l'art. En période de vaches maigres, la création artistique est peu féconde; en période d'abondance, elle a une tout autre ampleur. Il en va de même de la responsabilité collective envers l'artiste.

L'artiste est, depuis longtemps, un personnage socialement recherché. Un peintre ou un musicien peut, par sa présence, rehausser l'éclat d'une manifestation publique alors même qu'un banquier ou un industriel de renom ne le ferait pas. En revanche, pour tout ce qui touche aux sombres problèmes économico-politiques, l'artiste reste en marge, étranger à ces questions. Personne ne peut imaginer que le peintre ou le musicien, au même titre que celui ou celle qui participe activement à la production de biens de consommation durables, a le droit de se faire entendre sur les affaires économiques ou politiques. D'une façon générale, l'artiste accepte cela. Dans notre société actuelle de relatif bien-être — bien-être qui survit même aux attentions des gouvernements modernes — la contribution économique du peintre, du sculpteur, du réalisateur, du producteur de théâtre ou du musicien ne cesse de s'accroître. Par conséquent, les intéressés ont le droit, à l'instar des autres citoyens, de s'exprimer sur les questions d'ordre économique, social ou politique. C'est plus qu'un droit. L'industrie bénéficie de divers moyens de mise en œuvre, tant publics que sociaux. L'éducation, la recherche, les mesures d'incitation fiscale, la réalisation d'infrastructures d'intérêt public, tels les transports, sont considérés comme la matérialisation légitime de l'aide publique et sociale apportée à l'industrie. Dans la société moderne riche, une meilleure connaissance de l'art par la collectivité et le soutien qui s'impose en la matière se justifient autant sur le plan économique que toute initiative ayant trait à un autre aspect de la vie économique. Dans les deux cas, on notera une incidence favorable sur le niveau de vie et une progression du produit national brut. C'est la dernière frontière en matière de réalisation économique. On ne tient pas compte de cette vérité lorsque l'on plaide en faveur de l'industriel, de l'ingénieur ou du savant. Il faut une véritable prise de conscience de la part des défenseurs de l'art. Tous ceux qui sont concernés doivent y réfléchir.

J'en viens au dernier point de mon intervention : la création artistique en tant que moteur essentiel du développement industriel traditionnel.

Le scientifique et l'ingénieur ont la vanité, pas aussi inoffensive qu'on le pense, de se croire à la pointe de la réussite industrielle moderne. L'homme de science et l'ingénieur, certes, ouvrent la voie à de nouveaux débouchés. Ce sont eux qui mettent en œuvre les perfectionnements propres à faire avancer et survivre l'industrie traditionnelle. Dans les pays industrialisés, nous considérons avec désespoir la situation de notre ancienne industrie. Et nous nous tournons avec espoir vers celle qui intègre les nouvelles technologies. Là se trouve notre salut.

Je ne minimise pas le rôle de la révolution technologique. Je souhaite qu'elle serve davantage à mettre en valeur la supériorité de nos produits plutôt qu'à imaginer des armes qui laissent pressentir la destruction de toute vie civile et, n'en doutons point, du patrimoine artistique dans son ensemble. Mais nous devons abandonner l'idée que la science et les réalisations technologiques qui en résultent sont les seules à favoriser le progrès industriel. Par-delà la science et les techniques, à nouveau, se trouve l'artiste, élément important du produit national; sciemment ou non, l'artiste stimule de façon vitale le progrès industriel dans notre civilisation moderne.

La constatation est simple, et s'applique à un large éventail de produits industriels : après l'utilité matérielle vient la création industrielle : le *design*. Dès lors qu'un objet fonctionne correctement, on lui demande d'être agréable à l'œil. Le *design* ne dépend pas seulement de la disponibilité des artistes; il fait appel à la richesse, à la qualité de la tradition artistique. Là réside le secret de la réussite industrielle contemporaine.

Les preuves abondent lorsque l'on sait ouvrir les yeux. Le cas de l'Italie est exemplaire. Depuis la Deuxième Guerre mondiale, ce pays a connu catastrophe sur catastrophe, avec l'un des taux de croissance économique le plus élevé de la société industrielle occidentale. Pour expliquer ce fait, per-

135

sonne n'a mentionné la supériorité de la technique ou de la science italiennes. Ni la gestion industrielle du pays. Ni la précision de la politique gouvernementale ou de l'administration. Ni même la discipline ou la coopération des syndicats et des travailleurs italiens. Si l'Italie a réussi économiquement au cours des trente-cinq dernières années, c'est grâce à un meilleur *design*, une meilleure esthétique – parce que ses produits séduisent davantage. L'esthétique italienne traduit le magnifique engagement de l'Italie, poursuivi au cours des siècles par ses créateurs, au service de la perfection artistique – engagement auquel l'Italie est restée fidèle jusqu'à ce jour. Tel est le rôle de l'artiste dans la réussite italienne.

Je pourrais aussi ajouter qu'il nous arrive, dans la vie courante, de rendre hommage à la création artistique, parfois bien plus que nous le pensons. De nos jours, qui possède les compétences requises pour devenir dirigeant d'une firme de construction automobile aux États-Unis, à moins d'avoir un nom italien? Autre impératif de l'époque pour tous les modèles automobiles, porter une marque italienne ou espagnole. Aucun gouvernement, qu'il soit américain ou britannique, n'aurait songé à financer M. DeLorean et son automobile si son nom avait été Jones, Smith, Murphy ou même Campbell.

Le cas de l'Italie est seulement le plus frappant. Les industries de Paris, de New York et de Londres – textile, mobilier, architecture, couture, publicité, cinéma et théâtre – survivent quand même, dans un contexte économique par ailleurs peu favorable, parce qu'elles côtoient l'art. Et il est clair qu'elles survivent mieux en conséquence – qu'elles sont moins vulnérables à la compétition des nouveaux secteurs et à la dévastation causée par la politique économique moderne – que les piliers de l'industrie traditionnelle, aciéries, usines de construction automobile et mines de charbon. Dans les vieux pays industrialisés, on a trop peu remarqué que les villes qui subsistent le mieux sont celles où règne une forte tradition artistique.

Mais ce n'est pas tout. Cette tradition artistique préserve et entretient une forme importante d'entreprise économique, la petite firme non bureaucratique. L'artiste, on le sait depuis longtemps, se plie mal à toute organisation. Il se tient en observateur. Un professeur rebelle à la discipline et au moule académiques, j'ai remarqué, est toujours présenté comme un individu au tempérament « trop artiste ». Par conséquent, les industries dotées d'une orientation artistique sont, en général, de petite dimension. Là encore, le succès italien de ces trente-cinq dernières années est, pour une large part, le fait de petites entreprises à vocation artistique.

Un des points faibles de l'économie industrielle moderne, comme beaucoup commencent désormais à s'en rendre compte, a pour origine le problème non résolu de la grande organisation – l'immobilisme et la fréquente inefficacité de la grande bureaucratie contemporaine, qu'il s'agisse du secteur public ou privé, et sa fâcheuse tendance à mesurer l'intelligence à l'aune des résultats, quelle que soit leur valeur ; le talent est alors ce qui doit se rapprocher le plus de ce que nous connaissons déjà. Associer art et industrie permet au contraire de sauvegarder une forme d'entreprise plus petite, plus souple. Mon ami et ancien collègue, aujourd'hui disparu, Fritz Schumacher, a rendu mémorable cette formule : « Ce qui est petit est beau » *(small is beautiful)*. On pourrait tout aussi bien dire : « Ce qui est beau est petit. »

Pour résumer ma pensée, je dirais que l'art sous ses diverses manifestations occupe une place importante dans la vie économique : sa part dans le produit économique augmente inéluctablement à mesure que s'accroît le bien-être. S'il en était autrement, le progrès économique ne serait qu'une réalité terne, fastidieuse et terre à terre. Je comprends parfaitement la consternation de l'artiste lorsqu'il découvre qu'il est un élément du produit national brut. Mais la vérité économique brutale doit l'emporter. La sécurité et le progrès économiques dépendent, en fin de compte, autant de la tradition artistique que du génie technique ou scientifique. Les communautés caractérisées par une riche tradition artistique sont également celles qui progressent le mieux sur le plan économique et, selon moi, offrent la plus grande stabilité de leurs structures.

Compte tenu de sa contribution à la vie économique, j'ai dit que l'artiste a le droit de s'exprimer sur les questions d'ordre économique, au même titre que l'ingénieur, l'homme de science, l'industriel ou l'entrepreneur. L'artiste apporte son concours et sa participation. Davantage que par le passé, il n'a pas seulement le droit mais le devoir de prendre position, avec plus de vigueur et de confiance, sur les problèmes dont l'art dépend. Jadis, dans tous les pays, on l'a mentalement placé sous la tutelle du mécène ou de l'État. Ce personnage frivole, candide, n'a pas d'importance économique. Quelqu'un doit parler en son nom dans un monde économique auquel il ne prend pas vraiment part. Nous ne pouvons plus tolérer cela, ni continuer à défendre ce point de vue, cette échappatoire facile. Rien ne saurait empêcher l'artiste d'avoir une solide opinion sur le rôle qu'il joue dans l'économie moderne et, partant, d'exprimer cette responsabilité. Cela est vrai ainsi que je l'ai souligné, du soutien collectif dont bénéficie l'art. Il en va de même de la sensibilisation du groupe social à son égard. Par sa contribution économique, l'artiste a acquis le droit de parler au nom de son intérêt propre. Il doit maintenant reconnaître la nécessité de le faire. Il se trouvera toujours en situation d'infériorité tant qu'il laissera à d'autres hommes jugés plus pragmatiques le soin de le représenter face au public et au gouvernement. Ainsi que j'ai tenté de le démontrer au travers de cette réflexion, les esprits pragmatiques, ou présumés tels, ne perçoivent pas facilement quelle peut être la contribution de l'artiste dans notre société économique moderne.

Entrelacer étroitement la science économique et l'art comme je viens de le faire ne sera pas applaudi par tous les économistes, ni par tous les artistes. En tant qu'économistes, nous devons nous consacrer aux billettes, aux boulons et au tonnage. Nous n'appartenons pas à l'univers de Rembrandt ou d'Andy Warhol. Et pour l'artiste, la dépendance est encore pire. Il est au service d'un maître bien plus grand qu'Adam Smith. Mais à notre époque, on ne peut pas échapper totalement à la culpabilité par association. L'alliance de l'art et des sciences économiques concerne ceux qui veulent voir les choses en face.

3. CRÉATION ET CHANGEMENT DE SOCIÉTÉ

Jacques Ruffié

Claude Simon

Yachar Kemal

Tom Bishop

Hélène Ahrweiler

Henri Laborit

Hélène Cixous

Félix Guattari

Norman Birnbaum

Jean-Pierre Faye

Maurice Fleuret

Henri Lefebvre

Jacques Ruffié

UNE SEULE SOLUTION,
LA COMMUNICATION

Il serait vain et fallacieux de vouloir dissocier dans l'histoire des hommes, la création du développement. Très tôt, l'évolution de l'humanité est passée du plan organique au plan culturel : à partir d'un certain stade, atteint sans doute il y a plusieurs millions d'années, les groupes humains se définissent beaucoup mieux par leur culture que par leur anatomie.

Depuis longtemps, les caractères *biologiques* de l'humanité changent peu, alors que les *civilisations* connaissent un essor considérable.

Du biface abbevilien ou acheuléen du paléolithique inférieur à la « feuille de laurier » finement travaillée du solutréen et du magdalénien (fin du paléolithique supérieur), techniques, cultures et arts se développent régulièrement et caractérisent chaque période avec infiniment plus de précision que les données morphologiques apportées par l'étude des squelettes et des crânes.

Avec la découverte des métaux, puis la survenue de la révolution néolithique et, dix mille ans plus tard (ce qui constitue, pour le naturaliste, un délai très bref) celle de la révolution industrielle, les progrès de la connaissance, ceux de l'art, ceux de la technologie s'accélèrent constamment,

141

tout en demeurant étroitement liés. Ils reposent sur des facultés typiquement humaines : l'imagination et le pouvoir d'innovation d'une part, la possibilité de communication logique d'autre part. Préhistoriens et naturalistes ont souvent négligé ce second facteur. L'originalité de l'humanité n'est pas uniquement dans le développement de l'intelligence des individus qui la composent, elle est aussi et surtout dans la faculté qu'ont ces individus de communiquer entre eux de façon symbolique ou abstraite et d'intégrer leurs connaissances dans un patrimoine universel.

Aujourd'hui le groupe humain n'est pas formé de 4 milliards et demi de cerveaux, mais d'un immense « pool » fait de 4 milliards et demi de cerveaux qui cherchent, trouvent, échangent sans cesse. Nous représentons une énorme machine à penser collective. Contrairement à la mutation, moteur du monde organique, qui reste au début l'apanage d'un seul et ne pourra diffuser, lentement au fil des générations, qu'au prix de la reproduction sexuée, l'invention culturelle prend d'emblée une dimension sociale; elle devient très vite la propriété du groupe tout entier.

Au temps présent, grâce aux progrès des techniques informatives (en particulier : rapidité et massivité des télécommunications) toute découverte se mondialise en un temps très bref. Si l'on considère les modifications survenues par exemple sur une même chaîne de peptide entrant dans la constitution d'une enzyme présente chez plusieurs espèces, il apparaît clairement que l'évolution organique se déroule à une vitesse constante. L'horloge biologique suit toujours la même vitesse. Au contraire, l'évolution culturelle s'est constamment accélérée.

Il aura fallu plusieurs millions d'années pour que l'industrie lithique atteigne le degré de perfection qu'on lui connaît dans la phase qui précède l'invention des métaux; la maîtrise du feu demande quelques centaines de milliers d'années, la révolution néolithique une dizaine de millénaires et la révolution industrielle deux siècles.

A chaque stade de son évolution l'homme a su répondre aux défis qui se posèrent à lui grâce à l'invention. Les premières haches faites de galets éclatés lui permirent de se défendre des grands prédateurs infiniment mieux armés qui l'entouraient. Grâce au feu, à l'aménagement d'abri, à la confection d'une vêture appropriée, les hommes ont pu re-créer partout un microclimat tropical humide correspondant à celui de leur berceau : les rives des grands lacs africains. Dès lors ils purent occuper la quasi-totalité des terres émer-gées.

Plus tard, encore en apprenant à domestiquer les plantes et les animaux qui lui étaient utiles, en accroissant leur qualité par des croisements judicieux, nos ancêtres décuplèrent, ou centuplèrent, les ressources offertes par la nature. Une forte poussée démographique s'ensuivit, en même temps qu'un changement social : les cueilleurs chasseurs semi-nomades devinrent des agriculteurs et des bergers sédentaires.

Récemment les progrès de la médecine et de l'hygiène joint à l'élévation globale du niveau de vie ont fait reculer les limites de la maladie et de la mort. Et ce mouvement se poursuit sous nos yeux.

L'homme moderne n'a rien perdu de ses facultés de créa-tion : elles doivent lui permettre de répondre aux nouveaux défis qui se dressent aujourd'hui sur sa route. Ils corres-pondent aux besoins d'une humanité dont la population aura doublé à la fin de notre siècle (c'est-à-dire dans moins de vingt ans), à l'allongement de l'espérance de vie, qui, au moins dans les pays avancés, a transformé la « pyramide » des âges en « obélisque », aux atteintes parfois irrémédiables de l'environnement, à l'épuisement des ressources non renouvelables.

Les solutions sont à notre portée. Elles impliquent non seulement une créativité renouvelée, mais aussi et surtout des échanges plus nombreux entre les hommes et les peuples. La création et l'échange ne peuvent se faire que dans la liberté, sans laquelle invention et communication demeurent des mots vides de sens. Nous devons unir tous nos efforts et mettre un terme au partage, aussi dramatique qu'absurde qui fut imposé au monde il y a quarante ans, à Yalta. Les responsables d'alors se déclaraient d'idéologies opposées, mais ils vivaient sur la mystique périmée, du progrès par la « lutte » et l'élimination.

Il faut en finir au plus vite avec cette fausse interprétation de l'histoire que depuis Malthus, Darwin et Marx traînent les générations qui nous ont précédés. Au temps présent, nous devons quitter le XIXᵉ siècle et ses mythes pour entrer dans l'âge de la nouvelle et monumentale révolution scientifique et conceptuelle qui s'accomplit sous nos yeux, et dont nous devons être non les témoins, mais les acteurs.

Claude Simon

LA CULTURE DES SALADES

Comme je l'ai écrit à notre Ministre en répondant à son invitation, je suis tout à fait dépourvu de connaissances dans le domaine de l'économie impliqué par le programme de cette table ronde.

Toutefois, en le lisant attentivement, j'y ai trouvé quelque chose qui ne laisse pas d'inquiéter, et ce quelque chose c'est l'affirmation que « le champ culturel est source d'investissements », en précisant que ces investissements se feront dans l'audiovisuel.

Or, on sait que dans ce domaine les coûts de production se situent à un niveau terriblement élevé. Par exemple, une seule minute de cinéma ou de télévision revient aussi cher (sinon plus) que la fabrication d'un livre entier, et on sait aussi que qui dit « investissement » dit du même coup « rentabilité », ce qui postule « profit ».

Si le mot « culture » se prête à toutes sortes de définitions (c'est un mot-valise dans lequel on met à peu près n'importe quoi, depuis l'érudition jusqu'au simple amusement en passant par la science...), par contre la culture, elle, se prête très mal – sinon pas du tout – aux tentatives de manipulations ou d'accaparement et, malheureusement, la question qui se pose alors est de savoir qui peut faire face aux énormes investissements que postule l'audiovisuel sinon les Pouvoirs, c'est-à-dire les pouvoirs d'argent et le pouvoir d'État.

En ce qui concerne les premiers, ils visent à la rentabilité immédiate, à l'immédiate faveur du grand public, et pour ce faire on connaît la méthode : c'est celle (programmée aujourd'hui par ordinateurs) qui permet de fabriquer selon des recettes éprouvées ces films et ces feuilletons télévisés à audience mondiale ou, en France, les romans de la collection *Harlequin* publiés à la cadence de 34 titres par mois et atteignant des tirages situés entre 110 et 170 000 exemplaires... généreusement comptabilisés dans les périodiques et complaisantes enquêtes sur « les Français et la lecture » où l'on oublie seulement de spécifier la qualité de ces lectures.

Quant au pouvoir d'État, il est, en fin de compte, astreint aux mêmes servitudes. Soucieux lui aussi de rentabilité, c'est-à-dire, pour son prestige et sa propagande, de plaire au plus grand nombre, il ne peut le faire qu'en flattant ses goûts, alors que toute création véritable et par conséquent tout effort culturel ne s'accomplit qu'en rupture avec les habitudes répétitives, les valeurs établies, dérange et donc déplaît au premier abord. Personne n'ignore que sauf à de très rares exceptions (comme par exemple pendant une éphémère période dans les débuts de la révolution bolchevique, ou encore lorsque la République espagnole a confié la décoration de son pavillon à l'exposition de 1937 à Picasso et Miró) la création et l'État n'ont jamais fait bon ménage et que l'art officiel s'est toujours infailliblement situé aux antipodes du « champ culturel ».

Dans les deux cas s'exerce une censure, que ce soit celle du profit matériel ou du profit politique (sans parler du favoritisme et de la médiocrité instituée) dont la conséquence est un nivellement par le bas, et à tout prendre, jusqu'à maintenant et en dehors des deux exceptions que j'ai citées, c'est hélas encore le mécénat privé qui peut se prévaloir de quelques initiatives positives, comme, par exemple, d'avoir permis la réalisation du film le plus révolutionnaire de toute l'histoire du cinéma : je veux parler de *l'Age d'Or* de Buñuel et Dali. Par contre, alors que la Chase Manhattan Bank commande pour sa piazza à New York une monumentale sculpture à Jean Dubuffet, la direction de la régie Renault

146

fait enterrer au bulldozer à Billancourt *le Jardin d'Hiver* de ce même artiste...

Je sais bien que l'on a beaucoup parlé, particulièrement à propos du cinéma et du show-business, de culture populaire ou de « culture de masses », en oubliant seulement que cette « culture » n'est nullement issue du peuple (en cent ans la civilisation industrielle a totalement éliminé – et c'est une véritable tragédie – tout art populaire) mais fabriquée par d'habiles hommes d'affaires qui s'ils « cultivent » peut-être ainsi les masses le font comme on le fait des salades, des tomates ou des poires, de même que la production artistique des pays totalitaires est, elle aussi, comprise comme instrument d'obscurantisme et d'oppression.

Je demande que l'on veuille bien me pardonner ces propos peu encourageants, mais il me semble (peut-être à tort...) que si l'on veut comme le dit notre programme, « favoriser l'épanouissement de l'art, de la beauté », c'est seulement en s'attachant à l'éducation du public que l'on pourra avoir quelques chances d'y parvenir. Et en disant cela, je pense non pas à ces émissions de télévision ou de radio plus ou moins pédagogiques et « culturelles » dont chacun sait que l'écoute et l'impact sont des plus relatifs, mais à l'école, au lycée et à l'université, c'est-à-dire les seuls endroits où par la formation des esprits encore vierges les maîtres peuvent compenser quand il en est temps encore les carences familiales qui constituent sur le plan culturel un effroyable handicap pour l'immense majorité.

Cependant, je crains qu'ici le même problème ne resurgisse, et l'on pourra m'objecter qu'il s'agit là d'un travail de longue haleine où les investissements ne trouveront pas une rentabilité immédiate, notre monde ayant, paraît-il, moins besoin de citoyens cultivés que de techniciens. Il est donc à craindre que la solution soit difficile à trouver. Mais enfin, il est déjà louable d'avoir posé la question.

Yachar Kemal

L'AMBIVALENCE
DE LA COMMUNICATION

La culture occupe une place matricielle parmi les principes qui règlent les rapports des hommes entre eux, en société et avec la nature : elle est à la source de la création.

Est-il besoin de rappeler que tout au long des âges, l'histoire des cultures est celle d'une interfécondation? Il nous est même difficile de concevoir une culture en vase clos : les Robinsons de notre imagination ont toujours leur Vendredi. Même les cultures les plus éloignées, spatialement les unes des autres ont pu échanger. La communication qui est un des maîtres mots de notre époque n'est pas une nouveauté en soi, elle atteint un niveau non négligeable chez nos anciens. Ce qui est remarquable aujourd'hui c'est l'extraordinaire accélération, potentielle et parfois réelle, de la communication.

Le leçon du passé est claire : du point de vue de la création et de la créativité, seules les cultures en situation d'échange et d'interaction ont su nous laisser ce qui est notre mémoire vivante, les cultures de l'isolement et de la clôture n'ont pu survivre.

Culture et communication : des exemples, même rapides et grossiers me semblent nécessaires. Le rapport entre la culture et la communication est en soi un vaste domaine de recherches. Pensons donc à ces caravanes qui traversent les continents de l'ancien monde et regardons cette merveille de la création que sont les *Mille et Une Nuits*. Les *Mille et Une Nuits* sont une épopée de ce monde de caravanes, d'échanges et de communication. Pensons à ces vaisseaux qui transportèrent d'une rive à l'autre de notre planète, gens et cultures, aux migrations incessantes vers tous les horizons. L'Histoire de l'homme est aussi celle des migrations, que l'homme en maîtrise ou non ses effets. Souvenons-nous d'Alexandre de Macédoine, du monde de son temps, des bouleversements que son aventure induit au sein de toutes les cultures de l'Inde à la Méditerranée. Alors, les nouvelles parcouraient l'univers grâce aux brasiers allumés d'une cime à l'autre...

L'avènement de la société industrielle, avec son corollaire, l'impérialisme, est une rupture de taille dans le domaine de la culture et de la communication par rapport à ce qui prévalut durant des siècles. L'ordre impérialiste entreprit non seulement l'exploitation matérielle des peuples soumis, il introduisit par effraction sa « civilisation ». Des écoles partout, mais pour quoi faire? Ceux qui en sortirent n'appartenaient plus à la culture de leur peuple; ils étaient les pantins de leurs maîtres.

Mon peuple et mon pays connurent aussi ce destin. Bien que n'étant pas une colonie à proprement parler, la Turquie des années 1800 n'était déjà qu'une copie de l'Occident. Ce que nous appelons aujourd'hui la culture ottomane n'était que délabrement, l'imitation de la culture française d'alors se substituant brusquement à celle-ci partout dans la capitale. Certes, comme dans le cas de toute ouverture, la greffe du renouveau prit timidement, la poésie et la littérature d'alors en témoignent, même comme résistances. Mais cette culture de l'imitation trouva vite ses limites dans une capitale ottomane en déclin. Ailleurs, en Anatolie, dans les Balkans, les peuples continuèrent leur œuvre de création, créations ancrées dans les spécificités des peuples. En Turquie même, il a fallu attendre une maturation de plus d'un siècle pour que la mutation s'opère, vers 1920, avec la détermination d'un Mustafa Kemal pour redécouvrir la culture du peuple, des humbles comme vecteur du changement vers la modernité. Certes, nombre d'intellectuels se mirent cette fois-ci à imiter la langue et la culture du peuple, comme leurs pères singeaient la culture française, mais ceux qui partagèrent le pain noir du peuple en prison, comme Nazim Hikmet, purent donner l'exemple éclatant d'une création conciliant une culture et sa mémoire – les poètes populaires et rebelles de l'époque médiévale – le passé et le présent, le peuple, sa langue et la création littéraire. Ce qui constitue la création culturelle dans mon pays depuis un demi-siècle est le produit de cette aventure, de cette mutation qui fut parfois le théâtre d'une symbiose entre création et projet de société.

Depuis quelques années, un constat inquiétant s'impose à tous : nos sociétés sont en crise. Où saisir les signes d'une usure des valeurs, d'un immense gâchis de celles-ci? D'où vient cette pénible impression de faire du surplace dans l'art et la littérature, un peu partout, le sexe et la violence donnant le change pour faire croire au mouvement? Que signifie, au plan des rapports entre la création et la société, un phéno-mène comme cette furie des « best-sellers » qui se répand partout? Le peu de cas que l'on fait de ce que notre mémoire appelle « les valeurs fondamentales de l'Homme »?... autant de raisons d'inquiétude... Que deviennent des valeurs comme l'amitié, la solidarité, la fraternité? Arrivons-nous encore à rire à pleine bouche, à pleurer plein le cœur, à être amoureux ou avoir peur avec la simplicité d'un enfant? Le frémis-sement d'une feuille ou l'éclosion d'une fleur peuvent-ils encore enthousiasmer nos semblables? Les égoïsmes ne conduisent-ils pas aux solitudes? L'incroyable diversification et accélération de nos moyens de communication se traduit par la mise au service des puissants d'une arme supplé-mentaire de domination, là où nous serions en droit d'es-pérer la diversité et d'attendre de la rencontre des cultures un potentiel nouveau de création. La plupart des réponses qu'on peut donner aujourd'hui à ces questions sont mal-heureusement négatives. N'est-ce pas aussi là que gît la crise?

Cela dit, les mutations profondes observables dans la nature et le potentiel d'efficacité de nos moyens modernes d'échange et de communication pourraient aussi ne pas être le théâtre triste de l'usure et de la cacophonie de nos valeurs fonda-mentales. L'arme est à double tranchant : si d'un côté, au service du capitalisme, les images et les signes d'un système de valeurs produisent leurs effets aux moindres recoins de la planète (alors qu'auparavant seuls des petits groupes et élites étaient concernés), le même réseau peut transporter d'autres contenus, avec autant d'efficience ; le problème, c'est de savoir et se donner les moyens de créer ces nouveaux contenus.

Tom Bishop

LA TÉLÉCULTURE

Les rapports entre culture et crise que nous sommes en train de débattre ne doivent pas se limiter à la seule crise *économique*. Il y en a bien d'autres et qui ont, peut-être, des rapports plus précis avec la culture des pays industrialisés. Les transformations des structures de base dans certaines de nos sociétés, les rôles changeants de la famille, des notions de religion, de travail et de loisir, le rôle des médias, de l'informatique, les mouvements des populations, les revendications locales et régionales : ce ne sont que quelques-unes des transformations profondes dans le monde occidental depuis la guerre, qui constituent autant de crises et qui ont, dans certaines sociétés, opéré de véritables bouleversements dans la façon de vivre. Dans d'autres sociétés, non occidentales, ces changements sont encore plus nets, plus dramatiques. Sans parler des grandes crises politiques qui ne manquent certes pas à notre époque.

Et puis, ne faudrait-il pas souligner cette autre crise qui, elle, est universelle et point limitée aux pays industrialisés, ni aux pays en voie de développement, mais à tous les hommes dans le monde entier, puisqu'il s'agit de leur sort à tous?... crise qui a été tellement discutée que l'on ose à peine la mentionner mais qui s'adresse quand même à ce qu'il y a de

153

plus profond dans le rapport de l'homme à son environnement : à savoir la crise, devenue permanente, du danger de l'extinction de la vie humaine. Il est évident que cette nouvelle réalité de notre être-dans-le-monde a des répercussions culturelles autant que politiques. Depuis 1945 nous explorons les variations nucléaires de l'absurde; certains penseurs nous ont montré la voie qui nous permet d'éviter d'aller de l'absurde au désespoir, mais de tirer plutôt des conclusions positives de l'absurde pour affirmer la primauté de l'homme CONTRE son environnement, pour affirmer notre attachement acharné, voire héroïque à la vie, à ce monde, malgré la menace d'extinction qui sera désormais notre lot.

Le *statu quo* ne fonctionne plus. A tous les niveaux – politique, économique, culturel – les données anciennes sont périmées. La situation précaire de « l'Homo Sapiens-post-Hiroshima » ne saurait rester intacte : à la fin du XXe siècle, nous avons le choix entre une affirmation plus nette de l'être humain, des droits de l'homme, de l'expansion du potentiel culturel et politique de l'individu dans un climat de stabilité économique et sociale, d'un côté, et de l'autre le chaos, l'esclavage, le nivellement vers le bas. Ce choix s'inscrit dans l'optique de ce que les nouvelles technologies vont rendre possible, nouvelles technologies qui dépassent de loin ce qui fut à peine imaginé il y a un demi-siècle et qui nous mèneront ou bien au contrôle rigide de l'individu par la société moderne à la manière du *1984* de George Orwell, ou alors à un dépassement extraordinaire des limites humaines que certains scientifiques, comme le docteur Jonas Salk, estiment réalisable.

Il est donc essentiel de consacrer le temps et l'énergie nécessaire à une réflexion profonde qui nous permettra de maîtriser la nouvelle technologie pour améliorer la vie culturelle des hommes avant que cette même technologie ne devance complètement notre capacité de la dominer. C'est en partie l'entreprise que cette rencontre favorise.

Le contrôle politique des télévisions d'état continue, on le sait, à poser des problèmes particulièrement épineux. Mais ce sont là des questions relatives à une télévision déjà bien rodée. Ajoutons alors les possibilités de la télévision par câble offrant au téléspectateur un réseau énorme de postes; ajoutons la télévision interactive qui permet aux spectateurs de participer, de réagir à ce qui leur est proposé; ajoutons enfin le champ spectaculaire de l'informatique, qui se développe actuellement à une rapidité vertigineuse. Voici le domaine non du possible mais du réel sur lequel il convient de se pencher.

Toutes ces technologies seront intégrées dans la vie quotidienne des gens, qu'on le veuille ou non. Et intégrées rapidement! Le tout est de savoir si nous allons pouvoir nous servir de ces inventions fantastiques ou si nous serons assujettis par elles. Il suffit de mentionner quelques-unes des possibilités qui se présentent maintenant à nous : dans une société dans laquelle on disposera couramment de terminaux d'ordinateurs et de postes de télévision à 50 ou 75 chaînes, les loisirs des populations (qui en auront de plus en plus) pourront connaître un enrichissement culturel qui dépassera de loin tout ce qui a été possible dans le passé. De même pour la formation continue et, à plus forte raison pour les personnes âgées toujours plus nombreuses et qui réclament davantage leur droit à une activité intellectuelle/culturelle qui, au-delà de la retraite, les relie à la vie.

Est-ce que cela impliquera de nouvelles façons de lire, de regarder des spectacles, d'écouter la musique? Sans doute. Il faudra être suffisamment souple pour se mettre à l'heure de l'époque et non de mener des luttes d'arrière-garde contre les évidences. Il ne faudra pas non plus que le contact avec la culture des populations des décennies à venir se limite aux rapports électroniques qui passent par le tube à cathode de la télévision et du mini-ordinateur. Nous connaissons déjà le désir réel et grandissant pour un contact direct avec le produit culturel au niveau de la décentralisation dans les villes, les collectivités, les villages. Il n'y a pas, me semble-t-il, de contradiction réelle entre ces deux tendances, mais la synthèse reste encore à faire.

Rappelons-nous aussi que les nouvelles technologies peuvent donner un accès à la créativité à un nombre beaucoup plus grand de citoyens. Ceci par l'accès à la télévision par câble (ou par lasers) et à la diffusion massive de mini-ordinateurs.

L'ensemble des possibilités est tellement énorme que cela

155

laisse rêveur. Mais nous ne pouvons pas nous permettre de rester rêveurs. Pour que ces technologies servent à donner une plus grande liberté culturelle à des hommes libres, pour qu'elles soient l'instrument de notre épanouissement plutôt que le contraire, il faudra trouver les structures pour les mettre en valeur — structures qui auront probablement à être multiples : au niveau gouvernemental (et en tenant compte des divergences d'un pays à l'autre) une fonction du pouvoir central vu la complexité de la question, mais aussi d'un pouvoir local, décentralisé, pour tenir compte du penchant auto-gestionnel des aspirations culturelles des sociétés post-industrielles. Dans les pays à économie partiellement capitaliste, le mécénat industriel et les fondations à but culturel auront un rôle important à jouer. Ces structures ne sont pas forcément à inventer ; elles existent déjà un peu partout. Il faudra les améliorer, les adapter, les resserrer.

La France offre un excellent exemple d'une convergence de structures multiples s'adressant à la culture : au niveau du gouvernement, un ministère dont c'est la mission unique, d'autres ministères qui y touchent aussi (la Communication, l'Éducation nationale, les Relations extérieures) soutenus par la Présidence de la République avec ses propres responsables pour la culture ; au niveau de la décentralisation, action régionale concertée, des maisons de la culture, etc. ; au niveau du secteur privé, un mécénat qui commence à exercer une fonction importante. Aux États-Unis, l'équation s'incline plus vers le régional et le privé, moins vers le fédéral ; dans d'autres pays développés, d'autres voies encore existent déjà pour favoriser la production et la dissémination de la culture. On n'est pas obligé de commencer à zéro.

Pourtant le défi est énorme et il faudra le relever rapidement. Les technologies n'attendront pas et on ne pourrait guère les supprimer. Les citoyens n'attendront pas non plus ; leurs aspirations sont réelles et légitimes. Il faudra aborder ce problème avec énergie, intelligence et objectivité. Ce qu'il faudra alors ce n'est pas tellement de l'imagination au pouvoir mais un pouvoir au service de l'imagination.

Le mois dernier à New York, dans un discours sur la situation internationale, quelqu'un que je ne cite pas souvent, Henry Kissinger, mais qui me servira quand même de référence (une fois n'est pas coutume!) a déclaré : « Les nations ont besoin maintenant de dirigeants qui puissent les conduire des lieux familiers à des lieux où personne n'a encore été. » En ce qui concerne les rapports futurs entre culture et société, il ne faudra rien de moins que ce que réclame M. Kissinger pour la politique : la capacité de repenser, de suivre des voies inédites qui mèneront à des endroits inconnus... qui mèneront à l'avenir culturel de nos sociétés.

Hélène Ahrweiler

AU CARREFOUR DE LA CULTURE
DE LA CRÉATION
ET DU DÉVELOPPEMENT

Consciemment ou inconsciemment la tendance de ces trente dernières années a été de séparer culture et développement, humanités et science, comme si la culture et les humanités se trouvaient du côté du passé, le développement et la science du côté de l'avenir.

Dans la querelle toujours sous-jacente des anciens et des modernes, les uns et les autres ont pourtant toujours nourri le même terreau. Certes le témoin changeait mais la course aujourd'hui interrompue continuait.

Le début de l'ère spatiale fut probablement à l'origine de cette approche scientiste et technologiste, postulant que seule la technique était capable de résoudre les difficultés de l'homme, ces difficultés qui nourrissent les crises et que des siècles d'humanisme n'avaient pas aplanies.

On en oubliait l'avertissement de Victor Hugo, visionnaire, en ce domaine aussi, du début de l'ère industrielle : « la science d'État, écrivait-il, donne la réplique à la religion d'État. »

Puisque aussi bien culture et humanités se trouvaient compromises, une tendance à la spécialisation se fit jour qui donna naissance à une nouvelle catégorie de produits du système éducatif, les « hyperspécialistes », qui prolifèrent à côté des savants cultivés et des techniciens instruits.

159

La perspective d'une société en grande partie informatisée a encore accentué cette croyance en l'inutilité de toute culture, considérée désormais comme un luxe, et même de toute acquisition d'une culture qui se trouverait stockée dans les mémoires des ordinateurs.

La culture, « ce qui reste lorsqu'on a tout oublié », selon Édouard Herriot, serait ainsi disponible à tout moment, sans que l'on ait ni à la connaître, ni à l'oublier... Compte seulement la neuve pointe du progrès. Pourquoi escalader le mont Blanc, cent fois violé, puisqu'il y a des hélicoptères?

C'était oublier l'homme au bénéfice de la machine : l'alpiniste qui a vaincu le mont Blanc se souciait peut-être fort peu de ces hautes cimes rebelles : ce qu'il voulait vaincre, c'était lui-même, le défi était un défi singulier.

L'homme est certes un animal qui fabrique des outils, selon Benjamin Franklin, mais ce n'est pas pour jouer à la roulette russe. Nous restons les héritiers de Voltaire, de Diderot et de Rousseau, de cette philosophie des lumières qui prône le bonheur individuel et critique les hiérarchies sociales et religieuses au nom d'un humanisme basé sur la valeur irremplaçable de chaque individu et sur la liberté de chaque être humain.

Allons-nous abdiquer cette liberté au profit de quelques puces électroniques! Allons-nous oublier que la technique n'est pas quelque nouvelle déesse, mais un nouvel outil au service de l'homme, l'ultime esclave! Allons-nous oublier que l'avoir n'a de sens que pour l'être, que si nous voulons le pain nous voulons aussi les roses! Certes il n'y a pas de roses sans pain, il n'y a que peu d'épanouissement de la culture sans développement matériel, mais n'ayons garde d'oublier que le développement est un moyen. Ce que nous appelons la culture, l'avoir de l'être, est et reste l'essentiel. N'ayons garde d'oublier, comme nous le rappelle Michel Serres, que la science vivante, inventive, est inséparable de sa culture, et que la culture vivante, est inséparable de sa science. Les détacher fait mourir la culture faute de savoir, et tue la découverte et l'invention, faute de culture. Les grands savants français, au début de ce siècle, lisaient le grec et le latin et ils avaient découvert les atomes aussi bien dans Lucrèce que dans leurs laboratoires. Les inventeurs sont des hommes de

culture. « Science sans conscience n'est que ruine de l'âme »,
écrivait Rabelais. Technique sans culture n'est que ruine de
l'homme, pourrions-nous paraphraser aujourd'hui. Les
hyperspécialistes ne sont pas le pendant moderne des savants
cultivés : l'homme de qualité de notre époque est pluridisciplinaire parce que multidimensionnel. Lord Keynes, l'un
des plus importants économistes de ce siècle, qui naquit voici
exactement cent ans, n'était pas seulement le froid technicien
d'une jeune discipline, l'économie, mais un homme d'une si
vaste culture qu'il fut souvent comparé à Paul Valéry : rappelons qu'il fut le mécène des Ballets de Diaghilev dont il
épousa la danseuse étoile.

A l'apogée de cette illumination scientiste du début de la
seconde moitié du XXe siècle et devant les dangers de plus
en plus vivement ressentis que pouvaient faire courir à
l'homme des sciences et les techniques – de la peur atomique
aux interrogations suscitées par les manipulations génétiques
– les sciences et les techniques furent de moins en moins
perçues comme instruments d'une culture propre ou d'une
morale.

Comme l'humanisme avait été quasiment évacué à leur
profit, ne subsistèrent que des lambeaux de cultures abolies,
sans que l'on puisse conjuguer au présent une culture cohérente porteuse d'une civilisation. La culture aussi était en
miettes.

$$* \atop * \; *$$

A l'intersection de la culture et du développement – qui
ne peuvent constituer des ensembles disjoints – se trouve la
création. Ainsi l'élargissement de la panoplie technique
peut-il engendrer de nouvelles techniques culturelles, de l'imprimerie à la télévision, du cinéma à l'ordinateur. Qu'est-ce
par exemple que l'informatique? C'est la science du traitement automatique et rationnel de l'information considérée
comme le support des connaissances et des communications :
l'informatique est par excellence le véhicule d'une culture

pluridisciplinaire. Ainsi, pour prendre un autre exemple, de nouvelles techniques peuvent-elles être à la racine même de la création, le cas de nombreuses compositions musicales contemporaines étant singulièrement révélateur.

La création est la preuve que culture et développement sont indissociables. La création scientifique ou artistique est un produit culturel par excellence car de même que l'art pour l'art a de strictes limites, il n'y a pas de technique pour la technique. L'histoire des sciences et des techniques montre que les fruits de ces disciplines sont aléatoires, tandis que l'histoire de la culture, comprise dans son sens le plus large, le plus anthropologique, d'une histoire sociale des représentations individuelles et collectives, est une création continue.

Puisque aussi bien il ne saurait y avoir ni développement ni création sans un socle culturel solidement enraciné et sans une culture vivante foisonnante, le fossé artificiel qui sépare actuellement les sciences de la nature et les sciences humaines, au grand dommage des unes et des autres, doit être comblé, pour briser le sclérosant isolement des spécialistes et des techniciens et contribuer ainsi à une « Nouvelle alliance » entre la Science, la Technique et la Société, qui seule pourra faire surgir de nos champs en voie de déculturation, la nouvelle culture de l'ère des sciences et des techniques. Si, au contraire, ce fossé s'élargissait, le risque serait grand de voir naître une nouvelle barbarie où des robots humains ne parleraient plus que les ruines de leur langue et ne connaîtraient plus que des bribes de leur histoire.

Il ne suffit plus à l'homme de cette fin de XXe siècle de se croire, grâce à la science et à la technique, ce « maître et possesseur de la nature » annoncé par Descartes, encore faut-il que cette science et que cette technique ne le dépossèdent pas de son logiciel, c'est-à-dire de ses cultures, et ne l'empêchent pas de rester maître de lui-même.

Les spécialistes et les techniciens de nos champs trop prédéterminés doivent céder la place à des hommes possédant une vue plus large et plus profonde, transgressant les frontières et les bornes de ces enclos parcellaires, pour que l'ensemble de notre savoir ne tombe pas en miettes. Ils doivent abandonner leur impérialisme pour devenir coresponsables d'une dynamique sociale qui harmoniserait culture, science, technique et développement, dans une création collective du futur.

Car il n'y a ni création ni développement sans culture, qu'elle soit savante ou technique, heuristique ou populaire : la culture est une idée neuve, elle est à réinventer ; mais quel est donc le visage que le XXᵉ siècle façonna pour sa culture. Disons simplement qu'aujourd'hui la culture est remplacée par un savoir qui s'appuie sur l'information, dont les multiples aspects la rendent incontestablement source de culture moderne. Mais quand et comment l'information trouve-t-elle sa pleine puissance, sa portée culturelle? A partir du moment où l'information devient message, on assiste à la transformation de l'information en source de communication : c'est alors qu'elle alimente la parole du groupe, qu'elle s'enrichit par le commentaire, qu'elle devient un élément du langage critique, c'est-à-dire le fondement de la culture scientifique. Il n'est nullement étonnant que les blocages qui empêchent les déshérités (et presque toutes les femmes), de manier les moyens d'expression, de prendre la parole en public, aient comme effet de maintenir en dehors de la culture de notre temps un nombre important de groupes sociaux dont la parole est atrophiée : la culture moderne devient, encore une fois, mais autrement, une culture élitiste et minoritaire.

Retenons seulement que d'après le bagage du receveur, l'information, élément cognitif par excellence, se transforme en élément culturel qui à son tour devient élément de développement et de création. Des études récentes examinent les conditions optimales pour assurer l'implantation de l'information et son rayonnement dans le milieu des créateurs. A notre avis les multiples aspects des rapports de l'homme avec l'information (receveur neutre-apolitique, critique-questionnant, etc.), commandent la qualité de la démarche culturelle de notre époque : scruter avec « l'œil qui écoute » pour collecter l'information, susciter l'interrogation qui rapproche et complète des éléments d'information provenant de sources diverses, variées, et même contradictoires, autant d'actes de création qui produisent de l'inédit, du neuf, qui en dernière analyse commandent tout développement. Faut-il ajouter que ce cheminement de l'information vers la création, qui à son tour deviendra information, est souvent entrecoupé de silences? Ils marquent le besoin d'une expression de nature différente, la quête d'un autre langage que la parole : les arts sont nés à l'intersection de la parole-mythe et de la parole-verbe. Disons simplement que, comme toute entreprise de création, l'information-culture est fondée sur la liberté : elle exige l'adhésion à un dessein de développement de l'homme qui forme l'humanisme moderne.

Henri Laborit

CRÉER, C'EST FUIR

La créativité ne peut provenir que de l'activité fonctionnelle du cerveau humain. Elle a besoin, pour apparaître, d'une « motivation » et celle-ci pour tout être vivant, l'homme y compris, ne peut être que de maintenir sa structure. La seule raison d'être d'un être, c'est d'être. Ce maintien de la structure se réalise dans ce qu'on peut appeler « l'équilibre » biologique, encore que ce mot suspect d'« équilibre » en biologie demanderait un long développement pour le définir, de même que celui d'« homéostasie » (Cannon) ou de « maintien de la constance des conditions de vie dans le même milieu intérieur » (Claude Bernard), ou de « principe du plaisir » (Freud). On peut montrer que ces termes sont l'expression d'une même réalité. Cette motivation rencontre très tôt, chez l'enfant, dès qu'il a construit son schéma corporel, « le principe de réalité », auquel se heurte la réalisation de ses envies d'abord, de ses désirs ensuite. Ce principe de réalité est essentiellement représenté par les autres qui répondent à la même motivation, et ne peut s'assouvir que par l'appropriation des choses et des êtres gratifiants. Cet apprentissage, cette mémorisation des objets et des êtres gratifiants sera à l'origine, chez l'animal comme chez l'homme, de la compétition, entre individus, entre groupes ou entre États, pour acquérir la position dominante qui permet l'appropriation.

Jusque-là, il n'est pas question de créativité, mais d'établissement d'échelles hiérarchiques de domination, sur lesquelles l'élévation s'obtient par le conformisme aux lois établies par les groupes qui les ont précocement automatisées, dans le système nerveux de l'enfant. La motivation de la recherche du plaisir passera par l'établissement de la « dominance ». C'est alors la finalité du groupe social qui dirige le comportement et comme, dans nos sociétés, la dominance s'obtient par la production de marchandises, c'est le niveau d'abstraction dans l'information professionnelle atteint par un individu ou un groupe humain, qui décidera de son efficacité dans la réalisation de cette finalité.

L'apprentissage de la physique et des mathématiques qui permet la construction de machines perfectionnées faisant beaucoup d'objets en peu de temps décidera de la place de l'individu sur les échelles hiérarchiques de dominance.

Les technocrates et bureaucrates sont les premiers à en bénéficier. Malheureusement, l'étroitesse de cette finalité qui favorise le spécialiste et l'innovation technique, ne peuvent qu'enfermer l'activité humaine dans un sous-ensemble producteur.

Il est certain qu'un enfant qui vient de naître ne peut rien créer, car il n'a rien appris. La créativité propre à l'espèce humaine résulte du fonctionnement d'une partie très spécifique de son cortex associatif, capable de « créer » de nouveaux ensembles mais à partir des éléments collectés par l'apprentissage. Il n'y a pas de génie sans un long effort de collecte d'informations. Cette collecte représente le « métier », ensemble d'actes, de concepts, d'images, automatisés donc devenus inconscients, et de ce fait plus efficaces. Mais encore faut-il que ces automatismes soient connus comme tels et n'enferment pas l'imaginaire, l'activité associative, le plus souvent d'abord déstructurante, avant de donner naissance à une nouvelle structure, dans la prison des structures acquises et fermées.

Nous retrouvons alors la motivation hypothalamique. Si celle-ci s'inscrit dans la recherche de l'élévation sur les barreaux des échelles hiérarchiques de dominance, la mémoire limbique suffira pour apprendre les leçons, répéter ce que d'autres ont dit et entrer puis sortir d'une « grande école ».

La structure sociale, les rapports entre individus, ou entre groupes, rapports institutionnalisés, risquent peu d'en souffrir, et l'individu sera récompensé de son conformisme par l'ensemble social. Il est parfois capable d'innover, mais il y a peu de chances qu'il transforme profondément la connaissance que l'homme a du monde, de l'univers ou de lui-même.

Son « innovation » d'ailleurs ne sera le plus souvent que l'application des découvertes réalisées par les non-conformes. Il en résulte que la créativité, la découverte de nouvelles structures fondamentales à cette connaissance, ne peut être motivée, dans la recherche du plaisir, que par la « fuite » d'un contexte social castrateur, l'insatisfaction qui résulte de la soumission à ses préjugés, ses jugements de valeur, ses lieux communs et par la conscience profonde d'une angoisse existentielle, cette angoisse cosmique qui selon Einstein anime les créateurs, essayant de comprendre ce qu'ils sont venus faire sur cette planète.

On peut conclure que le problème de la créativité n'est pas un problème d'enseignement, d'institution, d'encouragement ou de récompense, car sa seule récompense est en elle-même. C'est surtout un problème social et les vrais créateurs, artistiques, littéraires ou scientifiques ont souvent été à la frontière de la psychose quand ils n'y sont pas tout simplement entrés. Van Gogh, Schuman, Cantor, Semmelweiss et bien d'autres en sont des exemples connus. Inhibés dans leur action gratifiante, insatisfaits du monde qui leur était proposé, refusant de s'y soumettre, leur création fut une fuite dans l'imaginaire, loin d'un monde impossible à vivre. Et le lithium qui, aujourd'hui sans doute, aurait traité efficacement la psychose maniaco-dépressive de Schuman ou de Van Gogh (pour ne citer qu'eux) nous aurait-il permis de profiter de leur génie? Faut-il alors préférer l'innovation, l'*engineering* et le *marketing* qui volent au niveau des pâquerettes, à la fuite dans l'imaginaire de la drogue, de la découverte ou de la paranoïa?

Hélène Cixous

LA CULTURE CLANDESTINE

Culture – pas seulement cultiver la terre, mais, en cultivant, désenfouir.

Pas seulement « créer » des formes nouvelles. Mais découvrir. Découvrir ce qui a été ou risque d'être recouvert. Non pas violemment dévoiler, mais délicatement révéler le trop-évident pour être vu.

Le plus difficile, le plus urgent, c'est toujours de ne pas oublier. Parce que nous sommes des êtres humains, c'est-à-dire oublieux.

Avancer, mais ne pas effacer en avançant.

Ne pas oublier de qui nous venons, à partir de qui nous nous élançons. Ni non plus à qui, en « créant », nous nous « adressons » ou destinons, qui nous attend de l'autre côté de l'abîme. Ne pas oublier à qui nous arriverons, ne pas oublier, alors, à qui nous devons de pouvoir arriver un jour à quelque destination : à être lus, entendus, sentis, accueillis, transmis, à notre tour.

Culture : mouvement du beau, du bon à vivre, le long des générations, par-dessus les frontières, d'une étrangeté à une autre étrangeté, d'un intraduisible à l'autre intraduisible qui le respecte, le désire vivant, l'écoute.

Pas de culture sans lutte contre tous les refoulements ;

169

contre toutes les hégémonies : d'une langue sur l'autre, d'une race sur d'autres. D'un sexe sur l'autre.

C'est pourquoi, ici, aujourd'hui, deux urgences s'imposent à moi :

D'abord l'urgence de remarquer l'évidente presque absence de femmes ici. Présence forte mais minime en nombre, qui doit être encore une fois regrettée. Nous, femmes arrivant ici, en petit nombre, nous nous sentons aussitôt chargées de notre être-femme, gardiennes de notre histoire, solidaires de toutes celles qui n'y sont pas, par défaut-de-culture. (Non point par faute d'invitation. Ce ministère hérite, comme nous, des retards, des réductions infligés par toute l'Histoire du monde.) Mais c'est peut-être dans les espaces culturels que l'inégalité historique est la plus éclatante, la plus douloureuse. Car si les femmes sont les primitives productrices de vie, elles sont, paradoxalement, les moins autorisées à produire des œuvres. Jusqu'à notre époque pour être agent de culture – je veux dire « artiste » – il fallait avoir eu l'appui réel ou symbolique d'une instance paternelle. Avoir été un peu fils, un peu Minerve, un peu enfant bien paterné. Rares sont les femmes qui auront été les fils gratifiés. Mais c'était hier. C'était un très très long hier.

Mais maintenant aujourd'hui, il est urgent de passer à la culture dé-paternalisée. Nous devons travailler à l'extension d'une culture autre, capable d'autres *en réalité*, indépendante de l'antique patronage (dit « phallocentrique »), une culture dont les agents n'auraient pas à recevoir la bénédiction du père ou le visa de l'État (qu'ils soient hommes ou femmes d'ailleurs). Une culture qui se garde rigoureusement d'apparaître comme l'empire des hommes, cesse de se contenter d'être une demi-culture et songe à la vie tout entière.

Cette culture complète, elle existe déjà çà et là, dans des régions rares et exemplaires, où, il faut le dire, elle est souvent le fait de certaines femmes.

Mon rêve : si (quand), présente à une rencontre au sujet de l'art, je n'étais (ne serai) plus obligée de faire précéder toute réflexion sur la peinture ou l'écriture, etc., d'un préambule sur la différence sexuelle, comme celui-ci.

Mais à quelles conditions, quand, ce rêve pourrait-il, pourrat-il, se réaliser? (Et je ne sais même pas à quel temps mettre ces phrases!)

Deuxième urgence mienne ici : ce qui m'est soufflé par ma pratique d'enseignante en France.

Nous avons aujourd'hui, en ce pays, un ministère de la Culture qui avance, qui avance, qui – on peut s'en émerveiller d'ailleurs – aime la Culture. C'est une bonne chose. Il est bon pour les gens de culture de se sentir appréciés plutôt que dépréciés ou même haïs comme ce fut si souvent le cas, par ceux qui sont ses interlocuteurs légaux.

Cependant, si une telle reconnaissance est nécessaire, elle doit savoir où s'arrêter. Elle ne saurait d'ailleurs, si un juste usage de la reconnaissance est établi de toutes parts – part de l'État, part des artistes –, entamer ce qui, dans toute création, reste, doit rester, *dans la clandestinité*. Ce n'est pas à l'art de reconnaître et légitimer un État. C'est à l'État, s'il est Raison, d'admettre que l'art ne peut servir que le vrai, qui est passion. Les pouvoir-faire doivent rester séparés.

J'en reviens aux ministères : donc celui de la Culture veut que vive la Culture. On s'attend, à juste titre, à ce que son Autre logique, le ministère de l'Éducation nationale, ait le vouloir orienté de même. On s'attendrait à ce que ces deux structures ajustent leurs actes. Or il n'en est rien jusqu'ici. De culture dans l'Éducation nationale il n'en est point souci. On s'occupe de professionnalisation. On prône la valeur d'usage anti-chômage. Mais la valeur de grâce, le gratuit, la joie, le goût d'être vivant, cela n'a pas cours dans nos écoles. A quoi bon une Culture qui bondit en avant, si son peuple, son public, son autre n'a pas les moyens de la suivre, ou de l'appeler? Je veux dire : si entre les arbres, et les jardiniers, et les enfants, et les fruits, il n'y a pas continuité, à quoi sert de produire?

Car nous parlons ici depuis la production. Mais qu'en est-il de la réception? Je me refuse évidemment à parler en termes de consommation. La culture ne se consomme pas : elle se donne à jouir. Encore faut-il qu'il n'y ait pas d'interdit sur les jouissances culturelles. Or, de la valorisation du jouir, l'État au niveau de l'Éducation, est responsable.

Rien ne sert de produire s'il n'est personne pour cueillir. La culture est un ensemble vivant; elle vit de se donner à jouir, d'être désirée, d'être reçue puis relancée, d'un point à l'autre. Un livre meurt d'être non lu. La non-lecture d'un poème étouffe le non-lecteur et le poète. Un tableau naît d'un tableau. Qui n'a pas lu n'écrira pas. Qui n'est pas entendu cessera de chanter. C'est la chaleur du public qui donne au théâtre la force de continuer.

Qu'en est-il d'une quelconque création sans ceux qui l'entretiennent, l'aiment, l'inspirent, en sont inspirés? Ceux qu'elle nourrit et qui la nourrissent?

Un monde culturel qui ne se soucierait que de la production, serait vite aussi stérile qu'une personne qui aime l'amour plus que la personne à aimer. Si l'on s'en tient à la célébration de la culture en omettant de célébrer la moitié des cultivateurs, on ne fera bientôt plus que de la culture-fiction. On doit apprendre à cultiver aussi la culture.

Félix Guattari

POUR UN MARCHÉ
INSTITUTIONNEL

Toute considération sur l'essor de la culture comme facteur de développement économique et, par conséquent, de sortie de la crise, ne peut que demeurer floue et même se teinter de démagogie, tant qu'on ne précise pas autrement ce que subsume aujourd'hui cette notion de culture. Il me semble qu'il convient de se défier tout particulièrement de trois couches sémantiques auxquelles elle se rattache et qui conduisent à l'évoquer concurremment comme :
— *valeur ségrégative;* par exemple, lorsque l'on parle d'une « personne cultivée » ou de « milieux cultivés »;
— *âme collective;* par exemple, au sens culturaliste;
— *marchandise;* débitée, sous diverses formes, par des équipements collectifs tels que les écoles, les universités, les théâtres, les maisons d'édition, les mass media, etc.
Aucune de ces acceptions habituelles ne permet de rendre compte de son importance primordiale dans un projet de société qui prétendra s'insérer dans les réalités contemporaines, étant donné que les enjeux qu'elle met désormais en cause, ne concernent plus seulement une qualité d'être particulière – individuelle ou collective – ou le niveau de consommation d'un certain type de bien, mais l'ensemble des rouages économiques et sociaux.

Le véritable sens qu'il convient de conférer au terme de culture dans les sociétés modernes, c'est donc celui de *force productive*, se rapportant à leurs niveaux les plus infrastructuraux. Aucun développement industriel, aucune avancée économique n'est aujourd'hui concevable indépendamment de l'existence de très puissantes bases de production de subjectivité sociale. (J'entends par là, les flux de signes, d'images, de connaissances, de formes nouvelles de sensibilité et de socialité, engendrées par la troisième révolution technico-industrielle, qui s'est nouée autour des machines informatiques et communicationnelles.)

Dans ces conditions, il serait absurde et surtout socialement nocif, de continuer à considérer de façon radicalement séparée une sphère de la culture par rapport aux autres domaines de production de biens matériels, de services et de relations sociales. J'insiste sur le fait que cette production de subjectivité ne devrait pas non plus être assimilée à un simple « supplément d'âme », pour conforter les « identités culturelles » [1] mises à mal par l'évolution technico-scientifique, puisque, pour une part, c'est en s'appuyant sur celle-ci qu'elle instaure son nouvel « ordre dissipatif » [2] et que, pour une autre part, elle ne parvient à affirmer sa vitalité qu'en préservant farouchement les dimensions de singularité qui en sont le ressort.

Mais le socialisme d'aujourd'hui a-t-il quelque chose à nous dire à propos du « droit à la recherche singulière », du « droit à la création », du « droit à l'invention » de nouvelles formes de vie? Ne s'est-il pas fourvoyé, partout où il est venu au pouvoir, dans des politiques culturelles systématiquement réductrices, unidimensionnelles? De deux choses l'une : ou il abordera sous un angle véritablement novateur les rapports entre les trois pôles fondamentaux de cette problématique, à savoir les agencements énonciateurs de création, l'État et la représentation démocratique, ou il sera contraint, une fois de plus, d'abandonner le terrain au pouvoir capitaliste, c'est-

---

1. J'avoue me méfier, pour ma part, comme de la peste de cette notion d'« identité culturelle », qu'on peut affecter aux meilleures causes comme aux pires.

2. Pour emprunter à Ilya Prigogine et Isabelle Stengers.

à-dire, dans ce domaine de la culture, à une forme particulièrement subtile et implacable de ségrégation.

L'État, en tant qu'opérateur du champ social global, a besoin que la force collective de travail et de savoir s'enrichisse constamment et soit toujours mieux à même d'affronter les impératifs de la concurrence internationale. Il a donc tout à gagner, en principe, à un développement optimal de la création culturelle sous tous ses aspects. Et pourtant, il serait puéril de se masquer que ses traditions réglementaires et son éthique de « service public » vont à l'encontre de tout ce qui est hors-normes, en rupture avec l'ordre et les significations dominantes, ce que, bien sûr, ne manquent jamais d'être, à leur point d'origine, les processus créateurs et innovateurs!

Mais, par ailleurs, il faut admettre que rares sont aujourd'hui les activités culturelles, en prise sur notre temps, qui soient capables de s'épanouir ou tout simplement de survivre, sans recourir à l'appui de l'État!

La solution serait-elle à chercher vers un renforcement de la démocratie et d'une audacieuse politique de décentralisation? De ce côté-là, les réalités ne sont pas non plus toutes simples. On ne peut attendre des représentations démocratiques nationales, locales et syndicales, dans leur fonctionnement actuel, qu'elles se fassent l'authentique interprète des processus de création culturelle, surtout à leur état naissant. Certes, il peut advenir qu'elles jouent, dans certains cas, un rôle déterminant de relais, de « caisse de résonance », en particulier dans le domaine du changement social. Mais, en règle générale, elles sont amenées à rechercher une ligne de consensus majoritaire et ne possèdent, en fait, qu'une faible réceptivité aux entreprises bousculant les idées et les pratiques établies.

Devrait-on s'en remettre, dès lors, à une corporation de technocrates spécialisés et, si possible, éclairés, pour intercéder en faveur des minorités créatrices et innovatrices et pour établir des passerelles entre elles et le reste de la société? L'expérience des dernières décennies a démontré qu'une telle voie n'est pas moins illusoire que les précédentes. Quelles que soient leur bonne volonté et leur compétence, les relais d'État, fussent-ils les plus indirects, en reviennent toujours à la même politique de neutralisation des innovations possibles, aux cadres institutionnels préexistants, de façon à leur faire jouer, au bout du compte, plus un rôle de contre-feu que de catalyseur de changements.

Faute de mise en place de *nouveaux systèmes de médiation* entre la société et les opérateurs les plus différenciés de la création, les « raisons d'État », les « urgences » et les inerties d'appareils continueront de conduire :

1) à l'enlisement bureaucratique de toute velléité de prise en charge des enjeux culturels par ceux qu'ils concernent le plus directement et à un renforcement des attitudes collectives de dépendance à l'égard de l'État-providence;

2) à ce que la démocratisation et la décentralisation demeurent lettre morte, dans ce domaine, en ne se réduisant qu'à un transfert de certains pouvoirs centraux à des castes de notables régionaux et locaux (qui se révèlent parfois encore moins bien préparés à assumer des problèmes relatifs à la création culturelle et aux dynamiques du changement social que les fonctionnaires des grands corps de l'État);

3) à ce que les intellectuels et les créateurs restent également « encastés » et, parallèlement, à ce que les groupes les plus novateurs du « tiers secteur » associatif, restent marginalisés.

C'est ce qui nous a conduits à préconiser le développement d'un nouveau type de *marché institutionnel,* s'interposant entre le marché capitaliste, les organes de contrôle étatique et les champs de forces socio-politiques, de façon à ce que puissent être mis à l'épreuve, encouragés et sélectionnés les activités et les systèmes de valorisation les plus aptes à piloter la société hors des terrains battus de finalités, qui se présentent aujourd'hui comme « utilitaires » et qui constituent, en réalité, un véritable gaspillage de la créativité collective potentielle. C'est à cette fin que nous avons proposé à différentes instances gouvernementales qu'elles favorisent la création d'un statut particulier de *Fondation d'utilité sociale* [3] dans le but que

3. Cf. les deux notes que j'ai faites parvenir à ce sujet à divers responsables gouvernementaux, en février et mars 1982 : « Projets de Fondation pour les initiatives locales, les innovations institutionnelles, la recherche active, l'animation et la création culturelle. »

puissent être promus de nouveaux modes de gestion collective des « investissements » culturels – aussi bien financiers que pulsionnels – qui soient en mesure de concilier les contraintes de l'économie, les exigences de la démocratie et les impératifs de la création.

Norman Birnbaum

LA GRANDE BRÈCHE CULTURELLE

La décomposition de la culture bourgeoise n'a pas été clairement positive. La subtile désorientation, l'expérimentation obsédante et le manque de substance de la culture contemporaine sont justement dues en grande partie à notre position historiquement indéterminée. Il s'ensuit que plus nous aurons connaissance des conditions historiques de la créativité culturelle (passée et présente), plus nous serons effectivement capables d'engendrer une nouvelle culture qui nous soit propre. Nous le voyons maintenant, avec les deux grandes guerres en Europe, l'idée de culture en tant que bien, en fait en tant que produit, nous frappe par son manque de justesse. Il est vrai que la consolidation d'une industrie culturelle gigantesque et internationale, produisant en masse des marchandises de pacotille et passées en fraude pour un marché culturel, a contribué à la défiance systématique envers la notion de culture en tant que bien. Goethe, dans une injonction à ses contemporains, leur dit qu'ils devaient gagner leur héritage afin de le posséder, exprimant ainsi les premiers doutes relatifs à l'idée de patrimoine culturel.

Nous ne pouvons penser à la culture comme à une entité statique ou un objet. Il est frappant de constater la façon dont les systèmes éducatifs stratifiés des démocraties industrielles concrétisent cette idée surannée : là-haut, une pléthore culturelle pour une élite, en dessous un ensemble limité de techniques pour la classe moyenne, puis tout en bas des fragments et une instruction minimale pour la masse, l'idée selon laquelle la culture est divisible dérive fatalement de la croyance qu'il s'agit d'un produit. Mais lorsque nous considérons notre époque de manière réaliste, nous voyons que la culture est un processus. Cela implique l'interpénétration de la réflexion et de l'action, de la théorie et de la technique, de l'abstraction et de la spécification selon un cycle sans fin. Cela implique également une appropriation continue, au moyen d'une ré-interprétation continue, de la tradition. Par analogie avec les discussions d'économie politique, nous arrivons à une conception qualitative de la culture.

Il est impossible, ensuite, d'envisager plus longtemps d'apporter la culture à des groupes jusqu'à présent exclus de ses hautes sphères. Si Jules Ferry (et même peut-être Matthew Arnold) venait à renaître, il devrait développer un nouveau vocabulaire, un discours différent. L'instruction est devenue une forme d'auto-activation. Cela n'a jamais été vrai qu'aux frontières des disciples les plus rigoureuses, dans lesquelles tout dépend de la capacité de l'esprit à maintenir un système de catégories tout en critiquant et en examinant celles-ci. John Dewey, le dernier des grands philosophes américains, avait saisi cela au début de ce siècle : ce n'est pas par hasard que ses idées sont à jamais liées à un succès tel que celui que nous pouvons réclamer pour ce qui, depuis, a été appelé notre expérience démocratique.

Une idée authentique de la culture doit souligner ses propriétés comme cadre du choix – choix qui ne peut intervenir qu'après un nombre considérable d'expériences. C'est là que se trouve la différence entre la culture bourgeoise et la culture moderne. Une culture aux formes, aux définitions et aux limites fixes a cédé le pas à une autre infiniment plus difficile à maîtriser – une culture qui place les groupes et les personnes devant l'implacable nécessité de se définir eux-mêmes. C'est de là que provient l'inéluctable effervescence de la culture moderne, malgré tous les obstacles dressés sur son passage, et malgré les régressions parfois barbares et meurtrières qu'elle a provoquées.

180

Ces notions extrêmement, voire démesurément, générales nous permettent au moins de réfléchir de nouveau à un stéréotype prédominant. Nous avons entendu bien des fois les gouvernements et les partis politiques (et souvent ceux avec lesquels beaucoup d'entre nous sont solidaires) s'exprimer en matière de politique culturelle. Cela exige habituellement beaucoup plus que l'intention (louable) d'affecter des ressources aux institutions culturelles. Cela implique la vision d'une communauté politique activement engagée à épouser ou à servir la culture. Cependant, la difficulté est que la culture, dans ses formes les plus originales et les plus créatrices, a justement tendance à altérer nos définitions de cette communauté. La IIIe République française d'avant 1914, les États-Unis au tournant du siècle, l'Allemagne impériale et la Grande-Bretagne des « Socialistes Conservateurs » étaient toutes des nations très différentes. Leurs élites, cependant, étaient d'accord sur un point : leurs écoles et leurs universités, leurs institutions culturelles officielles étaient investies de tâches civiques. Elles devaient former des citoyens (et même souvent des sujets) munis d'un ensemble de valeurs salutaires, une solide gamme de réflexes moraux, et d'une sensibilité esthétique très contrôlée et peu profonde. Rien d'étonnant à ce que la culture moderne se soit développée de façon bohème, parmi les « avant-gardes », dans les interstices ou en opposition à une culture officielle. Les régimes socialistes et socio-démocrates d'aujourd'hui sont dans une certaine mesure les héritiers de cette culture d'opposition. Le réalisme – ainsi qu'un minimum indispensable d'humour et de détachement historique – devrait les inciter à ne pas développer à leur tour une nouvelle culture officielle. Ces régimes doivent plutôt faire ce qu'ils peuvent pour s'assurer que les forces vives – et par conséquent libératrices – de la culture contemporaine trouvent un espace suffisant pour s'exprimer.

En fait, sur bien des sujets importants, la culture est en avance sur la politique. N'avons-nous pas une littérature, dans plusieurs pays, caractérisée par la récente œuvre française consacrée à une nouvelle culture politique ? Certains des conflits les plus profonds au sein du socialisme occidental semblent maintenant apparaître dans différentes sensibilités culturelles, opposant la communauté à la possibilité humaine, selon des conceptions conflictuelles de la fonction publique de la culture elle-même. Le débat en République fédérale allemande concernant les valeurs adoptées par le mouvement qui se fait appeler « alternatif » (ou vert) est l'expression avant-gardiste du processus général par lequel aux États-Unis les forces rassemblées d'un provincialisme en colère se sont mobilisées pour déclarer le XXe siècle nul et non avenu. Étant donné les terribles contraintes de la crise économique du capitalisme, de la confrontation nucléaire entre les deux superpuissances, des demandes du tiers monde et du quart monde pour un nouvel ordre économique, les pouvoirs publics n'ont pas invariablement répondu de façon routinière ou mécanique. Au lieu de cela, ils reviennent à leurs ressources culturelles (les nouvelles et parfois les anciennes) pour se retrouver face à une histoire de plus en plus déroutante et de plus en plus menaçante. Nous pouvons le résumer ainsi. Car la culture n'est pas seulement devenue un terrain de conflits politiques. La politique, dans sa version séculaire de luttes religieuses de l'époque moderne, est souvent matière à conflit culturel.

L'aspect séculaire du conflit culturel contemporain est important, puisqu'il ouvre la voie, sinon à la définition, tout au moins à un genre (tendu) de coexistence. L'opposition entre l'éthique et les sensibilités témoigne d'une lutte pour un droit à l'espace public. Le processus lui-même peut engendrer sa propre légitimité : le dialogue constituant la condition liminaire de l'existence de la sphère publique. Nous en venons ici à la question de la structure de la culture moderne.

Edgar Morin avait-il raison, il y a des années de cela, lorsqu'il utilisa une analogie empruntée aux sciences physiques pour décrire notre situation culturelle : la grande brèche? Ce modèle physique implique une structure au sein de la turbulence, une lecture de cette structure par l'esprit du physicien. Si nous comprenons la science moderne, c'est en fait un des systèmes du discours parmi d'autres, qui partage un certain nombre de caractéristiques avec l'art, la littérature, et l'analyse sociale. Le récent intérêt pour le structuralisme, aujourd'hui monnaie courante, était une tentative pour trouver un langage fondamental commun dans une foule de systèmes culturels. Certains structuralistes ont fait de l'humanité le porteur de codes qui n'avaient aucune signification à l'exception de la leur, et ont vidé l'histoire de son historicité elle-même et de son but humain. Le structuralisme, à l'origine libérateur et universaliste dans son intention – comme dans de nombreux passages de *Tristes Tropiques* – devint la propriété d'un nouveau groupe de mandarins, pour lesquels les agonies enregistrées par la culture n'étaient qu'éphémères.

La méthode, comme tous les systèmes de lecture du signifiant, est d'importance si elle est appliquée aux luttes inachevées et souvent obscures de l'humanité pour créer des catégories esthétiques et morales afin de conférer de la dignité à l'existence. La promesse universaliste du structuralisme réside justement dans sa quête de signification parmi les créations collectives telles que la coutume, le mythe, et les relations homme/femme, ou parents/enfants. Au moins, les structuralistes – et plus particulièrement Lévi-Strauss – ont repoussé la distinction entre une culture supérieure, digne de notre attention, et une culture triviale, reléguée dans un oubli bien mérité.

Hélas, cette distinction revient nous hanter, sous une forme moderne particulièrement forte. La production industrielle d'objets culturels, et même de systèmes culturels (significations), a pris des proportions universelles. Elle a détruit ou menace encore l'intégrité de la culture populaire, qui se distingue de la culture de masse, en tout lieu. Le paradoxe réside dans le fait suivant : ce qui a parfois été, et en tout cas pourrait devenir un instrument puissant de démocratisation se prête lui-même à un nouveau genre de tyrannie. L'affirmation d'une distinction entre une culture supérieure et une culture inférieure doit faire place à nos efforts pour différencier une culture authentique d'une fausse culture. Cette dernière ne se contente pas de s'imposer à ses sujets, mais elle les modifie en les rendant incapables de choisir. La culture authentique, quant à elle, repose sur le choix : choix de la tradition, choix du changement, selon le cas – mais c'est avant tout l'œuvre de groupes luttant pour la souveraineté.

J'en viens maintenant aux problèmes effectifs de l'orga-

183

nisation d'une conférence. Si l'on ne veut pas que cela dégénère immédiatement après le discours d'ouverture du Président en une reconstitution de la scène qui se passa au pied de la tour de Babel, il faudra définir un cadre de travail thématique.

Le philosophe médiéval Ockham nous a prévenus contre la multiplication des entités, mais un nombre suffisant de groupes travaillant chacun à un document initial devrait garantir la possibilité de communication parmi un nombre relativement limité de participants.

Voici une liste de groupes de travail hypothétiques, accompagnée d'un exposé relatif à chacun d'eux.

1. *Créateur et création.* Les conditions de la production culturelle, l'organisation des marchés culturels, les contraintes économiques et sociales subies par le créateur, la possibilité d'accession au dialogue avec le public, rendent dérisoire la notion du créateur isolé communiant avec la muse. De plus, la simple décence et la solidarité nous obligent à reconnaître qu'il y a beaucoup, beaucoup trop, de créateurs qui luttent contre des conditions de répression politique totale ou partielle. Si l'on considère les institutions culturelles, on peut se demander si l'institutionnalisation et sa contre-partie dialectique, l'anti-académisme culturel ne sont pas des concepts aujourd'hui dépassés. Existe-t-il des institutions culturelles administrées par les créateurs eux-mêmes? Quelles sont les responsabilités autonomes de la société à leur égard?

2. *Autonomie et domination.* Le discours culturel suppose l'existence d'un public formé par un corps souverain de citoyens, capables de choix et de réflexion. Nous savons pourtant que les publics modernes sont souvent fragmentés, divisés par un accès inégal à la culture, et sujets à manipulation. Et que peut-on dire maintenant du problème de l'hégémonie culturelle, posé dans sa forme moderne par Gramsci? Dans une société pluraliste, la notion elle-même est-elle un vestige du passé? En outre, si nous considérons les problèmes d'autonomie et de domination au sein des sociétés occidentales, nos pays dominent au moins en partie d'autres cultures, menacent leur autonomie, leur capacité même à survivre.

Quelles sont les possibilités pour un monde vraiment pluraliste, un pluralisme d'égalités, offertes par l'internationalisation de la culture?

3. *Communication*. La prolifération et la perfection sans cesse grandissantes des moyens de communication électroniques et de la reproduction instantanée offrent une possibilité de démocratisation de la culture. Il est intéressant de se souvenir des espoirs qui accompagnèrent le développement de l'alphabétisation : ces espoirs étaient les mêmes. Il est évident que le mot imprimé n'a pas été un facteur d'illumination culturelle, et il n'y a pas de raison pour que les nouveaux médias le deviennent. Ils nous donnent plutôt la chance d'élargir la conscience publique d'une nouvelle manière. Dans quelle mesure les techniques de production et de diffusion elles-mêmes affectent la structure du discours culturel? Voilà une question tout aussi importante. C'est certainement ici le moment de considérer la question de la prétendue primauté des moyens de communication sur l'imprimé, et d'examiner et d'évaluer la prétendue disparition de la civilisation du livre. Notre problème est moins celui du *Musée imaginaire* que celui du *Musée vivant*.

4. *Cadre de vie*. Le paradoxe de l'urbanisme de notre temps est que nos villes, en raison de la technologie moderne, sont à la fois capables d'une plus grande décentralisation et d'une plus grande centralisation. Le flâneur de Walter Benjamin, en d'autres mots, ne doit pas forcément se résigner à la locomotion par automobile. L'organisation sociale de l'espace, par le marché, — et la formation des classes sociales qui en découle —, par l'intervention des pouvoirs publics, fournit une esthétique implicite. Dans quelle mesure cela doit-il être rendu explicite, et, plus précisément, critiqué et remplacé lorsque cela s'avère nécessaire? Pensez au décor de la cité européenne moderne dans notre littérature, et à l'arrière-plan tellement contrasté du roman latino-américain contemporain. La notion de la cité comme festival semble avoir quelque peu progressé en Europe, même dans les circonstances autrement impassibles du nord, tandis que les villes du tiers monde semblent récapituler toutes les horreurs du

début de l'industrialisation et de l'urbanisation. Dans quelle mesure le droit à une expérience esthétique de l'espace est-il un droit humain aussi impératif que certains autres? Cette expérience présuppose des ressources, bien entendu : la question du cadre de vie est une question dans laquelle l'esthétique, l'économie, le régime politique sont inextricablement imbriqués.

5. *Culture, Science, Technique.* La science naturelle et la technologie qui en découle comptent parmi les grandes forces du monde moderne. La compréhension de la structure conceptuelle de la science, l'organisation sociale de l'activité scientifique, et sa relation au pouvoir sont aussi importantes pour cette conférence que pour celle qui s'était tenue en janvier 1982, sur la recherche. Cependant, il y a de nombreux points sur lesquels la réflexion peut maintenant se concentrer. Y-a-t-il une logique immanente à la science ou bien est-elle sujette aux points critiques à l'intervention du choix et de la valeur sociales? La démarcation familière entre la science et la technologie est-elle soutenable, ou bien l'application elle-même de la science implique-t-elle un ordre supérieur de réflexion – non une réponse à des contraintes? Existe-t-il une esthétique de la science (comme le pensait Einstein) et que nous dit-elle de la culture en général? Enfin, dans quelle mesure les scientifiques et technologues frappent-ils le public moins comme technocrates que comme les équivalents modernes des shamans? Il est évident que la conférence ne devrait pas désigner uniquement des scientifiques dans ce groupe; ces thèmes permettent le travail de la conférence tout entière.

6. *Avant-garde et tradition.* Quelle est la signification contemporaine de l'*avant-garde*? Nous savons que les idées, les sensibilités, circulent dans notre société à une vitesse vertigineuse. Nous savons aussi que la tradition n'est pas et n'a jamais été fixée une fois pour toutes, mais qu'elle est continuellement ré-interprétée, et en fait ré-inventée. Il est peut-être temps d'enterrer des idées qui datent du XIXe siècle, ne serait-ce que parce qu'elles présupposent une situation culturelle extrêmement stratifiée. Le débat entre l'avant-garde et

186

les gardiens de la tradition implique généralement une élite culturelle établie et un challenger à la succession. Une avant-garde contemporaine n'a pas besoin du même genre de légitimation, surtout parce que la majeure partie du programme de l'avant-garde du début du siècle a été réalisée. Hélas, ce succès a été un succès esthétique, alors que le projet maximaliste réclamait une nouvelle relation, une fusion en fait, de l'art et de la vie. Nous ne partons pas de zéro : mais cependant, où devons-nous commencer ?

Jean-Pierre Faye

UNE NOUVELLE CITÉ
PHILOSOPHIQUE

On attribue à Joseph Goebbels, dictateur ès cultures du IIIᵉ Reich, un mot ridicule : « Quand j'entends parler de culture, je sors mon revolver. » Mais ce mot n'est pas de Goebbels — et c'est presque pire. Il est d'un écrivain. Un écrivain, aujourd'hui oublié tout à fait, mais qui fut censé appartenir à ce qu'on prenait pour l'avant-garde artistique, dans l'Allemagne de l'entre-deux-guerres. Et qui fut même, un moment, un ami de Bertolt Brecht. Ce mot, en fait, il l'avait mis dans la bouche de... Goering, dans une pièce de théâtre; et, par l'outrance même de la bêtise qui s'y rend manifeste, ce mot a au moins l'intérêt d'accentuer le rapport d'opposition entre culture et violence : si ce n'est pas l'une, c'est l'autre. Il y a un chassé-croisé entre violence et culture. Appelons culture ce qui précisément met en cause les moyens de violence.

C'est montrer ainsi dans la culture un noyau qui est, sinon violence, du moins puissance *active* : virulente, véhémente. Qui agit sur le monde et sur l'histoire, et cela d'autant plus qu'elle est cette « culture désintéressée » dont Proust écrivait qu'elle « paraît comique passe-temps d'oisifs » – mais à qui le paraît-elle? à ces mondains inutiles dont il a su transmuer l'inactivité futile en matériau central et radio-actif d'un grand œuvre.

Alors nous apparaît la force de tout ce que nous apporte ce mot. Depuis son sens cicéronien, qui est premièrement philosophique, puisque la philosophie, pour l'auteur des Disputations tusculanes, est culture de l'âme, *cultura animi*. En passant par le sens que lui donnera dans le siècle des Lumières, annonçant de loin la Révolution française, quand Fontenelle perçoit un « esprit cultivé » comme étant « composé de tous les esprits du siècle précédent ». Et venons-en à un autre mouvement d'avant-garde artistique et littéraire au milieu de l'entre-deux-guerres, mais à Prague cette fois, autour de Karel Teige et de ses amis (parmi lesquels Roman Jakobson), lorsqu'il usait d'une expression alors insolite : la « révolution culturelle ». Il définissait celle-ci comme « la transformation d'une sensibilité héritée de l'enfance, la réévaluation des affects et des habitudes pétrifiés et ataviques pour une nouvelle conscience » – une « nouvelle conscience socialiste », précisait-il – « pour une nouvelle conscience, une pensée, une raison, des sens, des nerfs et une fantaisie » – une « fantaisie socialiste », disait-il encore –, voilà « une des tâches de la révolution culturelle ». Et il la voyait débouchant « dans les parcs de la nouvelle poésie », dans une « poésie *pour tous les sens* ».

Alors, dire « culture » n'est point parler du comique passe-temps d'oisifs, – mais entre dans cette opération énigmatique, à la fois visible et souterraine, qui ouvre des espaces dans l'histoire, libère les sens, compose chaque esprit avec « tous les esprits », construit la conscience même. Curieusement, cette opération n'est pas sans lien avec les crises les plus vives de l'histoire réelle. Et même, très précisément, ses crises économiques. C'est une crise économique, la première des quatre grandes crises mondiales de l'économie industrielle – nous vivons en ce moment la quatrième; celle des années 1980, après celles des années 1930, 1873-1880, 1830 –, c'est donc une dure crise économique qui a forcé un entrepreneur d'imprimerie, Honoré de Balzac, à quitter son métier pour devenir... le plus puissant romancier de son siècle. C'est aussi une crise qui forcera quelques peintres, dont les galeries de peinture ne veulent plus dans un pareil moment, à se regrouper chez un photographe, Nadar, pour exposer leurs tableaux partout refusés : les peintres ainsi regroupés vont apparaître tout à coup comme *les* Impressionnistes. Ils sont si mal vus qu'un écrivain de la stature de Zola ne peut plus écrire sur eux dans aucun journal, et que Mallarmé doit publier en anglais son article à leur sujet. Mais à Hiroshima, au centre du désastre, c'est un admirable Musée de peintres impressionnistes que le Japon construit après la Seconde Guerre mondiale.

**

A nous de construire, non pas sur le monceau des destructions mais à l'épicentre de nouvelles secousses inventives. Puisqu'il y aura une grande vague bâtisseuse dans le Paris des années 1980, dites années de crise mondiale, faisons en sorte qu'elle laisse la trace d'une crise créatrice : si nous le faisons, c'est de cela qu'il y aura mémoire. De même que l'histoire retient davantage le travail de Phidias sur l'Acropole que les hauts et les bas des cours de la drachme athénienne. Chaque jour les feuilles imprimées nous parlent de la crise. Que ne parlent-elles, parfois au moins, d'un *projet!*

**

Un projet suppose des points d'appui, un sujet ou, comme disait l'ancienne langue, un suppôt. Ces points d'appui, nous les prenons où ils sont : dans certains reliefs du passé. Au moment où il s'agit de construire de nouveaux espaces d'invention et de pensée, appuyons-nous sur ce qu'il y a de plus accompli dans l'espace antérieur.

Ainsi le plan commandé par Michel Turgot au peintre Louis Bretez et réalisé en 1739 indiquait dans Paris la présence de 44 Collèges universitaires. En 1983 il en demeure un seul, datant de 1245 et reconstruit en 1338 par un pape français d'Avignon qui y avait d'abord enseigné, ce Jean de Novelles, fils d'un boulanger de l'Ariège, devenu Benoît XII, sur lequel nous avons beaucoup appris par les travaux d'Emmanuel Le Roy Ladurie. Eh bien, s'il ne reste qu'un authen-

191

tique Collège universitaire de l'ancienne Université de Paris, construit dans le matériau avec la forme admirable que savait donner le XIIIᵉ siècle français, la culture c'est d'abord de le rapprocher de sa fonction authentique et initiale d'enseignement et de réflexion, dans des perspectives critiques, modernes, novatrices, ouvertes sur les connexions inédites entre les sciences, sur l'espace des arts, sur l'exploration du réel et du symbolique par la pensée : sur la philosophie. Que les sapeurs-pompiers qui habitent ces lieux depuis Louis-Philippe les cèdent gracieusement aux philosophes, aux scientifiques, aux créateurs, et ce sera un pas en avant pour la culture de tous.

Voilà un exemple, pour le passé. Où la culture va puiser, en vue de « composer l'esprit » avec les esprits de *tous* les siècles précédents.

Voici maintenant, pour l'avenir. Le Parc de la Villette, son Musée scientifique, son ensemble musical, ou le Musée historique d'Orsay, seront des relais décisifs de la culture à venir. Sur la rive gauche, dans ce Paris de l'Est qui fut si souvent celui des plus nobles révoltes, en face de ce futur jardin de Bercy où il serait souhaitable de voir survivre, dans son parc d'arbres centenaires et de chaix vinicoles, un authentique jardin des anciens toits de France – en face viendra s'ouvrir l'aire dite de Tolbiac. Ne peut-on concevoir et imaginer déjà, dans cet espace, tendant pour ainsi dire la main vers le Quartier latin, ce que pourra être une véritable Cité de la Recherche *active,* et de la Culture des peuples; où des activités philosophiques et interscientifiques, et des pratiques d'art se trouveraient au voisinage de véritables Espaces qui nous rendraient sensible, par exemple, la culture de l'Amérique latine ou de la Caraïbe? C'est ici que l'invention architecturale pourra vraiment aller au-devant des besoins sociaux, d'une nouvelle recherche, d'une nouvelle culture inventive.

C'est la gratuité culturelle, c'est son caractère de donation ou, si l'on ose dire, d'oblation, qui sera enrichissant pour la société, et pour ceux qui seront les habitants de l'avenir.

Maurice Fleuret

LA CRÉATION ADOUCIT
LES MŒURS

> « Voici qu'émergent par bribes, dans l'ambiguïté la plus grande, les germes d'un bruit nouveau, extérieur aux institutions et aux habituels lieux du conflit politique. Bruit de fête et de liberté, il peut créer les conditions d'une discontinuité majeure, bien au-delà de son champ. Il peut être l'élément essentiel d'une stratégie efficace pour qu'émerge une société réellement neuve. »
>
> Jacques Attali, *Bruits*.

> « Si la créativité n'est pas une technique, mais d'abord une libération de l'être, il est vrai cependant que la technique peut avoir une valeur libératrice. »
>
> Jacques Rigaud,
> *La culture pour vivre*.

La création artistique n'est pas l'ornement de la société, elle en est la conscience. Elle n'est pas oubli, mais éveil. Elle n'est pas divertissement, mais présence au réel. Elle n'est pas plaisir mais douleur, douleur devant l'inconnu, la question posée, le mystère. La valeur d'une œuvre nouvelle se mesure à sa capacité d'interroger le futur ou, mieux, de l'engager. Et ce n'est qu'à condition d'avoir rempli cette mission que l'œuvre peut, plus tard, rejoindre le patrimoine et être capitalisée comme un bien d'usage.

La société bourgeoise, qui a intégré les valeurs culturelles de la société de cour pour en faire des objets d'ordre et de profit, a toujours été soucieuse de raccourcir ce délai, soit en refusant délibérément l'audace et la prophétie, soit — manière plus perfide — en n'acceptant la création que comme un pur jeu de l'abstrait sans conséquence possible sur la vie des hommes et leurs aspirations.

Cependant, par réaction, par instinct de conservation et en jouant au mieux des fausses libertés laissées par le libéralisme, les artistes créateurs n'ont pas cessé de développer la vertu critique de leur art. Ils ont rompu les barrières esthétiques qui les contenaient dans des catégories, dans des formes, dans des références précises qui les relativisaient, les isolaient, les séparaient du social et les gardaient ainsi à merci du pouvoir. Ils ont fait éclater les langages admis; ils en ont constamment inventé de nouveaux; ils ont imaginé tous les croisements de syntaxes ou de vocabulaires, de techniques ou de matériaux; ils ont favorisé toutes les hybridations pour mieux se rapprocher des complexités de la vie mais aussi, sans doute, pour se disperser eux-mêmes dans l'air ambiant, se pulvériser, échapper de la sorte à toute récupération tout en contaminant le plus grand nombre. C'est pourquoi, pour la première fois de toute l'histoire des arts, il n'y a plus de théorie dominante, et cela dans chacune des disciplines. D'ailleurs, le terme de *discipline* le cède désormais à *moyen d'expression*.

Mais, dans le même temps, le mélange des genres et des techniques a amené le créateur à concevoir moins des objets chaque fois uniques que des modèles généraux, des matrices capables d'engendrer des familles d'œuvres obéissant à une même loi mais pouvant prendre tous les aspects accessibles à notre perception. La technologie contemporaine, en particulier l'informatique, permet au créateur de traiter des ensembles de plus en plus vastes, de plus en plus fins, et de produire des œuvres de moins en moins assujetties à la nature d'un seul matériau, des œuvres globales qui ont valeur axiomatique. Ainsi l'artiste d'aujourd'hui est-il plus que jamais un démiurge au sens plein du terme et, à ce titre, d'abord un philosophe, un explorateur du devenir de l'homme et donc un penseur de la société. En musique, par exemple, l'attitude, la pensée et l'œuvre d'un John Cage ou d'un Iannis

194

Xenakis sont particulièrement probantes de cette orientation nouvelle.

La société que nous voulons construire sera celle de l'équilibre entre ce pouvoir démiurgique de quelques-uns et le pouvoir enfin libéré de chacun de créer pour et par lui-même. Mais cela implique, d'une part le rapprochement du créateur professionnel de la communauté à laquelle il s'adresse, à travers son insertion sociale et ses activités de fonction dans le groupe, rapprochement culturel que seules pourront obtenir des dispositions semblables à celles de la décentralisation qui rapproche le pouvoir politique du citoyen; d'autre part la mise à la portée de tous des moyens nécessaires à la création individuelle ou collective, moyens en temps libre, en formation et en équipements.

L'histoire nous montre à l'évidence que les sociétés où la création est le plus répandue sont celles où la violence est le mieux canalisée. A Bali, avant l'invasion touristique, la délinquance n'existait pas. Et les établissements d'enseignement musical, en France, sont les seuls à échapper à la délinquance juvénile. A l'heure où la société est légitimement sollicitée de protéger toujours mieux l'individu dans son quotidien, la création artistique reste le seul domaine où, sans mettre en péril la perpétuation et le développement de la communauté, chacun peut prendre les risques fondamentaux, nécessaires à la conscience et à son existence. Cependant, outre l'accomplissement individuel qu'entraîne le fait de s'investir dans l'acte de création, de se projeter dans l'objet créé et d'y risquer beaucoup, il y a là le facteur le plus dynamique du développement de la communication, puisque chacun crée pour l'autre, et donc de formation de la conscience collective indispensable à l'évolution de la société : échangeant plus et, ainsi, se connaissant mieux, le groupe est mieux à même de choisir son destin et de mesurer les conséquences de sa décision.

Henri Lefebvre

ROMPRE AVEC LA MONOTONIE DU QUOTIDIEN

Je voudrais vous dire combien j'apprécie le défi lancé à la puissance dominante dans notre monde, dominante jusqu'à la culture. Ce défi a une allure prométhéenne, avec le sourire en plus. Je souhaite vivement prendre part à ce combat, qui a pour enjeu le sens de notre vie – et l'existence de notre pays.

Le mot « Culture » évoque parfois pour moi le Snark, cet animal fabuleux dont on parle beaucoup, que l'on pourchasse sans jamais l'attraper.

« ... Ils le traquèrent avec des fourches et de l'espoir...

Ils le traquèrent avec soin

Ils menacèrent sa vie avec une action (de chemin de fer)

Ils le charmèrent avec des sourires et du savon...

Mais quand quelqu'un croit saisir le Snark :

« ... Au milieu du mot qu'il essayait de dire

au milieu de son rire et de sa joie

doucement soudainement il s'était évanoui

car voyez-vous le Snark était un Boojum... »

Toutefois, si la culture n'est plus quelque chose de substantiel, d'aisément définissable, même quand on parle d'identité culturelle; si donc elle n'a plus grand-chose à voir avec

197

ce qui fit jadis « l'homme cultivé », elle n'est pas pour autant évanescente, évanouissante, toujours ailleurs. Non, ce n'est pas possible; et si c'était possible, il faudrait de toutes nos forces combattre cette éventualité.

Il arrive aussi que ce mot « Culture » suscite pour moi l'image de la Belle endormie (sur un épais matelas de textes, de partitions, de citations – et sous un baldaquin somptueux de thèses sociologiques, sémiologiques, historiques, etc.). Le Prince vient et l'éveille et le Château se remet en marche, les musiciens à musiquer, les cuisiniers à cuisiner, et ainsi de suite.

Je ne pousserai pas plus loin les métaphores et les plaisanteries. Bref, où se trouve la culture? Je ne l'entrevois ni dans les chansons, prises à part – ni dans les danses et la musique, isolément – ni dans les B.D. en elles-mêmes, mais dans leur rapport au corps. Une nouvelle culture du corps naît autour de nous, une réappropriation difficile de ce corps littéralement exproprié pendant une longue époque. Après la période des signes et de l'abstraction, la culture reprend avec lenteur mais force sa relation avec le sensible, avec les sens. Pas avec la « nature première » qui s'éloigne, mais avec la nature seconde, le corps repris, élaboré, travaillé, et de plus inséparable de ses parures dans le décor urbain.

Je vois aussi la culture à l'œuvre dans les efforts, souvent humbles, *pour rompre avec la monotonie du quotidien;* pour trouver des espaces de liberté, de jouissance (les plages, le parvis Beaubourg, etc.); pour s'approprier des « biens » qui ne proviennent pas du marché, qui aient la grâce de la gratuité. La culture ne peut donc plus rester hors de la quotidienneté (pas plus que la philosophie et l'art, qui d'ailleurs font partie du culturel). La culture retrouve ainsi un corps en renouant avec le corps, et le quotidien reprend esprit et âme. Déjà ils s'efforcent de se rejoindre.

La modernité dont, paraît-il, nous sortons ce ne fut ni l'apparition d'une nouvelle culture ni celle d'un homme neuf. Ce fut le temps d'une confrontation entre la culture traditionnelle et les innovations : d'un conflit entre l'élitique et le populaire. Sans la capacité de résoudre ce conflit. Double contradiction, culturelle et politique.

Comment, dès lors, éluder le marxisme? Pour moi la pensée de Marx fut et reste un point de départ; pas un point d'arrivée. Entre-t-elle dans la culture? Oui. Je ne veux pas dire seulement qu'on doit citer Marx dans les écoles. Ni que sa pensée diffère autant du Goulag que le Christ de Torquemada. Elle entre dans le culturel, sans avoir le droit ni la prétention de le dominer. Au même titre par exemple que la physique contemporaine. Il y a encore sur terre et même en France beaucoup de gens qui croient que le Ciel est une voûte – le Firmament – porteuse des étoiles, habitée par des êtres célestes. La conception d'un infini du temps et de l'espace fait-elle partie de la culture, aujourd'hui? Je pense que oui. De même certaines idées apportées par Marx ou dans sa lignée. Ou bien par Freud. Pourtant, en dehors de ce qu'introduisent la physique ou l'astrophysique dans la culture et la vision du monde, il y a des gens qui travaillent dans cette direction, qui cherchent, qui de temps en temps découvrent. C'est de cette manière, à mon sens que la pensée dite marxiste rentre dans la culture sans s'y résorber. Ce qui provient d'elle? D'abord certains mots. Le mot « aliénation », aujourd'hui à peu près aussi usuel que le mot « complexe » en dit autant. Mais, surtout, d'où vient la conscience du fait qu'il ne suffit pas d'en appeler aux dieux ou à l'idée de justice pour combattre l'injustice et les inégalités? Pour une part d'une expérience séculaire et pour une autre part de la pensée dite marxiste. N'est-ce pas l'aspect éthique – et politique – de la culture?

Le projet culturel ne peut pas aujourd'hui ne pas s'adjoindre les autres aspects d'un développement qualitatif de la société, distinct de la croissance quantitative. A savoir la démocratie urbaine, l'autogestion, l'extension des activités qui se déploient hors de la sphère dominée par la dure loi de la valeur. Il s'agit d'une modification lente, mais profonde du quotidien : d'un nouvel usage du corps, du temps, de l'espace, de la sociabilité.

Car la plus haute mission de l'art n'est pas d'exprimer, encore moins de « refléter » le réel, ou de lui substituer des fictions, mais de le métamorphoser. La pratique, y compris les techniques modifient la réalité, la quotidienneté. L'œuvre d'art les transfigure. La poésie, la musique et plus encore le théâtre, mais aussi l'architecture, ont eu ce pouvoir. La tragédie a métamorphosé en une joie étrange la vision des souffrances et de la mort. La poésie a transformé en amour la sexualité. L'architecture a transformé le quotidien en splendeur. Le paradoxe, c'est que cette transfiguration entre aussi, à sa manière, dans le vécu et les relations qui font la société. Changements pratiques et transfigurations esthétiques ont parfois convergé dans les grandes époques.

4. CULTURES DU MONDE ET RELATIONS INTERNATIONALES

Léopold Sédar Senghor

Jacques Le Goff

Adonis

Maria-Antonietta Macciocchi

Max Frisch

Marc Ferro

Joseph Ki-Zerbo

Carlos Fuentes

Jacques Lacarrière

Claude Mollard

Léopold Sédar Senghor

LA RÉVOLUTION DE 1889

(La Culture face à la Crise
ou
Pour le Dialogue des Cultures)

L'homme de culture, doublé d'un écrivain de grand talent, qu'est le président François Mitterrand a donc eu l'heureuse idée de nous convier à méditer sur *La Culture et le Développement* face à la crise actuelle. Je voudrais, tout d'abord, l'en remercier, et de n'avoir pas oublié l'*Africa portentosa*, qui, au dire des anciens, apporte toujours quelque chose de nouveau.

On croit, généralement, qu'une crise économique, en déréglant la vie sociale, a toujours des retentissements sur la culture, qui n'en est qu'un aspect. Ce n'est pas là une idée fausse. Cependant, inversant, pour ainsi dire, le problème, je préfère affirmer que la réforme culturelle, pour ne pas parler de « révolution », est le meilleur moyen de surmonter la crise économique actuelle, qui est, avant tout, une crise de civilisation. Comme le dit le proverbe sénégalais, « l'homme est le remède de l'homme ». Il reste que cette réforme, on doit commencer par la réaliser dans les esprits, en préconisant le *Dialogue des Cultures*.

Avant d'aller plus loin, je ne crois pas inutile de rappeler ce qu'est la « culture », qu'on confond trop souvent avec la « civilisation ». Ce dernier mot, qui ne doit pas être réservé à l'Euramérique et à l'Asie, est l'ensemble des faits religieux et moraux, littéraires et artistiques, scientifiques et techniques communs à une société humaine, tandis que *la culture est l'ensemble des valeurs d'une civilisation* ou, mieux, son *esprit.*

* *

Comme on le sait, la crise actuelle, qui a débuté en 1973, n'est que la reproduction, aggravée, de celle de 1929. Je dis « aggravée » parce que exaspérée, dans l'esprit des *Euraméricains,* par le fait qu'elle provenait, selon eux, du renchérissement des prix du pétrole : de ce pétrole détenu, en majorité, par des pays du tiers monde : asiatiques, africains et latino-américains. En 1929, la crise avait été facilement surmontée parce que l'*Euramérique,* c'est-à-dire l'Europe, le Canada et les États-Unis d'Amérique, dominait encore le monde, et dans tous les domaines. Depuis lors, il y a eu la décolonisation et la gestion de leurs propres affaires par quelque cent quinze États indépendants du tiers monde, dont, il est vrai, la plupart sont encore sous-développés ou, au mieux, en développement.

Si, depuis dix ans, la crise actuelle n'est pas encore dénouée, mieux, si le seul mot « crise » désigne, aujourd'hui, des difficultés économiques, c'est précisément à cause de la nouvelle situation politique, et partant économique, qui résulte des indépendances massives de la décennie 1960. Auparavant, il suffisait aux Euraméricains, aux *Grands Blancs,* de s'entendre entre eux pour régler les problèmes du monde, l'URSS étant moins puissante et le Japon l'exception, au demeurant capitaliste, qui confirme la règle. C'est dire que, pour résoudre la crise de 1973, aggravée en 1979, les deux antagonistes — je ne dis pas les ennemis —, l'Euramérique et le tiers monde, doivent se mettre autour d'une table et engager un dialogue fraternel. C'est exactement ce qu'a prévu la conférence de Cancun en préconisant des « négociations globales » sous l'égide de l'ONU.

Il reste que cette conférence échouera comme les autres si l'on n'a pas pris, auparavant, certaines précautions culturelles, pour ne pas parler de « réformes ». Jean-Jacques Servan-Schreiber nous en a avertis dans son *Défi mondial,* depuis la première conférence des Nations unies sur le *dialogue Nord-Sud,* les quelque 2 000 colloques, séminaires, symposiums et autres réunions, voire autres conférences, y compris celle de Cancun, se sont tous soldés par un échec ou un demi-échec. Paradoxalement, la raison n'en est pas d'ordre économique, comme nous allons le voir, mais d'ordre culturel, même, surtout quand il s'agit de questions économiques ou financières. C'est que les Euraméricains considèrent les peuples du tiers monde comme des *non-civilisés*. « Ces gens, pensent-ils, disent-ils, n'ont pas de civilisation. » Pour eux donc, un revenu annuel de quelques milliers de dollars – plus de 10 000 aux États-Unis d'Amérique – est insuffisant quand deux cents dollars suffisent pour les Africains.

Comme on le sait, depuis la décennie 1960, la *détérioration des termes de l'échange* a remplacé le *Pacte colonial* et son « économie de traite ». C'est ainsi que, chaque année, en Euramérique, les prix des biens et services augmentent ou, au pis, stagnent quand, dans le tiers monde, sauf de rares exceptions, comme en 1973 et 1979, ils baissent ou, au mieux, stagnent.

Quelques chiffres suffiront à illustrer cette vérité. D'après les spécialistes, depuis 1973, l'inflation dans les pays développés, presque tous en Euramérique, a été généralement de 15 % au maximum quand elle était, dans le tiers monde, de 30 à 200 %. Aujourd'hui, le Nord, comme on dit aussi, qui ne représente qu'un quart de la population du monde, possède plus des deux tiers de ses richesses. Enfin, parmi les trois milliards d'hommes que compte le tiers monde, il y a environ quelque 800 millions de pauvres absolus, avec un revenu de 200 dollars au plus.

C'est l'évidence, si les Euraméricains veulent rester fidèles à l'humanisme dont ils se réclament sans exception, depuis les démocrates-chrétiens jusqu'aux marxistes-léninistes, il est temps qu'ils travaillent sérieusement, efficacement, à l'abolition de cet *ordre de l'injustice* qui régit les rapports entre le Nord et le Sud. Comme l'a écrit Karl Marx dans un manuscrit intitulé *Le Travail aliéné*, « la première activité de l'homme est de satisfaire les besoins animaux », c'est-à-dire manger, se vêtir et se loger.

D'autre part, c'est l'intérêt égoïste, immédiat, des pays développés d'éviter la banqueroute des pays en développement, dont la dette, qui s'accroît chaque année, dépasse maintenant les 500 milliards de dollars, somme qui représente, en gros, le montant annuel des dépenses militaires dans le monde. En effet, la banqueroute des pays pauvres entraînera, inéluctablement, celle des pays riches, dont les surplus de production ne trouveront plus d'acheteurs, à commencer par les produits alimentaires. C'est ce qu'ont compris les pays européens contrairement aux États-Unis d'Amérique, mais surtout les gouvernements socialistes, qui, à la dernière conférence annuelle de la Banque mondiale et du Fonds monétaire international, ont demandé le doublement des ressources du FMI.

Cependant, même quand ce sera fait, la crise ne sera pas, pour autant, résolue puisque la détérioration des termes de l'échange continuera. J'irai plus loin. Même si le gouvernement français, en accord avec les autres gouvernements européens que voilà, s'engageait, en concurrence amicale avec les États-Unis, dans la voie de la *révolution technologique* de l'informatique, la crise ne ferait qu'empirer. Encore une fois, celle-ci ne peut être surmontée, mieux, résolue que par une *révolution culturelle,* qui s'étendrait, en même temps, au Nord et au Sud, aux nations faussement développées comme aux sous-développées. Il se trouve, heureusement, que, dans les faits, cette révolution culturelle existe depuis près d'un siècle. Je l'appelle la *Révolution de 1889.*

L'année 1889 est, en effet, une date importante dans l'histoire de la philosophie, des lettres, mais aussi des arts. C'est celle de deux œuvres majeures, l'Essai sur les *Données immédiates de la Conscience* d'Henri Bergson et *Tête d'Or* de Paul Claudel, auxquelles j'ajouterai l'œuvre d'Arthur Rimbaud, intitulée *Une Saison en Enfer,* qui les annonçait, pour ainsi dire, dès 1873. J'y reviendrai. Si je parle de la « Révolution de 1889 », c'est, bien sûr, par rapport à celle de 1789. Celle-ci avait bien procédé du rationalisme cartésien, mais à travers les encyclopédistes, dont le *Dictionnaire raisonné des Sciences, des Arts et des Métiers* avait pour but avoué de soumettre toutes les activités des hommes — la religion et la morale comme les lettres et les arts — au contrôle rigoureux, quasi mathématique, de la raison discursive. C'est ainsi qu'en privilégiant par trop celle-ci, on aboutit au positivisme d'Auguste Comte et d'Hippolyte Taine, qui allait embourber l'esprit, et l'âme avec, dans la matière, mécanisée, des « petits faits significatifs ».

C'est contre cette déviation du cartésianisme qu'allait réagir Henri Bergson. En vérité, la Révolution de 1889 avait été préparée par toute une série de philosophes, en réaction contre Kant comme contre Descartes, depuis Johann Fichte jusqu'à Friedrich Nietzsche en passant par Arthur Schopenhauer. Pour le théoricien du *Surhomme*, le plus important pour l'homme, ce n'est pas la recherche de la vérité, mais celle de la Vie ou, mieux, du *sens de la Vie*. Il est question, sur la tombe ancienne et, partant, décadente du rationalisme, de faire pousser les valeurs nouvelles de la *volonté libre*.

C'est dans cette direction que s'avancera Henri Bergson en écrivant son fameux *Essai*. Contrairement à ce qu'une lecture superficielle pourrait faire croire, il ne renie pas Descartes en combattant le stupide positivisme, qui n'est qu'une déviation intellectualiste du cartésianisme. Comme Nietzsche, il avait lu Aristote, le fondateur de la philosophie européenne, et retenu la fameuse phrase de l'*Éthique à Nicomaque* : « Or il y a, dans l'âme, trois facteurs dominants qui déterminent l'action et la vérité : la sensation *(aisthésis)*, l'esprit *(noûs)* et le désir *(orexis)*. » Il ne faut surtout pas traduire *noûs* par « intellect », comme l'a fait Tricot. Le *noûs*, c'était, pour les anciens Grecs, la symbiose de la raison discursive et de la raison intuitive. Nous sommes donc, ici, en présence des quatre éléments, des quatre *vertus*, au sens étymologique du mot, qui animent les activités de l'homme. Jusque-là, les *Albo-Européens* avaient privilégié la discursion et non précisément le « désir », mais la volonté, quand les Africains, du Nord comme du Sud, l'avaient fait de la sensation et de l'intuition. La Révolution de 1889 a consisté à suivre la voie des Africains.

Passant de la philosophie aux lettres et aux arts, je dirai que Rimbaud, dès 1873, dès *Une Saison en Enfer*, avait annoncé la nouvelle esthétique tout en la réalisant dans ce poème en prose, dont j'extrais ces lignes : « Oui, j'ai les yeux fermés à votre lumière. Je suis une bête, un nègre. Mais je puis être sauvé. Vous êtes de faux nègres... J'entre au vrai royaume

207

des enfants de Cham... J'inventai la couleur des voyelles !...
Je réglai la forme et le mouvement de chaque consonne et,
avec des rythmes instinctifs, je me flattai d'inventer un verbe
poétique accessible, un jour ou l'autre, à tous les sens. Je
réservais la traduction. » C'est là l'esthétique même de
l'Afrique, singulièrement de l'Afrique noire, que je définis
ainsi : « Une image ou une série d'images symboliques, mélo-
dieuses et rythmées. » Il s'agit, naturellement, d'un rythme
vivant, fait de parallélismes asymétriques ou de répétitions
qui ne se répètent pas. « C'est l'esthétique même du
XXᵉ siècle », comme le disait le grand peintre français Pierre
Soulages. Mais Pablo Picasso, l'Espagnol, l'Andalou, m'avait
dit auparavant, en me reconduisant, un jour, vers la porte
de son atelier et en me regardant dans les yeux : « Il nous
faut rester des sauvages. »

Je n'oublie pas *Tête d'Or*, le premier drame de Paul Claudel,
qui ouvrit la voie du théâtre nouveau, comme Rimbaud l'avait
fait de la poésie et Bergson de la philosophie. C'est que lui
aussi avait subi des influences fécondantes : les mêmes ou
parallèles, complémentaires. Celles des Allemands, de
Nietzsche et de Wagner, comme des anciens dramaturges
grecs, de l'Extrême-Orient comme de l'Asie biblique, du
vitalisme païen comme du spiritualisme chrétien. C'est ainsi
qu'il créa, avec le souffle respiratoire de son *verset* poétique,
un *théâtre intégral* parce que vivant, qui me rappelle le théâtre
nègre du Royaume d'Enfance. Et ce n'est pas hasard si, en
re-créant Tête d'Or l'an dernier, c'est le mot propre, le théâtre
national Daniel Sorano de Dakar en a fait une pièce psal-
modiée, chantée et dansée.

En effet, c'est au XXᵉ siècle, et tout au long de celui-ci, que
la Révolution de 1889 déroulera ses effets. C'est, d'une part,
l'influence de l'art négro-africain, et partant de l'esthétique,
sur l'Euramérique et le monde. C'est, d'autre part, comme
conséquence de ce fait majeur, la réalisation progressive de
cette *Civilisation de l'Universel* qu'annonçait, au milieu de ce
siècle, Pierre Teilhard de Chardin pour l'aube du troisième
millénaire.

Tout d'abord, l'influence, dès 1906, des arts plastiques
d'Afrique noire, et d'abord de la sculpture, sur les artistes
de l'*École de Paris.* Influence d'autant plus féconde que nombre

de ces artistes n'étaient pas d'origine française, comme Picasso, Brancusi, Modigliani, Mondrian, Kandinsky, Hartung, Vieira da Silva, etc. Mais cette influence, il faut le préciser, fut plus stylistique que thématique, que *vitale*, pour ne pas dire morale ou philosophique.

Il n'en fut pas de même de l'influence de la *littérature nègre de tradition orale* sur les surréalistes, depuis Guillaume Apollinaire jusqu'à Tristan Tzara. Car celle-ci fut, par-delà la lecture critique des œuvres – mythes, contes, poèmes, etc. –, et une méditation, et une expérience vécue. Que l'on songe seulement au mouvement *dada*. C'est ce que démontre la thèse de Jean-Claude Blachère intitulée *Le Modèle nègre* [1]. Avec les surréalistes, ce n'est pas seulement le style, mais *l'art même de vivre*, avec la philosophie vitaliste, qui est inspiré de l'Afrique noire.

Après les arts plastiques et la littérature, c'est la musique et le chant nègres qui ont exercé leur influence, pour ne pas parler de la danse, qui, grâce à Maurice Béjart, commence de métamorphoser le ballet classique. Cependant, la musique et le chant le feront par le détour des États-Unis d'Amérique. C'est ce qui, précisément, en renforcera l'impact sur la musique contemporaine. Il n'est que de relever, parmi les festivals de musique de 1982 en Europe, la part du jazz et du chant américains. S'ils ne les ont pas inventés, la musique et le chant négro-américains, hérités de l'Afrique, ont mis l'accent, en musique, sur les contretemps et syncopes, dans le chant, sur l'inflexion, le glissando, la polyphonie.

Telles sont, résumées, parmi les effets de la Révolution de 1889, les principales influences exercées, directement ou indirectement, par l'Afrique noire. En vérité, cette Révolution, fondée sur la *dialectique de la Vie*, est allée plus loin qu'on le croit généralement : elle a, par-delà la biologie, gagné jusqu'à la physique nucléaire, qui vient de découvrir, et bien vivante, la particule W.

Je voudrais conclure en faisant des propositions concrètes. Le rôle de la Révolution de 1889, non seulement en phi-

1. Nouvelles Éditions africaines, 1981, Dakar-Abidjan-Lomé.

losophie, mais encore dans les lettres et les arts est, maintenant, bien connu. Et celui de la *négritude*, comme « l'ensemble des valeurs de civilisation du monde noir », commence à l'être. Et pourtant, comme j'ai essayé de le montrer, le *mépris culturel*, qui sévit surtout contre les Noirs, singulièrement les Négro-Africains, rend la crise actuelle plus difficile encore à résoudre que celle de 1929.

C'est que le problème, le mépris, n'est pas exactement au niveau des élites, je veux dire des professeurs d'université, des écrivains et des artistes. Il l'est à peine au niveau des gouvernants; c'est à celui de l'opinion qu'il l'est le plus. Il faut donc, dans les universités européennes et américaines, renforcer l'enseignement des langues et civilisations du tiers monde, comme on l'a fait en France, mais aussi, il faut le dire, aux États-Unis. Il demeure que les médias – presse et radio-télévision – ne demeureront pas en reste.

De quoi s'agit-il, en définitive? Comme on le sait, depuis 1889 précisément, la technologie a fait des progrès foudroyants, inventant, année après année, de nouvelles techniques de plus en plus sophistiquées, singulièrement dans les domaines de la physique et de la chimie, de la mécanique et de l'informatique. Toutes ces inventions, en accroissant, comme jamais, les forces de production, vont accroître en même temps, avec les loisirs, la puissance imaginante, poétique, je dis créatrice de l'homme. Ils le feront d'autant plus réellement que, grâce au dialogue des cultures, chaque continent, chaque race, chaque nation, chaque homme, parce qu'enraciné dans ses valeurs originaires, mais ouvert aux apports fécondants de l'Autre, réalisera, dans une diversité complémentaire, des *œuvres intégralement humaines* parce que mettant l'accent sur les quatre facultés majeures que sont la sensation, la discursion, l'intuition et la volonté.

C'est alors seulement que les nations, réconciliées les unes avec les autres, mais d'abord avec elles-mêmes, pourront, grâce à la culture, vaincre, et définitivement, les crises cycliques qui ravagent notre planète Terre.

Jacques Le Goff

HISTOIRE
ET IDENTITÉ CULTURELLE

Le colloque international de la Sorbonne a justement consacré une de ses sections aux problèmes de la création et des relations internationales. Il m'a semblé que l'histoire dont on sait, depuis la critique décisive faite par Lucien Febvre et l'École des *Annales*, du positivisme historique et de la notion de fait historique, qu'elle n'est pas simple collecte et critique des documents puis mise en forme narrative des données obtenues, avait sa place dans ce champ de réflexion.

L'histoire en effet est création. Elle l'est dès le départ avec l'invention des hypothèses et la mise en problème de la recherche, avec la transformation des matériaux en documents. Elle l'est dans l'élaboration car il y a une écriture de l'histoire pour reprendre une expression de Michel de Certeau. Elle l'est dans l'interprétation, inévitable et nécessaire.

L'histoire des historiens ne fait que reproduire dans ce processus l'Histoire des sociétés humaines qui est création continue. L'Histoire ne meurt pas avec les hommes, les États, les civilisations (c'est l'erreur de Paul Valéry dans sa fameuse phrase : « Nous autres, civilisations, nous savons maintenant que nous sommes mortelles »), mais elle ne cesse de vivre, c'est-à-dire de changer. Non par une simple « survie » de la mémoire, non parce que les archéologues et les historiens la

211

font « revivre » mais parce que la réinterprétation constante du passé par la mémoire collective en manifeste sinon l'immortalité du moins la très longue durée, au-delà des déclins et des catastrophes. L'Histoire, qui part d'héritages, ne dilapide pas ces héritages, mais les remodèle et les réutilise constamment. On comprend mieux ainsi les liens qui unissent l'histoire dans ses deux registres – celui des sociétés, celui des historiens – et l'identité culturelle, base fondamentale de l'identité individuelle et collective en général. Il est banal – mais il faut bien voir les implications de cette évidence – de reconnaître que chaque peuple, chaque nation, chaque état – et, à l'autre bout de la chaîne, chaque individu – est marqué non seulement par son Histoire mais aussi par son historiographie. Celle-ci progresse au rythme des progrès de la prise de conscience d'elles-mêmes par les sociétés. Historiographie qui peut prendre – au-delà de l'œuvre des historiens – les formes les plus diverses. Nicole Loraux, par exemple, a montré comment l'oraison funèbre chez les Athéniens de l'Antiquité a été une œuvre et une action modelées par l'histoire et forgeant la prise de conscience collective autant qu'elle en était un produit. Les grandes religions sont histoire et en particulier les religions monothéistes : judaïsme, christianisme, islam.

L'historiographie et l'enseignement de l'histoire n'ont démarré jusqu'à nos jours qu'avec un certain décalage. Il n'y a pas, dans l'Occident chrétien, d'enseignement de l'histoire dans les universités médiévales. Annales et chroniques ne sont que le début d'une « culture historique » comme dit Bernard Guenée : les premiers vrais historiens en France apparaissent au XVIe siècle et il faut attendre les collèges de jésuites pour que l'histoire devienne matière d'instruction. Mais avec le développement, heurté mais continu, des nations et des états depuis le Moyen Age, l'histoire se développe en hésitant entre deux mouvements, celui des histoires nationales et celui d'une histoire universelle. Cette dernière fut longtemps véhiculée en Europe par le christianisme puis, quand celui-ci s'est de plus en plus coulé dans un moule national, a été paradoxalement prise en charge par les Lumières et leurs différents héritiers universalistes aux XIXe et XXe siècles. La France de la fin du XIXe siècle balançait entre les Histoires de France de Michelet et de Lavisse et les tendances universalistes des dictionnaires et encyclopédies Larousse, non exempts de nationalisme et d'européocentrisme. Impossible donc de réfléchir sur la création historique sans s'interroger sur les rapports entre nation et humanité, sans « internationaliser » le débat.

Au niveau théorique un principe général paraît s'imposer. La phrase tant rebattue de Jaurès l'exprime toujours : « Un peu d'internationalisme écarte de la patrie, beaucoup d'internationalisme y ramène. » L'internationalisme est au cœur du socialisme. Deux événements, comme on sait, ont porté des coups redoutables à cette symbiose : la guerre de 1914-1918, la fondation et l'évolution de l'Union soviétique.

Avec le temps, les données de l'internationalisme et de ses rapports avec l'idée et les réalités nationales changent. Aujourd'hui il est évident que l'émergence et les combats du tiers monde et autour du tiers monde ont profondément modifié les données.

Je voudrais, pour cerner le problème, sous ses formes nouvelles, partir de l'enseignement de l'histoire. Certes, celui-ci ne s'identifie pas avec la recherche ni avec la production historiques. Mais les nécessités de la vulgarisation et de la pédagogie me semblent accuser, donc permettre de mieux voir, les structures et les problèmes.

Dans un pays comme la France, aujourd'hui, malgré les points de vue très divers sur la place de l'histoire nationale dans l'enseignement scolaire, un large consensus devrait se dégager sur les prémisses générales suivantes. Il faut, de l'enseignement primaire au baccalauréat, apprendre l'histoire aux jeunes et les rendre sensibles à la dimension et à la culture historiques à l'intérieur de trois cercles ou plutôt de trois espaces plus ou moins étroitement imbriqués l'un dans l'autre : un espace local et régional, un espace national, un espace universel.

Le cercle local et régional est celui de l'histoire immédiatement proche, il doit mettre en évidence la présence de l'histoire partout, sa lecture à travers les réalités familières perçues et construites en tant que documents historiques : une usine, une ferme, un marché, une foire, mais aussi une rue, une maison, un champ, une route, etc. sont des témoins d'histoire. Tous les hommes vivent dans de l'histoire et doivent être capables de la reconnaître autour d'eux. Il me semble même que ce domaine historique dans lequel l'histoire dite « nouvelle » s'est volontiers engagée, celui de la civilisation matérielle et du quotidien doit intéresser particulièrement les nations en formation composées de sociétés dites par les Occidentaux « sans histoire », précisément parce qu'ils seraient à l'écart du champ noble de l'histoire, ces secteurs où le mouvement de l'histoire est lent et terre à terre. A moins peut-être que chez ces nations aussi une conscience et un savoir historiques en construction rejettent cette orientation...

Le second cercle est celui de l'histoire nationale. La nation est plus que jamais aujourd'hui le cadre politique et le lieu de l'identité collective dans lequel s'inscrivent à la fois hommes et femmes des « vieux états », des peuples luttant contre l'oppression étrangère et plus largement du tiers monde. Le lieu aussi où s'investit le plus de passions historiques. Il ne s'agit pas, j'y reviendrai, de se laisser mener par ces passions ni d'enchaîner l'histoire au nationalisme, mais de faire là l'histoire nationale, et de lui donner, dans l'histoire des historiens, une place à la mesure de celle qu'elle occupe dans l'histoire en acte. Mais, là aussi j'y reviendrai, s'agit-il des mêmes nations, du même sentiment national?

Enfin, de même que le cercle local et régional doit s'articuler avec le cercle national celui-ci doit toujours être relié au cercle universel qui n'est pas la somme des cercles nationaux mais l'ensemble d'histoires « autres », décalées et différentes. Même si on n'en fait pas la valeur historique la plus élevée, l'histoire de l'humanité doit être l'horizon ultime et toujours présente de toute histoire.

Il est clair que les rapports entre ces trois cercles ne sont ni simples ni pacifiques, pas plus qu'entre les composantes spatiales de l'Histoire vécue. Il devient ici nécessaire de réfléchir internationalement – comme l'a fait le colloque « Création et Développement » – sur les relations entre création historique et relations internationales.

Il faut d'abord reconnaître que les modèles occidentaux de l'histoire se sont imposés à la fin du XIXe siècle et dans la première moitié du XXe siècle – comme ils le faisaient dans les domaines technologique, scientifique, économique, militaire et politique. Yves Lacoste et la revue *Hérodote* ont montré, peut-être avec quelque exagération, que la géographie, en Occident, s'était développée au service du militaire. Même s'il n'y a pas eu volonté délibérée chez les historiens de l'école positiviste de servir les impératifs de la domination occidentale, l'histoire événementielle a imposé ses dates, sa périodisation, ses schémas explicatifs à l'histoire universelle. Même l'histoire marxiste avec son primat de l'économique, son procès de l'évolution historique en phases esclavagiste, féodaliste et capitaliste, sa conception hégélo-marxienne de la rationalité historique, son projet de dictature du prolétariat, n'était qu'une variante de l'histoire européocentrique. Sauf peut-être pour l'Asie la notion de mode de production s'adaptait mal aux histoires du reste du monde. Le marxisme à notre époque n'est qu'un détonateur des luttes nationales et révolutionnaires sans offrir un contenu répondant aux conditions historiques des autres continents. Le seul exemple chinois d'ailleurs marqué par la rupture avec l'Union soviétique et de nombreuses et importantes particularités est insuffisant pour masquer l'incapacité du marxisme et notamment de l'histoire marxiste officielle à s'appliquer à l'histoire et aux besoins historiques du tiers monde.

Pour les historiens occidentaux lucides et de plus en plus respectueux des voies différentes non seulement de l'histoire des autres mais de leur vision de l'histoire, il importe donc de regarder les autres cultures historiques sans les juger à l'aune de leurs propres conceptions, seraient-elles celles de l'histoire dite « nouvelle », encore que je crois celle-ci plus ouverte à l'accueil d'autres modèles. Sa volonté, en dehors de la modernisation de l'histoire occidentale, d'échapper à l'idée d'universalité des modèles occidentaux et à la vision européocentrique, devrait mieux permettre le dialogue avec les historiens des cultures non européennes.

Car ce qui s'impose aujourd'hui c'est le dialogue avec ces historiens. D'où, pour la culture historique, l'intérêt du colloque de la Sorbonne. Pour ne citer qu'un cas où je me suis engagé j'ai pu poser avec l'historien africain Ki Zerbo, auteur d'une remarquable communication − malgré quelques outrances − sur la (ou les) culture(s) africaine(s) un dialogue qui devrait déboucher sur la co-production par des historiens africains et l'équipe de la revue *Annales Économies Sociétés et Civilisations* (fondée par Lucien Febvre et Marc Bloch, puis dirigée par Fernand Braudel et, aujourd'hui, des historiens de l'École des Hautes Études en Sciences Sociales) d'un numéro spécial consacré à l'histoire *de* l'Afrique noire et *en* Afrique noire.

Ce dialogue doit être exempt de tout esprit néo-colonialiste de la part des historiens occidentaux et, tout en respectant les choix des autres, il ne doit pas flatter et favoriser les tendances de certains intellectuels et historiens des pays du tiers monde à assimiler modernisation et occidentalisation et, comme en d'autres domaines, rêver d'une simple adaptation à leur pays de l'historiographie européenne.

Il ne doit pas non plus s'inscrire dans un climat, chez les historiens occidentaux, masochiste. Il y a certes, en histoire comme en d'autres domaines, des attitudes à faire disparaître ou rectifier, des points de vue à corriger, par exemple en ce qui concerne le colonialisme et l'impérialisme.

Mais le faire avec un sentiment de culpabilité hypertrophié n'aiderait personne, ni en Occident ni au dehors. Les peuples et les nations masochistes sont aussi dangereux que les sadiques dont ils sont d'ailleurs, inconsciemment, les complices. De même, il ne doit pas y avoir de démission face aux outrances de beaucoup d'intellectuels et d'historiens des autres continents, quelle que soit la légitimité de leur colère et de leur révolte. De même qu'ils nous montrent nos faiblesses, nos erreurs et nos crimes, dont beaucoup sont réels, de même devons-nous les mettre en garde contre la tentation d'un refus global, *a priori,* de la culture – y compris la culture historique – de l'Occident et la pratique d'un dénigrement systématique de cette culture assimilée au Mal. S'il y a dans les luttes nationales et révolutionnaires un recours légitime à l'histoire, celui-ci doit éviter les falsifications et les travestissements de cette histoire. Le dialogue doit s'instaurer dans le respect mutuel de l'« autre » et des faits établis.

Ce dialogue doit commencer par un inventaire des différences, la recherche des obstacles à l'établissement d'une histoire universelle qui échappe à la domination d'une aire culturelle, et qui soit vraiment, pour reprendre un mot de Roland Barthes, « plurielle ».

J'estime par exemple qu'une réflexion commune sur les différentes périodisations de l'histoire (bien que toute périodisation puisse devenir un carcan et qu'il ne faille pas en abuser) ferait apparaître bien des problèmes. Les notions et les termes d'Antiquité, de Moyen Age, de Monde Moderne, sont-ils pertinents dans toutes les cultures historiques? N'y a-t-il pas au moins des décalages chronologiques entre ce qui peut correspondre à ces périodes?

Je ne pense pas qu'il puisse y avoir d'histoire sans documents. Mais, dans les diverses cultures, les documents ne sont-ils pas différents, la notion même de document n'est-elle pas variée? On pense tout de suite à la différence la plus évidente, celle qui sépare les cultures de l'écrit et celles de l'oralité. N'y a-t-il pas ici un horizon sinon d'entente du moins de comparaison aisée quand on voit en Occident l'histoire « nouvelle » se tourner de plus en plus vers d'autres sources que les sources écrites, vers les sources orales, figurées, gestuelles? Étudiant les systèmes historiques de gestes en Occident, j'ai trouvé des points de référence passionnants dans les travaux de Geneviève Calame-Griaule sur la gestualité africaine – combien différents, certes! Un travail utile a été entrepris par l'UNESCO. D'abord au niveau de l'examen bilatéral du contenu des manuels scolaires d'histoire dans différents pays, puis deux par deux. C'est une œuvre très profitable et qui a déjà porté ses fruits. Elle fait reculer les ignorances, les erreurs, la xénophobie ouverte ou latente. Elle doit parvenir à limiter les manipulations de l'histoire opérées par les traditions collectives, les idéologues, les régimes non démocratiques. J'ai été convaincu de l'efficacité limitée mais réelle de ces échanges de vues auxquels j'ai récemment participé dans le cadre franco-polonais. Mais ces déformations ou falsifications doivent être recherchées à la source, dans les conceptions et la création de l'histoire où elles s'abreuvent. Le jeu diplomatique empêche d'aller trop loin. Il faut faire reculer les domaines tabous de certaines histoires et soustraire, autant que faire se peut, l'histoire à la manipulation et à l'intolérance idéologiques et politiques. Dans un livre justement remarqué et ici même, Marc Ferro a dénoncé les déformations que l'on fait subir ici et là (presque partout à des degrés divers) à *l'histoire racontée aux enfants.* Il faut s'opposer aux perversions des cultures historiques officielles ou traditionnelles.

L'UNESCO a aussi produit une histoire de l'humanité centrée sur le développement culturel et scientifique. Elle est en train d'en préparer une nouvelle, améliorée. Ayant accepté de participer à cette entreprise, j'aurais mauvaise grâce à la critiquer. Réalisée par des équipes plurinationales et surtout pluriculturelles, elle représente un progrès idéologique et s'inscrit dans le dialogue que j'appelle de mes vœux. Mais, patronnée par une institution où sont représentés des pays, des états, elle est à base de diplomatie et de concessions réciproques. Pourtant l'histoire universelle ne doit pas être un compromis, elle doit être une histoire à plusieurs voix qui ne chantent pas à l'unisson et ne recherchent pas une symphonie médiocre, une synthèse insipide. Pour montrer la nécessité d'un inventaire préalable des différences, je voudrais évoquer sommairement l'existence de conceptions de l'histoire très différentes de l'occidentale dans d'autres cultures. D'abord, d'après des savants occidentaux, mais connaisseurs respectueux d'autres cultures : Jacques Gernet pour la chinoise, Jacques Berque pour la musulmane, Louis Dumont pour l'indienne. Puis selon deux intellectuels noirs : le Kenyan Jonio Kenyatta et l'Antillais Frantz Fanon.

Jacques Gernet met en relief quelques grands problèmes de l'histoire européenne qui n'ont pas de sens pour les Chinois « C'est peine perdue de s'interroger sur la ville chinoise comme phénomène spécifique : le problème de la ville est particulier à l'histoire de l'Occident... L'essor urbain ne peut avoir de signification particulière dans un monde qui se caractérise par l'uniformité des lois fondamentales, la prééminence de l'État, l'unification très précoce du système d'enregistrement et de communication, des poids et des mesures... Aucun des grands thèmes de l'histoire de la Chine ne se retrouve à l'autre extrémité du continent eurasien... » (*Le Monde chinois,* pp. 571-572).

Il montre aussi les difficultés dans lesquelles se sont engagés les dirigeants de la Chine communiste sur le chemin de l'histoire : « c'est avec des perspectives et dans les cadres d'une orthodoxie empruntée à l'Occident que les historiens de la République Populaire se sont efforcés jusqu'ici d'interpréter le passé... Comment concilier d'autre part le désir de réhabiliter certains aspects de la civilisation chinoise et la nécessité de condamner dans son ensemble le système " féodal " qui aurait été celui du monde chinois pendant la majeure partie de son histoire?... Les historiens de la Chine doivent se forger leurs propres concepts » (*ibid.*, p. 571). Jacques Berque évoquant un congrès tenu à Riyad à la fin des années 1970 sur le *fiqh* (le « droit musulman ») a souligné tous les germes d'historicité que contient le Coran et de façon générale, l'Islam et il concluait en termes significatifs face aux évolutions récentes de l'Islam, en particulier dans l'Iran chiite, qu'il considérait comme anarchiques et brouillonnes, et face à la « resituation » incohérente de la religion islamique « en fonction de l'histoire » : *trop d'histoire ou pas assez. « Trop :* car à la façon du catholicisme elle a laissé une part trop grande à l'apologétique... *Pas assez :* car cette intervention de l'histoire, l'Islam ne l'a point assumée dans cette approche proprement *religieuse. »* (*L'Islam au défi,* pp. 242-246.)

Autre danger en effet qui menace la culture historique de toutes les civilisations : l'exagération soit vers une invasion idéologique de l'histoire, soit vers la production d'une histoire qui ne serait pas enracinée dans le passé spécifique de chaque civilisation.

Avec Louis Dumont et l'Inde, c'est un cas extrême qui apparaît : celui d'un peuple d'une grande civilisation qui serait « sans histoire ». Louis Dumont rappelle que l'historiographie occidentale repose sur l'idée d'un « développement » et donne « un sens positif au temps ». C'est se fermer la compréhension de la conception indienne de l'histoire. En voulant appliquer cette conception de l'histoire à l'Inde les philologues et historiens occidentaux « se sont heurtés à une certaine résistance du donné ». Par exemple : « Pour une chronique comme la *Rajatarangini,* combien de textes d'esprit totalement an-historique! » Pourtant, il y a bien une culture historique indienne, l'Inde ne s'est pas détournée de l'histoire, ne s'est pas placée délibérément en dehors du temps. Mais elle l'a fait différemment de nous. Par exemple encore « une différence radicale » : « En Inde, la sphère politico-économique, coupée des valeurs par la sécularisation initiale de la fonction royale, est demeurée subordonnée à la religion ; en Occident, libérée plus tard, elle a arraché à la religion sa part de valeurs, elle s'est rendue absolument autonome et s'est constituée en un absolu : la nation » (*La civilisation indienne et nous*, p. 63).

Pourtant aujourd'hui, l'Inde qui « est parvenue à se débarrasser de la domination étrangère en réalisant *le minimum de modernisation* doit s'adapter au monde moderne, ce qui demande aux Indiens un effort considérable » (*ibid.*, p. 72). Mais cet effort qui doit comprendre un réexamen de la culture historique indienne ne réussira que s'il ne cherche pas à appliquer à l'Inde des schémas historiques occidentaux – marxisme compris.

Écoutons maintenant des voix qui viennent d'ailleurs. La première c'est celle de Jonio Kenyatta, le fondateur du Kenya. Dans ce beau livre sur son peuple (et en particulier, sur une ethnie, les Gikuyu), *Au pied du mont Kenya*, il définit ce qu'était la culture historique de son groupe – représentative de la plupart des traditions de l'Afrique noire – en 1938, à la fin de la période coloniale : « Les traditions culturelles et historiques des Gikuyu se sont transmises verbalement de génération en génération. Gikuyu moi-même, je les ai gardées présentes à l'esprit durant des années car le peuple ne possède aucun moyen de transcription. Sans notes, ni livres, l'Africain sait tout ce dont il a besoin. Sa mémoire s'exerce tout au long de sa vie, et ce sont les récits vivants des légendes ou les danses expressives qui aident l'enfant à fixer toutes ses connaissances de façon indélébile. A chaque période de la vie prennent place des épreuves variées, chants et danses, constituant une répétition de ce qui a été enseigné dans l'enfance. Parents et public jugent et corrigent les exécutants » (p. 19).

Ici l'historien est ramené à un problème essentiel. Il n'y a pas d'histoire sans documents. Mais de quels documents peut disposer une culture historique qui est dépourvue d'écrit? Récits (souvent légendaires), chants, danses sont ici les documents essentiels. S'y ajoute la fonction critique de la famille et de la collectivité. Encore un thème de réflexion qui doit aller au-delà d'un inventaire technique mais dans une critique de la notion de document et mettre à l'épreuve la féconde idée de Michel Foucault sur le document – mouvement. Tout document est pression sur l'historien, appel aux forces symboliques, construction idéologique.

Voici enfin le chantre, le prophète, le combattant d'une histoire intimement mêlée à la lutte anticolonialiste et révolutionnaire, Frantz Fanon. « Il s'agit pour le tiers monde de recommencer une histoire de l'homme qui tienne compte à la fois des thèses quelquefois prodigieuses soutenues par l'Europe mais aussi des crimes de l'Europe... » Si nous voulons répondre à l'attente de nos peuples, il faut chercher ailleurs qu'en Europe.

« Davantage, si nous voulons répondre à l'attente des Européens, il ne faut pas leur renvoyer une image, même idéale, de leur société et de leur pensée...

« Pour l'Europe, pour nous-mêmes et pour l'humanité, camarades, il faut faire peau neuve, développer une pensée neuve, tenter de mettre sur pied un homme neuf » (*Les damnés de la terre*, pp. 232-233).

Texte admirable, conception d'une histoire qu'il faut respecter en la replaçant dans un contexte de lutte historique légitime mais qu'il ne faut pas non plus transporter dans un contexte occidental, historiquement différent. Je ne crois pas que ce soit l'historien, mais l'homme, le citoyen, qui doit en Occident s'engager aux côtés des peuples luttant pour leur histoire – histoire vécue et histoire-discipline scientifique. D'où mes réticences à l'égard de certaines positions du beau livre provocant et engagé de Jean Chesneaux : *Du passé faisons table rase.*

De cette brève réflexion, je tirerai une conclusion banale, mais difficile à faire entrer dans les faits.

D'abord, comme le dit Louis Dumont, « il faut... généraliser le principe de l'histoire en reconnaissant la différence des civilisations » (p. 52). L'histoire universelle n'est pas un compromis aseptisé, je le répète, mais la confrontation pacifique *des* histoires différentes.

Puis il faut que cette confrontation s'insère dans une reconnaissance préalable du rôle de l'histoire dans l'identité culturelle, donc d'une légitimité qui dépasse celle d'une simple discipline scientifique, même si le respect de certaines normes scientifiques s'impose toujours en histoire.

Enfin, l'histoire universelle, l'histoire de l'humanité, horizon nécessaire à toutes les histoires, ne peut naître que du dialogue, de la rencontre, de la correction fraternelle et réciproque. Il faut que les rencontres de la Sorbonne se poursuivent, s'approfondissent au niveau de tous les créateurs, même les plus humbles, de l'histoire. Que ceux qui cherchent à créer une histoire « universelle » en Occident, se rendent bien compte que c'est probablement ailleurs que des histoires « neuves » vont peut-être naître. Qu'ils ne s'apprêtent pas à écouter mais qu'ils soient à l'écoute.

Adonis

L'IDENTITÉ INCONNUE

I

Dans ces rencontres, je parle non comme chercheur mais comme poète-témoin, et je ne crois pas que le témoignage d'un poète arabe contemporain sur le thème « culture et relations internationales » puisse être précis, ni en conséquence éclairant, s'il ne commence par élucider la problématique de la relation entre les Arabes et l'Europe. Celle-ci a joué surtout sur deux niveaux : celui du domaine politico-économique d'une part, celui du refoulé religieux de l'autre, et, à l'heure actuelle, elle se complique de plus en plus sous la pression de facteurs nouveaux.

Toutefois, j'apporte ici, comme je viens de le dire, un témoignage de poète et me limiterai donc à indiquer brièvement quelques aspects particuliers qui me semblent être immédiatement reliés au thème de ce colloque.

II

J'appartiens à une génération qui a grandi dans un climat culturel où l'Occident européen apparaissait, par rapport aux Arabes, comme le père. Un père technologique, surtout.

223

Le père est ici, paradoxalement l'*autre,* l'étranger. Cet « Occident » est entré au plus profond de l'être arabe et a établi en lui une coupure. Il a divisé cet être en deux parties dont l'une n'est pas contemporaine de l'autre. L'Occident européen apparaissait comme l'horizon ultime. C'est par lui, en lui, à partir de lui que l'être arabe devait trouver ses dimensions propres, comme si cet horizon était le lieu unique où s'engendrait le sens du monde, voire son image.

Ce climat a trouvé son expression littéraire dans la conception d'universalité. Utilisant cette conception comme critère, l'Occident européen a exercé un joug pesant sur les lettres arabes en les isolant et en les traitant avec une certaine condescendance. Cette conception s'est manifestée principalement de trois manières :

1) La négation de la poésie et de toute expression culturelle qui ne serait pas influencée par l'Occident dans ses thèmes et perspectives.

2) La glorification des valeurs de l'homme occidental, estimées universelles, et qui plus est, la glorification de la singularité de l'homme occidental et de ce qui le différencie, allant jusqu'à l'identifier purement et simplement au modèle idéal de l'homme.

3) Enfin le ravalement de la créativité arabe, dans le domaine des lettres et de la pensée, au niveau de vestiges archéologiques ou de manifestations sociologiques, ou encore de matériau historique permettant uniquement de mieux faire comprendre la mentalité des Arabes.

Il faut souligner ici que l'Occident européen nous a transmis ses textes culturels comme des parties intégrantes d'un ordre établi politique et national « développé », c'est-à-dire comme une offensive contre l'*autre* pour l'assujettir ou le nier. Il nous a entraînés ainsi dans un jeu d'oppositions, entre l'importé et l'authentique, l'offensive et la défense. Il est naturel dans ces conditions que le terrain soit dominé par le plus fort, et le plus fort sera naturellement le plus dominateur. En fonction de cette hégémonie, l'Occident a considéré la créativité arabe comme une partie intégrante d'un ordre établi politique, national, « sous-développé », et il l'a taxée de sous-développement, elle aussi.

III

Quand je considère le poète arabe simplement comme un être humain, je remarque qu'il appartient à la communauté arabe. C'est là son identité nationale et politique. Mais quand je le considère comme poète et créateur, je vois que son identité dépasse largement la simple appartenance à la communauté arabe.

Je dis que cette appartenance ne représente, en fait, que la surface de son identité réelle, ce qui distingue superficiellement les Arabes des Français, des Allemands, et d'autres. Son identité de créateur réside dans son appartenance à l'homme en tant qu'homme – faculté cognitive et créatrice. A ce niveau essentiel, notre grand poète al-Mutannabi m'apparaît plus proche de Rimbaud ou de Goethe, par exemple, que de certains poètes arabes, plus proche de l'*autre* qui ne partage pas son appartenance nationale que de celui qui la partage. Si son identité est d'abord conformité avec la communauté de naissance, elle est aussi différence.

On voit que l'identité du créateur n'est pas quelque chose de donné. Elle n'est pas similitude et conformité à une essence invariable et absolue, mais plutôt acquisition. Le poète crée son identité en créant son écriture. Le discours créateur ne répète pas l'*un* mais le pluralise. Il ne reproduit pas une identité déjà donnée, mais l'investit des possibilités de l'épanouissement et du jaillissement foisonnant. Ce discours est par difinition une tentative obstinée pour entrer dans ce qui n'a pas encore été dit, dire ce que nul n'a encore dit. Ainsi l'identité, comme la création, paraît toujours projetée vers l'avant, provenir du futur. C'est que l'identité n'est pas seulement ce qui a été donné ou dit, mais plus particulièrement ce qui n'a pas encore été donné ni dit.

Dans une telle perspective de création, l'identité ne saurait pour nous se trouver dans la production du *même* mais bien au contraire dans celle du différent. Elle n'est pas répétition incessante de *l'un*, mais pluriel multiforme. L'identité est créativité permanente, exploration inlassable de l'espace de

225

l'interrogation et de la recherche, de l'espace ouvert par la question : qui suis-je? Question sans réponse définitive...

IV

A la lumière de ce qui vient d'être dit, il nous faut porter un regard nouveau sur le problème des relations culturelles internationales.

Dans l'acte de création, le *soi* et l'*autre* se projettent dans un devenir commun. Le soi ne connaît pas une existence distincte en se coupant de l'autre mais en établissant une relation avec lui. Il n'y a pas d'existence distincte pour la personne en dehors de cette relation. Le problème n'est donc pas de se couper de l'autre mais d'entrer en relation avec lui tout en demeurant fidèle à soi-même. La relation agit ici comme une étincelle. Elle oriente le soi vers une plus vaste connaissance personnelle, une plus profonde découverte de sa lumière intérieure.

Créer une relation, c'est éveiller. Tout ce qui m'arrive par ce genre d'éveil doit pouvoir être intégré, assimilé, et en aucune façon ne paraître un élément plaqué de l'extérieur.

C'est à partir de cette réflexion sur la relation créatrice de soi à l'autre que j'envisage de définir le modèle arabe de développement culturel et de dialogue des cultures. La poésie arabe et les perspectives culturelles arabes actuelles représentent une entrée tragique mais passionnante dans l'inconnu. Elles imposent de mesurer la grandeur du créateur d'aujourd'hui à sa capacité de convivialité avec l'inconnu, ce domaine sans limite de l'homme et du monde où l'enracinement dans la découverte mène à un surcroît de découverte.

Si nous sommes sensibles à la crise du projet occidental, soit dans le technicisme qui a asservi l'homme, alors qu'il semblait initialement un instrument pour sa libération, soit dans le libéralisme qui n'a plus rien, apparemment, à dire, si, d'autre part, nous contemplons l'étincelle culturelle qui surgit du monde arabe en voie de consommation jusqu'à sa réduction en cendres, nous découvrons que cette étincelle dans laquelle l'homme se volatilise peut offrir à la culture occidentale une leçon singulière. Embrassant le tragique et la cendre, elle inaugure, par-delà l'ère technologique et sa déshumanisation, une sorte de retour à l'originel, c'est-à-dire au fondamental. L'art, la poésie, la culture, dans cette perspective, sont loin d'être des activités de luxe. Au-delà de la marginalisation que certains voudraient leur imposer au nom d'une conception aveugle de la modernité, ils deviendraient, contre le discours abstrait de la science et du technicisme, le recours de tous ceux qui veulent continuer à parler et se parler sous le double signe de l'unité et de la différence.

Traduit de l'arabe par Anne Wade MINCOWSKI

Maria-Antonietta Macciocchi

LA DIMENSION EUROPÉENNE
ET LA CULTURE

L'Europe culturelle est un tabou. L'Europe de la culture est impensable. Nous-mêmes sommes incapables de nous penser européens. Cependant, l'intelligentsia occidentale parle toujours plus de culture européenne. Et, au sein de la Communauté, l'on évoque, fût-ce timidement, « l'espace culturel européen »; et de nombreux applaudissements accueillent cette vocation-invocation. La « culture européenne » envahit les discours, pénètre la phraséologie de brillantes revues; on constitue même des associations pour la culture européenne dans la Communauté : banquiers, femmes du monde, écrivains ratés et artistes en quête de succès s'y rassemblent; on donne des concerts, on institue des prix, on organise des ventes de charité, comme dans le roman de Musil, au temps du déclin de l'empire austro-hongrois. On forge ainsi un consensus imaginaire autour de l'idée d'une Europe culturelle, tandis que l'intelligentsia européenne vivote dans une sorte de demi-aliénation entendue comme une perte de contact avec le monde européen, barricadé derrière les chauvinismes nationaux, et fait preuve d'une imagination moribonde, en littérature, en musique, en peinture, qui souligne un déclin culturel accéléré. La Nation, avec ses mass media, son protectionnisme culturel, sert de bouclier aux artistes en état de crise idéologique et créative. Entre les dix pays européens, on traduit toujours moins de livres : 50 % de moins que durant l'après-guerre, lorsque la grande espérance des Européens se fixait sur l'abattement des barrières de l'incommunicabilité. Somme toute, on s'ignore.

Pendant ce temps, les hommes politiques de gauche proclament la nécessité d'un « aggiornamento technologique » des intellectuels, si ceux-ci ne veulent pas devenir des « analphabètes de retour ». On proclame que l'avenir est à la télématique et à l'informatique, bonnes fées qui résoudront à la fois les problèmes de la production et ceux de la création. Timidement, les intellectuels – comme des pères en face de bébés-éprouvettes – regardent vers la création par ordinateur, qui « remplace » et « raffine l'inventivité » de l'artiste, jusqu'au triomphe de l'œuvre : roman par ordinateur, construit sur la base des données de réception fournies par les médias ; musique par ordinateur ; peinture par ordinateur. On exalte déjà les premiers exemples de « réussite » littéraire par ordinateur. Je ne les citerai pas pour n'offenser personne. Fascinés par ces nouveaux rivages, les idéologues, les théoriciens, abandonnent les hauts-fonds de la pensée pour se travestir en romanciers. Et, dans le même temps, comme le dit Kundera, la culture en Europe parcourt la parabole du déclin. De fait, l'Europe, du point de vue culturel, est aphasique. Elle est comme amputée de l'intelligence et de la pensée des créateurs et de la création. Pourtant, dans peu de temps – vers la fin de cette décennie –, l'Europe des Dix disposera de prodigieux instruments de transmission, de la multiplication de canaux télévisés, et les yeux d'innombrables satellites européens nous surplomberont de leur mécanique endiablée. Mais à quoi serviront tant de fabuleux moyens de communication, si nous n'avons plus rien à communiquer ? Ou si nous sommes condamnés à transmettre des idées et des pensées insignifiantes ? Ou si les intellectuels européens continuent à être séparés par le chauvinisme, les barrières nationales, s'ils n'ont pas de « langue » pour se parler ?

D'ailleurs, dès la ratification du Traité de Rome, les six états signataires s'étaient méfié d'une culture transnationale ou supranationale : ces états refusèrent non seulement de

230

légiférer sur une Europe culturelle, mais ils refusèrent même le simple emploi du mot *culture*, auquel on substitua la définition d'éducation européenne (éduquer, scolariser, agir contre l'analphabétisme). Et aujourd'hui encore, si l'un de nous se lève pour parler d'action culturelle, on lui jette à la face les règles infranchissables du traité de Rome. La crainte des réactions nationales et nationalistes subsiste jusqu'aujourd'hui comme un frein actif, même dans un des documents les plus « audacieux » sur les problèmes de la culture adressés par la Commission du Parlement européen au Conseil des ministres. Gaston E. Thorn, président de la Commission des Communautés européennes, en envoyant ce document aux États, prend toutes les précautions nécessaires : « On insiste sur le fait que, pour servir la culture, la Communauté n'a nul besoin d'entrer dans le domaine de responsabilité des états... Elle ne veut entraver personne... » (juin 1982 [1]). Si la monnaie a trouvé une issue dans le SME pour les ajustements sur le marché européen ; si les déficits agricoles sont couverts par les montants compensatoires (Fonds spéciaux) ; si, désormais, l'on échange sans difficulté vaches, poulets, porcs, beurre, vin, langoustines, en passant des accords qui brisent les barrières douanières, le protectionnisme le plus rigide et le plus froid règne toujours, en revanche, dans les échanges intellectuels. L'unique matière qui n'ait jamais circulé en Europe est la matière grise : idées et cerveaux euro-

---

1. En 1982, la culture est entrée dans la Communauté par la petite porte : Thorn affirme que le véhicule de la culture est économique ; il souligne ainsi qu'on parle non d'*artistes* mais d'*opérateurs culturels,* en liant les intellectuels à leur seule condition sociologique de salariés. L'Europe de la culture est à tel point redoutée que M. Thorn explique comment « loin de vouloir en quelque manière influer directement sur la culture elle-même ou lancer une politique culturelle européenne, réaffirmer l'action communautaire dans le secteur culturel signifie la lier plus étroitement encore aux devoirs économiques et sociaux que le Traité de la CEE assigne à la Communauté ». On ne sait à quelles fins a été créée la *Fondation européenne,* le 29 mars 1983, sur la base d'un accord entre les Dix. Quant à l'acte de la Commission en date du 12 octobre 1982, il comprend quatre chapitres : 1) libre échange des biens culturels ; 2) amélioration des conditions de vie et de travail des travailleurs culturels ; 3) élargissement du public à travers les mass media, le développement des moyens audiovisuels et la proposition d'un « festival du cinéma européen » ; 4) la conservation du patrimoine architectural.

231

péens; cercles, universités, maisons d'édition, chaînes télévisées, centres culturels européens. C'est-à-dire toutes les liaisons intellectuelles d'un « club européen » de la culture, au sens que le mot « club » avait au XVIIIᵉ siècle. C'est l'esprit européen qui, par suite d'un vide intellectuel, n'a pénétré ni l'intelligentsia ni les masses. Cet esprit ne s'est pas diffusé dans les mille provinces européennes, et les municipalités continuent de ne voir que leur clocher, leur mairie, leur monument aux morts, leur bar-tabac. Ce provincialisme ardent est aussi l'une des raisons qui ont fomenté l'explosion d'instincts racistes au cœur de l'Europe, et ravivé la haine pour l'étranger, l'autre, le non-national. Avec la crise économique, les ghettos se recréent autour des travailleurs « européens » immigrés, manuels ou intellectuels. Récemment encore, j'ai moi-même entendu insulter les Italiens sous les grossiers épithètes de « ritals » et de « macaronis ». Les critiques intéressés montrent l'Europe comme une sangsue qui appauvrit le paysan, le boucher, le cultivateur. Mais personne ne parle jamais du soutien de l'Europe aux autres économies. Les écoles sont toujours d'une vétusté anormale, et les enseignants de même. On rediscute sans fin d'un nouvel enseignement de l'histoire, on dénonce justement « la perte de la mémoire collective de la part des jeunes générations », mais ensuite la seule histoire qu'on se remet à enseigner est celle de la rhétorique patriotarde, sans espace pour l'Europe. Par chance, les jeunes parcourent, sac au dos, les routes d'Europe, en dehors des écoles et contre elles – car la mémoire collective naît aussi avec les traditions et l'expérience – et ils apprennent à devenir des citoyens européens et cosmopolites. Je dirais même qu'ils le font contre certains états. Un intellectuel français a expliqué sans mâcher ses mots, à la revue *Cadmos* de Lausanne, quelle était sa réaction lorsqu'il entendait le mot d'Europe : « Je n'ai pas de réaction. Ou, plus exactement, j'ai une réaction très négative. C'est une chose qui, pour moi, n'a jamais existé, hormis dans l'ambition totalitaire de quelques dictateurs : Napoléon, Hitler, Charlemagne, Charles-Quint. C'est un territoire qui est resté ouvert à l'ambition de quelques fous, sans aucune unité d'aucun type. L'Europe n'a jamais existé, elle n'existe pas. »

Curieusement, le socialisme, internationaliste par nais-

sance, est resté emprisonné, au cours du temps, dans le nationalisme le plus suranné, contaminé par la tradition de la
Troisième Internationale, donc nationaliste, que les communistes ont été les premiers à entretenir férocement (« Fabri-
quons français », « Vendons français », « Supprimons les bara-
quements d'Algériens des municipalités communistes ») en
véhiculant le chauvinisme tout au long d'une grande partie
de l'histoire européenne – voilà plus de trente ans maintenant que l'Europe est née – avec une furieuse obstination.
Et ce chauvinisme est allé de pair avec un philo-soviétisme
opiniâtre (Afghanistan, Pologne, Tchécoslovaquie, défense
européenne, etc.), pour lequel la seule perspective possible
est que la grande nation française traite directement avec la
Russie. La social-démocratie allemande oriente son *Ostpolitik*
de manière à se rapprocher de l'URSS. Les mouvements
pacifistes européens – qui se définissent eux-mêmes par le
slogan « Plutôt rouges que morts » – regardent eux aussi,
tous comptes faits, vers Moscou. La culture peut-elle quelque
chose contre la barbarie chauviniste, contre le racisme européen, qui, en certains pays, prend même la couleur anti-
sémite de la vieille droite fasciste?

Notre génération a été contrainte, en Europe, à vivre avec
le totalitarisme, le nazisme et le stalinisme, phénomènes européens. Nous sommes encore remplis de stupeur devant la
barbarie culturelle du mur de Berlin, à travers lequel les
intellectuels européens cherchent, par les livres et l'art, à
communiquer entre eux. Un certain intellectualisme occidental, lorsqu'il parle avec un détachement atone de « culture
européenne », le fait pour décourager la vraie lecture culturelle de l'Europe. Cette leçon ignorée dans les écoles. C'est
pourtant notre histoire. Il y a l'Europe des mythes, d'Hé-
siode, d'Hérodote, de Lucien, de Chénier; il y a l'Europe
des peuples et des lieux, décrits par Hérodote, Strabon, César;
l'Europe des années troubles avec les campements barbares;
Théophane et les hordes gothiques; Machiavel et le péril
barbare; l'Europe chrétienne, qui fut elle aussi une réalité,
avec le Saint-Empire romain germanique. Et Machiavel, les
princes, les pontifes, et Liutprand, les Croisades, Byzance,
l'invasion ottomane jusqu'au cœur de Vienne et sa bruyante
retraite. Mais ce qui me fascine le plus, dans l'histoire des

233

idées, c'est l'Europe moderne, celle de l'esprit européen, de l'esprit politique, décrite et rêvée par Voltaire, Rousseau, Nietzsche, Victor Hugo, Valéry. « Que je voyage en Allemagne, en France, en Espagne, écrivait Voltaire, partout une correspondance perpétuelle en lie toutes les parties, malgré les guerres que l'ambition des rois suscite, et même malgré les guerres de religion encore plus destructives... Les arts qui font la gloire des États sont portés à un point que la Grèce et Rome ne connurent jamais. » Dans *Par-delà le bien et le mal*, Nietzsche imagine la « création de l'Européen qui grandira en véhémence et en profondeur ». Il évoque « la lente apparition d'une espèce d'homme essentiellement sur-nationale et nomade qui, comme signe distinctif, possède, physiologiquement parlant, un maximum de faculté et de force d'assimilation ». Paul Valéry se demande avec passion :

« Mais qui donc est l'Européen ? De toutes ces réalisations, les plus nombreuses, les plus surprenantes, les plus fécondes ont été accomplies par une partie assez restreinte de l'humanité, et sur un territoire très petit relativement à l'ensemble des terres habitables. L'Europe a été ce lieu privilégié ; l'Europe, l'esprit européen l'auteur de ces prodiges. Qu'est-ce donc que cette Europe ?... cette Europe peu à peu se construit comme une ville gigantesque... Elle a Venise, elle a Oxford, elle a Séville, elle a Rome, elle a Paris. Il y a des cités pour l'Art, d'autres pour la Science, d'autres qui réunissent les agréments et les instruments. Elle est assez petite pour être parcourue en un temps très court, qui deviendra bientôt insignifiant. Elle est assez grande pour contenir tous les climats ; assez diverse pour présenter les cultures et les terrains les plus variés. Au point de vue physique, c'est un chef-d'œuvre de tempérament et de rapprochement des conditions favorables à l'homme... Un véritable Européen (est) un homme en qui l'esprit européen peut habiter dans sa plénitude. Partout où les noms de César, de Gaius, de Trajan et de Virgile, partout où le nom de Moïse et de saint Paul, partout où les noms d'Aristote, de Platon et d'Euclide ont eu une signification et une autorité simultanées, là est l'Europe. »

Dans son discours d'ouverture au Congrès de la paix, le 21 août 1849, Victor Hugo voyait déjà l'unité européenne :

« Un jour viendra où vous ne vous ferez plus la guerre, un jour viendra où vous ne lèverez plus d'hommes d'armes les uns contre les autres... Un jour viendra où les boulets et les bombes seront remplacés par les votes, par le suffrage universel des peuples, par le vénérable arbitrage d'un grand sénat souverain qui sera à l'Europe ce que le Parlement est à l'Angleterre, ce que la Diète est à l'Allemagne, ce que l'Assemblée législative est à la France... Un jour viendra où l'on verra... les États-Unis d'Europe... » En 1979, cent trente années après, les peuples européens ont élu un premier Parlement à suffrage universel. Personne n'en sous-estimera l'immense valeur novatrice, qui, dans le futur, peut créer le premier noyau d'une Europe politique unie. Mais l'absence d'esprit européen est notable dans cet hémicycle. Et l'absence, le silence, l'aphonie des intellectuels s'y font aussi sentir.

Une réflexion sur les raisons de l'inexistence d'une intelligentsia européenne nous ramène aux années de l'après-guerre. Les intellectuels paient encore l'amputation culturelle des pays de l'Europe centrale, qui coupa en deux l'esprit *occidental* européen, si l'on entend par « occidental » la liberté de recherche intellectuelle, l'inquiétude, l'humour tendre et féroce qui parcourt par exemple l'œuvre d'un Kafka. « Pensez que Kafka, rappelle Kundera, ne pouvait pas lire à ses amis le premier chapitre du *Procès* parce qu'il riait jusqu'aux larmes. » L'Europe devint alors sérieuse, idéologisée, éminemment politisée. Tandis que Kafka et Hasek anticipaient déjà le futur totalitaire, nos auteurs analysaient de façon optimiste l'homme et les systèmes sous toutes leurs coutures, en regardant vers le « soleil de l'avenir ». Prague et la Bohême, mais la Pologne et la Hongrie non plus n'étaient pas orientales : elles appartenaient à la culture occidentale, à l'une de ses parties intégrantes : l'Europe centrale. Placer ces pays à l'*Est*, c'était les orientaliser, et approuver leur déplacement forcé dans la sphère de domination d'une culture, la culture russe, qui leur est profondément étrangère et qui cherche justement à tuer chez elle l'esprit occidental. Mais l'intelligentsia européenne accepta le « crime fondateur » de l'Europe telle qu'elle s'est ensuite dessinée, en en admettant la scission culturelle comme un événement naturel faisant suite à la partition de l'après-guerre; elle s'y adapta avec paresse, avec indifférence, comme à une opération, normale et presque justifiée, de redimensionnement. C'est ainsi que l'Europe naquit culturellement coupée en deux; et cette amputation de sa culture est acceptée à droite et à gauche, de Sartre à Raymond Aron. Résignation, désintérêt, servile acceptation de la *real-politik*. La culture européenne s'accommode distraitement de la perte de Kafka, Gombrowicz, Hasek, Bela Bartok, Schönberg, de l'abandon, comme « non-lieu », de cet espace mental qui avait fait de Prague, capitale magique de l'Occident, l'initiatrice de la Réforme, du structuralisme, de la linguistique. Et le rapport qui s'instaure pour des décennies est une relation avec un « Est » dominé par la puissance moscovite, donc culturellement russe.

Cependant, le noyau fondamental de l'Europe actuelle naquit en réalité comme la première opposition à la partition de l'Europe, devenue une donnée de fait après Yalta et Téhéran (mais définitivement codifiée par les accords d'Helsinki en 1975). L'antitotalitarisme fut un des traits distinctifs de cette petite Europe des Six face à la décapitation d'une partie du territoire européen. Mutilation non seulement géographique et politique mais encore culturelle. C'est à cause de cet antitotalitarisme distinctif que cette Europe fut furieusement combattue non seulement par l'Union soviétique (c'est évident), mais avant tout par les partis communistes, par leurs intellectuels, par presque toutes les forces de la culture européenne de gauche. La mode fut alors de qualifier avec mépris les intellectuels d'« intellectuels cosmopolites ». Pour Jdanov, le tsar de la culture, un cosmopolite était un « philo-américain », un « philo-anglais » ou encore un « philo-français » décadent. C'était l'Européen apatride, asocial, anticommuniste, antisocialiste, qui avait coupé les ponts avec sa culture nationale *pure*. Il fallait, à l'époque, avoir une seule inspiration, une identité nationale noble comme un pedigree de race. Ce qui ramenait au dessein stratégique – voilà la contradiction – de former une galaxie d'intellectuels « nationaux » – et non cosmopolites – gravitant dans le système russe. Les intellectuels et les partis communistes furent les porte-drapeaux de cette haine anticosmopolite (un intellectuel tel que Vittorini fut éliminé par Togliatti parce qu'il accordait, dans

236

la revue « Il Politecnico », trop de place aux « décadents » écrivains américains tels que Faulkner et Hemingway ou européens comme Gide). Le nationalisme prévalut alors contre un cosmopolitisme entendu comme une production vicieuse et diabolique, tendue vers les autres cultures européennes occidentales ou d'outre-Atlantique. L'intellectuel « cosmopolite » était animé par l'esprit du mal; il était, en puissance, un traître au socialisme. Comment, d'ailleurs, l'« Europe des monopoles », l'« Europe du capitalisme fauteur de guerres » – comme l'appelle aujourd'hui encore Marchais – pouvait-elle compter sur le plus minime développement d'esprit européen, d'esprit occidental, de la part des intellectuels? L'Europe, alors, restait privée de sa propre intelligence, qui ne franchissait même plus l'Atlantique, de crainte de se compromettre comme réactionnaire. Seul naquit ainsi un Marché européen, marché de l'acier d'abord, de l'agriculture ensuite, avec ses commerces de produits industriels et alimentaires, de poulets et de vaches, de chaussures et de pommes de terre, que les États échangèrent en mettant au point la libre circulation des marchandises.

Le rachat des intellectuels européens s'est accompli dans les dernières années face aux problèmes de l'intellectuel « dissident », grand interlocuteur de la culture occidentale, génie austère et furieux d'intelligence. Mais la définition même de « dissident » réduisait l'art et la littérature à une thèse politique simpliste, et l'analyse de la littérature « dissidente » a péché par ingénuité politique, en tombant dans le piège d'une stupide politisation instrumentale des diverses formes de culture géographiquement établies, grâce à quoi les dissidents étaient les exclus, les transfuges d'une culture « autre ». En revanche, les dissidents russes ont travaillé pour une nouvelle occidentalisation de leur culture, même lorsqu'ils ont été victimes de tendances nationalistes. La dissidence – qui a milité en même temps contre le totalitarisme russe et contre l'aplatissement du monde à « la seule réalité du maître et de l'esclave » – n'a, au fond, pas été comprise du point de vue culturel, bien que de nombreux et savants essais l'aient accueillie dans l'Occident européen. La dissidence – voilà l'erreur – devenait une catégorie géo-politique. C'est ainsi que les hommes d'État eux-mêmes ont pu s'en servir pour souscrire aux accords d'Helsinki, dans le troisième volet sur les *droits de l'homme* (applaudissements universels et enthousiastes), droits qui, comme on le sait, ont été bafoués avec une impudence toujours plus grande, comme à Varsovie et à Kaboul.

Deux responsabilités mêlées expliquent, au moins en partie, l'actuel, et désarmant, déclin culturel de l'Europe : les responsabilités nationalistes des États et la démission de l'intelligentsia, qui fabriquait sa culture de gauche sur les textes les plus intègres du marxisme-léninisme. Cette doctrine « m. l. » comme « Weltanschaung » devait constituer la vision correcte de l'univers et sa clef d'interprétation, y compris pour la création littéraire, poétique, musicale, artistique, « scientifique ».

Depuis, l'eau est passée sous les ponts de la Seine et du Tibre. Mais que peuvent les intellectuels ? Commencer à « se penser européens », en se soustrayant à ce destin de petites nations qui a tué la liberté de l'Europe centrale, et qui pèse aussi sur nous, ce à quoi, peut-être, nous sommes au fond déjà résignés. Peut-être les intellectuels doivent-ils essayer de devenir les protagonistes, avec ou sans l'État, d'une rénovation culturelle européenne. Il n'existe pas d'autre voie pour lier « création et développement ». Plutôt que de rester silencieux face au Pouvoir, je crois utile que l'intellectuel oppose l'idée d'une Europe de Renaissance culturelle qui brise les barrières des chauvinismes, le racisme culturel. Le projet des années 1980 devrait consister à se rendre maître culturellement de la fantastique « machinerie » audio-télévisuelle européenne, des nouveaux satellites, et à travailler pour la circulation de la culture, la traduction des œuvres, la communication des idées dans tous les domaines de l'art, l'échange des professeurs, des étudiants, dans le pluralisme et la complémentarité des cultures. La confusion des valeurs de la création est aujourd'hui à la base de tous les faux débats qui tentent de soumettre la vérité d'une culture européenne à un domaine politique ou idéologique ou encore à un parti, un régime, dans la mesure où le déclin de la culture européenne dont j'ai parlé est justement né des rapports de domination et de l'oppression entre pouvoir et culture, tant au niveau du totalitarisme russe que de tous les totalitarismes qui, comme la peste brune, ont dévasté les régions d'Europe. La culture est ce vaste champ où l'esprit créatif est fécondé par la liberté absolue de la pensée.

Ou l'une de ces propositions se réalisera, et nous nous rapprocherons d'une Europe qui deviendra une protagoniste de la culture, ou bien nous nous enliserons toujours plus dans le marécage des tractations sur les balénoptères et la défense de l'huile ou du phoque méditerranéens. De même la politique culturelle envers la Méditerranée, qui caractérise aujourd'hui quelques pays européens, prendra son expansion si nous agissons non seulement comme « intellectuels méditerranéens » – ce qui, pour beaucoup, est un non-sens historique –, mais comme des intellectuels qui, refusant l'eurocentrisme, puisent au grandiose back-ground de la culture européenne.

Arracher aujourd'hui au Parlement européen une charte fondatrice de l'Union européenne, un acte prévoyant une future intégration politique entre les États, est d'une importance risible, si cette union n'est pas aussi culturelle, si cette union n'est pas réinventée à travers une Renaissance intellectuelle européenne. Même au milieu de la crise intellectuelle, et peut-être même grâce à cette crise – qui peut se révéler féconde en idées neuves –, ou les intellectuels joueront un rôle dans l'Union européenne, comme Hegel dans l'unité de l'Allemagne ou Machiavel pour l'unité de l'Italie – je prends ces exemples du point de vue spirituel et non sous le rapport de l'éloignement temporel –, ou bien l'unité européenne, prise entre les sabotages internes et internationaux, ne connaîtra jamais d'acte de naissance. D'ailleurs, aucun grand bouleversement politico-historico-culturel – comme le montre l'immortalité des hommes de la Renaissance et du siècle des Lumières – n'est jamais advenu sans la « furie » créative et intellectuelle. L'Europe sera culturelle ou ne sera pas.

Traduit de l'italien par Michel ORCEL

Max Frisch

POLITIQUE CULTURELLE NATIONALE OU EUROPÉENNE

L'Europe entre deux superpuissances – (cette situation, nous la devons à Adolf Hitler) – elle nous impose, dans le domaine *politique*, l'alliance avec l'une des deux superpuissances si nous voulons survivre. Mais notre alliance avec les États-Unis qui, nota bene, est aussi dans l'intérêt de ces mêmes États-Unis, ne doit pas faire de nous, dans le domaine *culturel*, des vassaux.

L'Union soviétique, avec sa culture, ne nous menace pas le moins du monde. Et la culture américaine, nous menace-t-elle? (Je vis la plupart du temps à New York.) Y a-t-il seulement une culture américaine, et qu'est-ce que cela?

La culture d'origine de ce continent, c'est-à-dire la haute culture des Aztèques, des Mayas, des Incas est reléguée dans les musées. La population d'origine de ce continent, les Indiens, a été exterminée par les immigrants européens. L'histoire de l'Amérique du Nord, de notre superpuissance, a commencé par un génocide. Au nom du christianisme. Ce qu'ont construit les pionniers (Espagnols, Portugais, Hollandais, Anglais, Allemands, Français, Italiens, etc.) est une civilisation, technique d'abord, politique ensuite : une société indépendante avec une admirable constitution. Une culture? La culture a été importée d'Europe par les immigrants;

241

culture venant de toutes les parties d'Europe, culture en tant qu'héritage, et n'oublions pas l'héritage juif. Cet héritage mélangé a-t-il donné naissance à une unité que l'on pût appeler une culture originale, une culture nord-américaine, la question se pose. Ce qui en Amérique du Nord apparaît comme culture est inimaginable sans l'histoire culturelle européenne. Et pourtant il est né quelque chose qui de manière frappante se distingue de la culture française ou anglaise ou allemande, et ce quelque chose a de la vitalité.

La société américaine, radical-capitaliste, se distingue par la nette priorité donnée à l'aspect commercial. Cela a des raisons : un pionnier venu de Suède et un autre venu de Sicile et un troisième venu de Galicie – la première chose à les unir en territoire étranger sera le commerce entre eux, l'intérêt commercial. Qu'adviendra-t-il de cet héritage culturel européen dans cette nouvelle société ? La culture elle aussi sera commercialisée. Que cela veut-il dire ? Il va de soi que la culture, nulle part, ne se fait sans argent ; il lui faut un mécénat, privé ou d'état. Mais je veux dire autre chose. Ce qui distingue la culture américaine, c'est que la qualité d'un produit artistique se mesure à son succès commercial. Le best-seller. Un « musical » passe pour remarquable parce que depuis sept ans il remplit la caisse. La vulgarisation n'est pas seulement publique, elle commence déjà dans les cerveaux, pas seulement dans les cerveaux d'Hollywood, mais aussi dans les cerveaux de l'avant-garde. La culture de l'Amérique du Nord, inimaginable sans l'histoire culturelle européenne, en bref et grossièrement parlant, vise la bourse, c'est une culture commercialisée.

Et voilà contre quoi l'Europe doit se défendre. Pour garder son identité.

C'est pourquoi je pense que le devoir de la politique culturelle dans nos patries ne peut plus, aujourd'hui, consister en un glorieux concours entre cultures nationales européennes :

    Alliance française
    Goethe Institut
    British Council
    Istituto Dante Alighieri
    etc.

Ce sont des méthodes dépassées

Ce dont nous avons besoin aujourd'hui :

La conscience d'une culture européenne dans son ensemble avec toutes ses variantes nationales et spécifiques. Je ne songe donc en aucun cas à une uniformité, au contraire : vive la différence, c'est la diversité qui fait la richesse de la culture européenne. « Une Europe des patries », mais une conscience de l'Europe – activer cette conscience, c'est là que je vois le devoir des ministres de la Culture.

Nous nous trouvons aujourd'hui à Paris :

Avec reconnaissance pour cette invitation et probablement d'accord pour penser qu'il n'est plus aujourd'hui de métropole de la culture européenne – ce que Paris a pu être à une époque. Nous sommes conscients que les frontières de la culture ne sont pas tracées par le limes romain. Ceci valait à l'époque de Jules César. Je veux dire : la culture européenne ne se définit pas par la *latinité*... Nous songeons à des noms qui appartiennent à l'Europe sans appartenir à la latinité :

>Shakespeare
>Qu'en est-il de l'Edda?
>Et du chant des Nibelungen?
>Walter von der Vogelweide –

En dehors de la latinité :

>Copernic et Kepler –
>Newton –
>Albert Einstein est juif allemand (seuls
>les Américains le prennent pour un génie
>américain) –

Puis, par exemple :

>Kant/Hegel/Marx/Schopenhauer/
>Nietzsche/Kierkegaard/Heidegger/
>Wittgenstein/Sigmund Freud, etc.

D'au-delà de la Ligne Maginot j'entends :

>Händel et Haydn/Bach/Mozart/
>Beethoven/Brahms/Alban Berg/
>Bartök/Schönberg, etc.

Je vois en dehors de la latinité :

Konrad Witz/Altdorfer/Dürer/Lucas Cranach/
>Holbein/Rembrandt/Rubens/

Brueghel/Caspar David Friedrich/
Turner/Van Gogh/Max Beckmann/Schwitters/
Paul Klee/ Edward Munch, etc.
Nous lisons aussi :
Lessing/Goethe/Heinrich von Kleist/
Georg Büchner/Gottfried Keller/
Theodor Fontane/Strindberg/Kafka/
Musil/Brecht, etc.
Voilà, cela suffit.
A propos : j'aime la latinité!
Et cependant :
Si nous sommes convaincus qu'il faut défendre l'Europe —
non seulement avec des fusées dirigées vers l'est mais avec
une conscience de l'Europe dans son ensemble face à son
allié nord-américain qui la domine économiquement, autrement dit : cette conscience, puisqu'elle ne résulte pas d'une
supériorité économique ou militaire, ne peut résulter que
d'une conscience active de ce que représente l'Europe prise
dans son ensemble de cultures (parmi lesquelles je compte
aussi la Pologne, la Hongrie, la Tchécoslovaquie, la You-
goslavie, etc.) — donc, si nous sommes convaincus que l'Europe doit être défendue, il est *une* chose dont nous ne saurions que faire : c'est d'un chauvinisme de la latinité.

New York/Zurich

Marc Ferro

HISTOIRE ET CONSCIENCE
DE L'HISTOIRE

Contribuer à un échange entre les différentes visions de l'histoire semble être une des tâches de ce colloque qui réunit des artistes et écrivains provenant de cultures, d'idéologies et de pays différents.

De nos jours, l'interrogation sur l'histoire, sur le progrès de la connaissance historique, sur l'intelligibilité des problèmes du passé (celle-ci prise dans sa relation avec la compréhension de notre temps), ces progrès de l'histoire reposent sur une croyance : à savoir qu'à l'issue de leur perfectionnement, il sera possible de construire à la fois une vision du passé et une vision de l'histoire qui seraient irréfutables.

Pendant longtemps, en fait depuis un siècle au moins, se sont concurrencées et ont voisiné plusieurs interprétations de l'histoire. Néanmoins, chacune se jugeait plus juste que les autres, – et, pensait-on, un jour à venir, l'Histoire en jugerait. Croire qu'une interprétation de l'histoire s'avérerait exacte, à l'exclusion des autres, avait pour corollaire une autre certitude, qu'il ne saurait y avoir une seule vision *unitaire* du développement des sociétés : vision variable, certes, selon les idéologies, dominée néanmoins par des conceptions téléologiques dont le signe pouvait changer, mais pas le sens.

245

Seuls les historiens expérimentaux, notamment ceux de l'École des *Annales,* dissociaient les termes de ce couple; ils étaient à la recherche d'une méthode d'analyse qui fût immunisée de toute contagion idéologique. Comme chacun, ils croyaient en la possibilité de construire une histoire fiable; à condition de l'appréhender à la façon et avec l'aide des sciences sociales.

Or, durant la deuxième moitié du XXe siècle, devant la faillite des idéologies, devant la mise en cause de la vision unilinéaire de l'histoire, et surtout devant la formidable pression de l'Histoire en train de se faire, il est apparu que le discours unificateur sur l'histoire était un mythe; que, de fait, il était la transcription d'une vision européo-centrique du développement des sociétés; que la construction de son modèle ait été l'œuvre de l'Occident tout entier ou seulement de Moscou n'y changeait rien.

Parallèlement, les études accomplies par les historiens expérimentaux demeurant le plus souvent segmentaires, cette limitation ajoutera au doute ressenti sur la capacité de ces chercheurs à appréhender scientifiquement les phénomènes historiques dans leur complexité et leur totalité. La fiabilité de cette histoire-là apparut d'autant plus contestable que ses praticiens se présentaient souvent masqués, appliquant ces méthodes ou choisissant ces laboratoires, les uns pour procéder à une simple cure de désintoxication idéologique, les autres pour y mieux raffiner leurs procédures. Aujourd'hui, il en est même qui interprètent ces interrogations, ces doutes, comme un signe de l'abandon de l'histoire-problème, comme un retour à la narration. La confusion ainsi créée entre les formes d'écriture de l'histoire, son fonctionnement, ses méthodes et ses fonctions, trahit bien l'incertitude d'aujourd'hui devant le phénomène de mise en cause que nous avons indiqué; et qui se double d'une interrogation sur la pédagogie de l'histoire, sur le rôle du récit et de l'analyse dans l'enseignement, etc.

Une enquête menée « à travers le monde entier » permet de constater que *le discours sur l'histoire universelle* se meurt, qu'il est bien mort d'avoir été le mirage de l'Europe qui le construisait à l'aune de son devenir. Dans la vulgate de cette histoire, les autres peuples de la terre n'avaient d'existence qu'à titre de passagers, quand l'Europe se promenait par là. Exemplaire est, de ce point de vue, le cas du statut de la Perse. Elle disparaissait complètement de la vulgate occidentale à partir de la conquête arabe, et ne réapparaissait qu'aux XIXe et XXe siècles dans son rapport avec les Russes et les Anglais. Vérité pour la Perse mais vérité aussi pour l'Arménie, le Japon, que sais-je. Leur histoire n'était histoire que lorsqu'elle croisait notre histoire.

Variante de cette histoire-là, celle qui, à l'Est se voulait universelle aussi, celle des marxiens; elle le fut avant de passer marxiste, c'est-à-dire marxiste-léniniste, ou marxolénino-maoïste; à défaut d'ères, elle manipula les modes de modes de production, bricola le moteur de la lutte des classes, ici les ouvriers, ailleurs la paysannerie. Bientôt elle ploya l'histoire entière au gré d'une périodisation aussi sûrement établie que les statistiques des régimes qui les contrôlaient. On connaît les variations de l'histoire en URSS, en Chine. Ces changements ont pour fonction de légitimer une politique et, à cette fin, ils peuvent aller jusqu'à faire apparaître et disparaître des nations entières, selon le besoin; rappelons, pour mémoire, le sort du passé de la Carélie et de la Biélorussie dans l'historiographie soviétique. Le contrôle du passé aide à maîtriser le présent, à justifier domination et mises en cause.

Face à ces entreprises réductrices, il n'est pas surprenant que chaque collectivité ait senti le besoin de se constituer sa propre histoire, quitte à la camoufler au regard du vainqueur. Dans la Pologne d'aujourd'hui, par exemple, il existe deux versions du passé tel que le construisent les institutions dirigeantes; et l'autre tel que celle qu'on raconte à la maison. Les Russes n'y jouent pas nécessairement le même rôle. A un degré moindre ou d'une façon différente, on retrouve cette pluralité aussi bien dans les États où plusieurs nations ont été soumises ou dominées; l'URSS avec l'histoire en Arménie, en Géorgie, etc., la France avec ses « régions »; le Canada où deux communautés disent, du passé commun, deux versions différentes; le Mexique où alternent version indigéniste et vision cléricale du passé national; les États-Unis où se juxtaposent une histoire dominée par l'idéologie du *melting-pot* et une vision du passé qui reflète l'idéologie du « *salad-bowl* », etc. La différence est seulement qu'un régime démocratique tolère la pluralité, pas les autres.

De sorte que se pose *le problème des foyers de l'histoire*, des *lieux où l'histoire se sécrète*, de ses *modes de production*. Car il est clair que chacun de ces foyers diffuse un discours différent par ses formes, par ses normes, par ses fonctions.

Domine, d'abord, le foyer de l'histoire *institutionnelle*. Il prévaut parce que ce foyer incarne et légitime un régime en produisant son histoire. Qu'elle soit au service de l'État, de l'Église, de l'Islam ou du Parti, cette histoire est un discours en prise sur l'histoire en train de se faire. Comme l'histoire, ce discours évolue par conséquent, changeant constamment son système de références, subissant toutes les métamorphoses, s'accommodant de toutes les écritures. Le cas limite se rencontre en URSS où le régime prétend incarner le mouvement de l'histoire, aussi les historiens de l'Institut d'Histoire sont-ils, en quelque sorte, contrôlés par l'Institut Marx-Engels, expression même du régime. Il ne s'agit que d'une figure extrême; le contrôle des institutions gouvernementales sur l'histoire, sans être total (comme il le fut en Allemagne nazie), est d'ordinaire plus fluide, mais l'importance de l'enjeu n'échappe pas; en témoignent les querelles sur l'enseignement de l'histoire en France sous la troisième République, au Mexique hier, au Japon aujourd'hui.

Cette histoire s'appuie sur une organisation hiérarchisée de ses sources : Textes sacrés en tête (édits royaux, discours politiques, références bibliques ou coraniques, jugements de Marx, Lénine ou Mao, etc.), elle concède quelques légitimités aux commentateurs (*hadits* et lois ou ordonnances, statistiques officielles, etc.); plus loin, dans le cortège, respectueusement vêtus de noir, comme le Tiers-État, viennent les sources publiques, la presse, les écrits de témoins anonymes; jamais ces documents ne sauraient servir de référent, tout au plus de référence. Quant à l'image, aux gestes, aux chansons ou au film, cette histoire les juge pacotille. A moins de les utiliser, non pas comme source, mais comme reproducteurs d'histoires officielles. Celles-ci, comme ses maîtres (l'État, l'Église, le Parti, etc.) s'accommodent en effet parfaitement des reconstitutions historiques, qu'ils considèrent avec une condescendance amusée.

Observons que cette histoire-là peut dépérir lorsque meurt l'institution qui la sous-tend. Ont disparu, par exemple, les historiens d'Arménie, qui constituaient pourtant une École très vivante lorsque est morte l'Arménie indépendante; ils ont réapparu plusieurs siècles plus tard, avec la renaissance qui portait en elle la résurrection de la patrie. On peut citer également l'exemple chiite, celui des Juifs dont les historiens disparaissent quand l'histoire tourne mal. Ces cas montrent clairement que l'histoire institutionnelle peut disparaître puis ré-apparaître sous la forme d'une histoire interdite, *contre-institutionnelle*, car les historiens d'Arménie, à partir du XVIIIᵉ siècle, ne sont plus des historiens en place, mais des proscrits. Ils expriment une des premières contre-histoires de l'Histoire, celle des vaincus, longtemps ensevelie, et qu'ultérieurement les peuples colonisés ont formulé avec plus ou moins de force; l'histoire contée par les griots en Afrique noire en est un exemple qui présentait la victoire française comme momentanée et due à des causes passagères.

Or, ce type d'histoire contre-institutionnelle apparaît ou réapparaît chaque fois qu'un groupe social, jadis autonome, se sent dominé, exploité, dépouillé de son identité, interdit d'histoire. Alors, il ressuscite ses Travaux et ses Jours; ainsi agissent les Chicanos ou les Bretons, les Québécois ou les Ligues de femmes [1]. Elle est aussi, à la façon de l'histoire des vainqueurs, contrôlée par les porteurs de ce projet et peut-être également manipulée. Histoire parallèle, elle met en cause l'histoire institutionnelle, tout en s'appuyant sur une institution rivale. En Pologne, par exemple, le projet mûrissait, à *Solidarité*, d'écrire une histoire de Pologne qui rétablirait « la vérité » sur ce pays et son passé.

Victorieuse, cette histoire prend la relève de l'autre, par exemple dans les pays ex-colonisés, avec le renversement de ceux qui l'ont dominée; elle y fonctionne souvent comme une histoire inversée, reprenant les poèmes de l'époque d'oppression mais à l'envers. En Algérie, par exemple, la conno-

---

1. L'histoire qu'ils sécrètent est action, projet politique le plus souvent.

tation concernant les nomades et les « siècles obscurs » était négative au temps des Français, prompts à glorifier les travailleurs sédentaires. Aujourd'hui, il y a retournement, et l'on glorifie les nomades, sanctuaire inviolé de l'identité arabo-islamique. Et c'est au tour des Berbères de murmurer une vision de l'histoire désarabisée. Individuelle ou collective, la *mémoire des sociétés* est un troisième foyer d'histoire.

D'abord, cette histoire-là ne dispose pas de fonctionnaires spécialisés à son service — les historiens ; de sorte qu'elle n'obéit pas aux usages d'une profession, à ses règles, variables, certes, selon les temps et les cultures, mais identifiés et repérés, bien définis. Une des particularités de cette histoire, est, ainsi, de ne pas être soumise à la critique. De sorte que cette histoire confond volontiers les différentes temporalités, le temps de l'histoire et le temps du mythe, par exemple lorsqu'elle traite du problème des origines ; (de la tribu berbère, de l'installation d'une chefferie en Dahomey, etc.). Cette histoire survit, autonome et intacte, ou bien greffée, par exemple au Japon, où elle interfère avec l'histoire « positive ». Elle demeure très vivante malgré toutes les dénégations de l'histoire officielle et savante ; au Japon, par exemple, on répète volontiers que l'Empereur descend de la déesse Amaterasu.

Ainsi cette histoire n'est pas véhiculée, à la manière d'une contre-histoire, contre une autre, mais elle se juxtapose à l'histoire institutionnelle qu'elle a pu être, il y a longtemps ; mais qui a disparu comme telle.

Elle ne connaît pas de variations ; de sorte qu'avec elle ce n'est pas le contenu du discours historique qui change, mais son statut.

Certaines fêtes en Espagne, telles que *Moros y Cristianos*, les fêtes de métiers en vieille Europe, la mémoire des Juifs alsaciens, telle que l'a magnifiquement analysée F. Raphaël, voire la mémoire ouvrière encore intacte, sont autant d'éléments d'une histoire particulière, qui possède ce trait, à partir d'un certain moment, de devenir immuable tout en subissant une inexorable dissolution — celle du temps qui passe. Elle dépérit avec le temps, sur pied en quelque sorte, et retourne en poussière.

Vieillit en sa compagnie, mais autrement, le discours parahistorique que sécrètent des genres où l'histoire sert de cadre, pas de référent, mais où elle n'en est pas moins prégnante. Le roman historique de W. Scott, Tolstoï ou Dumas; le théâtre, tel celui de Shakespeare ou de Mickiewicz, la poésie patriotique en Perse, les asghoughs en Arménie, etc., autant de points d'ancrage pour la mémoire historique des sociétés.

*
* *

Connaître ces différentes mémoires historiques est une des fonctions du métier d'historien qui est de conserver, précisément, ce que le temps et les institutions peuvent anéantir. Celles-ci les subvertissent en effet. Car ce sont les puissances dominantes, – États, églises, intérêts privés, partis politiques – qui possèdent et financent les appareils de reproduction de toute nature : livres scolaires, films, bandes dessinées, émissions de télévision. De plus en plus, ils livrent à tous et à chacun un passé aseptisé, dont ils ont seuls le contrôle et sur lequel ils ont la mainmise. Déjà, avant l'ère des médias, dans les vieux pays, d'antiques communautés ou États, tels les Khazars de la Volga, ou le royaume d'Arles, avaient vu leur identité se dissoudre dans un passé anonyme. Aujourd'hui, à coups de co-productions ou d'accords entre institutions historiennes, il se négocie des conventions de films, de manuels, au nom de la rentabilité, au nom de la réconciliation des peuples; comme au traité de Versailles, ou à Yalta, les uns font le silence sur un massacre, les autres sur une conquête. Cet effort de concertation comporte, certes, des aspects salutaires; il émane souvent d'esprits généreux. Il demeure qu'à vouloir rogner les angles et concilier ainsi des sensibilités, croit-on vraiment qu'on parvient à détruire l'univers mental des sociétés, à brimer leur imaginaire? La confrontation entre ces croyances, que le temps a déformées, est certainement une meilleure médecine pour la «compréhension entre les peuples» que ces soi-disants accords qui aplatissent l'histoire, sans grand effet le plus souvent. Car ce qui est effacé dans le manuel scolaire réapparaît aussitôt sous la forme d'un graffiti ou d'un pied de nez.

Conserver la mémoire des sociétés ressort donc de la fonction des historiens, même si cette mémoire est illusoire, même

251

si chacun des foyers de l'histoire produit un discours entièrement idéologisé ; car de ces discours aussi il est nécessaire de conserver la mémoire pour pouvoir mieux les confronter.

*
* *

Or, appréhender ainsi le passé des sociétés n'aide pas nécessairement à expliquer ou à percevoir leurs transformations objectives. Ni à déceler la logique de ces transformations, si tant est qu'il en existe une, le travail correspond à une autre fonction de la science historique. Elle ne saurait, pour atteindre ses buts, utiliser les mêmes procédures, le même genre, le même type d'écriture que les autres. Car cette histoire expérimentale puise à diverses méthodologies et théories, aussi bien à la théorie des jeux, qu'au structuralisme ou au marxisme. Chacune a ses règles.

L'édification de cette histoire-là se poursuit, suractivée par la multiplication des recherches sur des thèmes précis. Parallèlement, la critique de l'ancienne histoire, sa réfection nécessaire néanmoins, participent de leur côté à une procédure d'épuration idéologique, d'inventaires et de vérification des mythes et croyances de la conscience historique, des événements qui sont à l'origine de leur formation.

*
* *

Le problème pour ces travaux-ci comme pour les précédents, réside dans le fait qu'un travail du premier type et un travail de ce type-là interfèrent souvent dans la même œuvre ; et dans celle-ci, sans crier gare, l'historien puise son information aux divers foyers que nous avons énoncés. Il mélange aussi bien reproduction, montage, analyse ; le discours historique est ainsi tantôt restitution, tantôt récit, tantôt reconstitution, tantôt expérimentation. Chacun de ses segments a son écriture propre ; et sa fonction ici thérapeutique, là opératoire. Définir la nature du discours qu'on émet, son principe, en expliquer éventuellement l'ambiguïté et l'organisation, segment par segment s'il le faut, est, pour l'historien une nécessité d'ordre épistémologique, certes, mais aussi déontologique.

Se démasquer est une nécessité s'il veut pouvoir exercer sa double fonction : conserver la mémoire du passé, expliquer les origines de notre temps.

Joseph Ki-Zerbo

CULTURES AFRICAINES
ET ÉCHANGES NORD-SUD

UN CONSTAT

La culture est un grand moyen d'intégration, et donc de renforcement de la cohésion des peuples et des États. On peut lui appliquer ce que le philosophe dit de la langue maternelle : « C'est la maison de l'être. » Aujourd'hui en Afrique, les pays qui offrent le plus de cohésion sont ceux qui disposent d'un projet de société, d'un projet culturel. D'autres cherchent dans les moyens de communication matériels modernes surtout, les cadres d'une intégration globale, mais, dans le même temps, ils oublient les moyens de communication traditionnels qui créent cependant eux aussi, des espaces vivants d'intégration. Tels sont les langues, les fêtes, les grands jeux et grandes initiations, qui maintiennent le corps social debout, et le garantissant contre les forces centrifuges. Il faudrait pouvoir en tirer parti sans verser dans le tribalisme.

Dans le partage presque occulte de l'espace entre les empires de la Nouvelle, les pays du Sud sont pratiquement exclus.

La nouvelle ne connaît pas de frontière. Or elle n'est pas neutre. Par le truchement des ondes et des satellites, elle

255

envahit les pays du Sud sans passeport, sans visa, sans droit de douane, non seulement dans nos domiciles, mais même dans nos cerveaux qui sont ainsi branchés directement sur les ordinateurs du centre de la planète. Ces messages unilatéraux sculptent touche après touche le profil de nos âmes. L'espace cérébral des pays non alignés peut donc difficilement ne pas être aligné.

Dans la dialectique du pouvoir, de l'avoir et du savoir, le faire-savoir est sans doute le plus important encore. Les non-alignés par exemple ne peuvent s'affirmer ni être tels, s'ils sont largement dépendants des blocs pour se connaître mutuellement et même pour se connaître chacun d'eux individuellement.

Si cela est vrai, on peut sans crainte d'erreur affirmer que la coopération culturelle actuelle entre pays du Sud et ceux du Nord, n'est pas satisfaisante. Tout se passe comme si elle visait surtout à renforcer le développement économique et politique des pays nantis.

L'expansion de la langue est souvent considérée comme un facteur d'influence politique et économique, comme en font foi de nombreuses déclarations de leaders politiques dans certains pays européens.

Les équipements culturels et scientifiques dans le cadre de l'aide liée, sont souvent regardés comme des têtes de pont pour les offensives commerciales, comme des subventions déguisées aux industries nationales des pays donateurs.

Les étudiants africains dotés de bourses par et pour un pays européen sont souvent considérés par ce pays comme de futurs cadres, ambassadeurs itinérants, et vecteurs d'un modèle donné de société, si tant est qu'ils ne sont pas retenus dans le pays de formation, dont ils renforcent ainsi le potentiel.

Bien sûr, l'assistance technique consentie par les pays riches constitue une injection de matière grise et d'expertise d'une valeur inestimable pour des pays sans cadres. Mais là aussi, les contreparties pour le pays bailleur de cadres sont fort substantielles au plan économique et politique, puisque les intérêts des pays africains sont parfois subordonnés aux avantages escomptés par le pays fournisseur.

Le domaine culturel apparaît ainsi comme le moyen privilégié par lequel la coopération pourrait échapper au risque de mercantilisme qui la guette. Soyons réalistes : la coopération n'est pas une opération philanthropique assimilable à la Croix-Rouge et à l'Armée du Salut. Mais les intérêts supérieurs et à long terme d'un État riche ne sont pas incompatibles, bien au contraire, avec un minimum de rationalité et d'idéal humaniste. La dimension culturelle intervient alors non seulement pour empêcher la coopération d'être une simple rencontre d'intérêts, non seulement comme le grain d'épice qui relève avantageusement la cuisine économique, mais surtout comme partie intégrante d'une cuisine d'un autre genre.

Or, la situation des relations culturelles entre pays riches et pays pauvres est encore plus grave que dans le secteur économique. Ici pour sûr, il n'y a presque aucun paramètre chiffré pour mesurer la détérioration des termes de l'échange culturel ; si bien que personne en Europe ne s'émeut vraiment de l'érosion culturelle formidable subie par les civilisations africaines et qui constitue un phénomène historique de première grandeur. Certains même regardent cette destruction culturelle comme le prix normal à payer pour accéder au développement conçu comme un processus linéaire. Le résultat c'est que dans les échanges culturels, l'Afrique devient un partenaire fantomatique. Au plan économique en effet nous apportons réellement quelque chose de valable même si la valeur ajoutée nous échappe souvent. Le pétrole, le manganèse, l'or, les phosphates, le cacao, etc., constituent l'Afrique en partenaire réel des pays riches, même si les balances commerciales des pays africains demeurent presque toujours déficitaires. Par contre, si l'on mettait en balance les biens culturels apportés respectivement par l'Afrique et l'Europe, la disproportion des échanges apparaîtrait alors comme épouvantable. Les biens culturels en termes de livres, de disques, de films, d'électrophones, de postes récepteurs, de pièces de théâtre, de tableaux, etc., proviennent presque uniquement des pays riches. Les pays africains sont souvent réduits au statut de réceptacle passif. Certains pays n'envoient strictement rien à l'Europe sur le plan culturel. D'autres expédient à grands frais une troupe folklorique qui livre aux Européens des chants et danses, en conserve pour ainsi dire, parce que coupés de leur cadre global et servis dans les règles de l'art scénique et selon les goûts du public occidental, donnant ainsi une vue intéressante mais partielle, sinon déformée, de la civilisation africaine. Il y a certes quelques rares films, quelques tableaux ou sculptures, et des objets d'art et d'artisanat dont la vente ne profite pratiquement pas aux créateurs eux-mêmes, mais à une petite minorité d'intermédiaires, art d'aéroport qui devient en Europe un art de trottoir. Les échanges culturels actuels ne sont pas de vrais échanges puisqu'il s'agit d'un courant à sens unique. L'Afrique participe au dialogue des cultures surtout par ses créations précoloniales. Le flux squelettique des productions culturelles africaines d'aujourd'hui vers l'Europe tire sa valeur surtout de son caractère étranger et insolite qui dépayse sans les charges du voyage, qui amène le Kenya, le Cap-Vert et la Côte-d'Ivoire à domicile sans les risques de la jungle tropicale. Quoi de réellement changé depuis qu'au XVIIIe siècle Montesquieu se demandait avec humour : « Comment peut-on être Persan? »

On peut même dire que les esclaves noirs ont davantage influé sur la culture globale de l'Amérique, que les Noirs d'Afrique sur celle de l'Europe. Par contre, le ramassage massif des objets d'art et d'artisanat dans les villages dépouille les Africains de leur environnement culturel quotidien remplacé par les ustentiles en matière plastique fournis par l'économie dominante. C'est ainsi qu'un continent qui était un conservatoire fascinant de formes artistiques se mue en un marché où par mimétisme béant et béat, l'on reproduit la culture dominante. Quand un pauvre perd sa culture qui constitue sa seule richesse, quelle plus grande aliénation? Ce phénomène est d'autant plus grave qu'il n'est pas abrupt et catastrophique. Car alors, les Africains s'insurgeraient contre la brutalité de l'agression. Mais ce scénario grandiose se déroule avec la lenteur implacable et quasi clandestine d'une apocalypse au ralenti.

Ainsi donc, derrière la fiction de l'égalité juridique et les quelques victoires ponctuelles qui ne touchent pas encore au cœur du système dominant, la rencontre des cultures au plan international ressemble beaucoup au confluent des fleuves qui se rejoignent mais dont un seul poursuit sa route avec le nom qu'il portait depuis sa source et qu'il conservera jusqu'à l'estuaire. Toutes les autres rivières qu'il rencontrera ne sont que des affluents. C'est une question de statut. Le paysage culturel du monde présente ainsi de vastes bassins hydrographiques où les ruisseaux du Sud ne sont que des tributaires actuels ou potentiels.

Les civilisations qui ont pris leur source dans les terres et les mers du Sud, convergent depuis des siècles maintenant vers quelques pôles nordiques, vers un immense chenal dont on ne sait s'il sera un fleuve orgueilleux ou un gigantesque égout collecteur : Cloaca Maxima.

Mais l'Histoire n'est pas terminée... Le capitalisme et le communisme sont fort jeunes. Dans l'Histoire, la culture n'est ni ce supplément d'âme ou ce « reste » dont parle la définition élitiste et idéaliste de nombreux cercles occidentaux ; ni ce reflet superstructurel de la base économique comme le voudrait un certain marxisme dogmatique. La culture est un ensemble de biens et de liens, un réseau de fonctions de production et de reproduction sociale, un code de lecture et d'action, un tissu de connivences, un débat singulier voire unique avec les choses et les personnes, un corps à corps spécifique avec la nature et avec autrui, une complicité du groupe avec lui-même et avec son milieu. Bref, la culture, c'est le chiffre presque ineffable d'une collectivité, sa façon à elle d'interpréter et de transformer le monde, mais aussi d'interpeller l'au-delà. Aujourd'hui, la culture des pays du Sud est en sursis.

Quelles sont les causes de cet état de fait? Citons-en trois seulement : d'abord, il s'agit d'un simple reflet du rapport des forces économiques entre l'Afrique et les pays européens ou autres. L'Europe elle-même subit l'influence culturelle de pôles économiques plus puissants. En effet l'économie et la culture sont consubstantiellement liées. Les modèles culturels occidentaux imposés par le livre, le film, le disque, la langue européenne, les mass media en général, se soldent par des achats massifs de disques, de films, de livres, de costumes, de chaussures, de produits pharmaceutiques, de gadgets de toutes sortes. La culture induit le commerce et réciproquement. Ainsi l'on a vu des paysans africains s'abstenir d'aller au champ le matin parce que la détérioration de la route par une pluie avait empêché l'arrivée de la voiture livrant le pain. En effet, le goût du pain avait remplacé celui du plat local. De même la population citadine de telle capitale africaine a refusé le pain à forte composante de mil. Ce dernier, accepté par les intellectuels et les expatriés européens, a été rejeté par les couches populaires comme une réduction de leur standing social. D'où l'accroissement des importations de blé et de riz et la disparition progressive de certaines productions vivrières locales (haricot, bière, condiments). Or le blé et le riz se payent en devises fortes. D'où la valorisation des cultures et des ressources minières d'exportation, c'est-à-dire l'extraversion économique. Le cercle vicieux est verrouillé.

L'on voit comment la création des biens n'est jamais indépendante de la constellation des valeurs. La structure de la production et de l'exportation est liée au modèle de consommation, lequel est lui-même fonction plus ou moins des jugements de valeur à composante ou à dominante culturelle.

Il faut tenir compte aussi de la fragilité intrinsèque des cultures africaines souvent dénuées du support de l'écriture, ou morcelées dans des micro-ethnies.

Enfin et surtout, il y a l'absence de politique culturelle cohérente de la part des États africains qui, isolés comme ils le sont, ne peuvent d'ailleurs pas se doter des moyens d'un *new-deal* culturel permettant d'intervenir dans les échanges culturels mondiaux en tant que partenaires actifs, et non en tant que singes ou perroquets. Ce qui ne nous change pas beaucoup de la période de la traite des Noirs où les représentants et roitelets nègres adoptaient les coutumes et les costumes des traitants européens auxquels ils remettaient en échange, l'or, l'ivoire et les esclaves d'Afrique.

Il n'y a pas de souveraineté culturelle sans souveraineté économique, et vice-versa. D'où les incohérences, et contradictions de la politique culturelle dans nombre de pays africains. Tel État qui proclame urbi et orbi son attachement à l'identité, ne met au point aucune stratégie pour propulser dans le monde moderne la culture de son peuple. Bien plus, il s'ouvre à toutes les influences les plus corrosives pour l'identité africaine. Un tel attachement purement sentimental et verbal à des cultures canonisées dans l'abstrait, ne peut que déboucher directement dans les musées, lesquels n'intéresseront même plus les Africains, puisque ceux-ci auront déjà mentalement et massivement émigré vers d'autres terres promises. Sauf de très rares et parfois brillantes exceptions, les dirigeants africains regardent la culture comme un attribut purement décoratif, un secteur dont on s'occupe s'il reste du temps, mais dont on ne se préoccupe pas outre mesure, comme en font foi les budgets de famine alloués aux départements culturels, l'éducation exceptée – mais quelle éducation!

Celle-ci devrait être l'un des premiers terrains de la renaissance des peuples, en tant que processus de reproduction sociale.

Or, dans de nombreux pays du Sud, par sa structure, son contenu et ses méthodes, le système éducatif reste le même que du temps colonial ou impérialiste. Dans de nombreux pays, les non-alignés d'aujourd'hui préparent dans leurs enfants des alignés parfaits. Ces systèmes scolaires sont contre-productifs et anti-culturels. Par exemple, dans les écoles d'infirmiers de presque tous les pays d'Afrique, il n'est pas question d'enseigner la pharmacopée qui est pourtant la base des soins de santé pour 50 à 70 % de la population. Le cas de la pharmacopée illustre vivement les liens profonds qui unissent la culture et le développement. L'attitude de l'Africain par exemple est singulière devant la trilogie : homme malade, homme guérisseur et milieu naturel. La santé se situe à l'interface de ces trois facteurs. Or, alors qu'une certaine approche technocratique privilégie le bloc du guérisseur isolé et du malade, et même le couple remède-malade qui aboutit à l'isolement tragique de ce dernier, l'option africaine de la thérapie a consisté à réunir tous ces éléments dans une totalité où la Nature est tour à tour conjurée et associée, où l'ensemble de la communauté est investi de la mission curative, même si certains en sont les spécialistes; bref où le malade n'est jamais condamné au tête-à-tête inhumain avec un simple produit inerte qui est censé contenir le salut.

En d'autres termes, l'élimination des pharmacopées africaines par l'invasion des spécialités pharmaceutiques du Nord a une portée non seulement économique mais culturelle. Elle a une dimension presque ethnocidaire.

Cette pratique est diamétralement opposée à la culture africaine qui était à la fois populaire et intimement mariée au développement. En effet la transformation de l'état de nature en état de culture est la définition même de tout progrès. L'on comprend alors pourquoi la culture des peuples a constitué le nerf des luttes de libération pour l'accès à l'indépendance base du non-alignement.

Toute nation, et même toute ethnie existe par et pour la culture qui apparaît ainsi comme matrice dans le passé, et dans l'avenir comme projet. La Nation est une communauté qui pousse sur des racines culturelles, singulièrement la langue. Toutes les représentations motrices et vitales qui fondent la nation dans l'être profond de tous ses fils, irriguent le corps social par le truchement de la langue. Par elle se cristallise l'intégration en même temps que l'exigence du droit à la différence, c'est-à-dire à ses propres raisons de vivre. La langue est le réduit impénétrable de l'intimité la plus tendre et la plus secrète d'un peuple. Par définition elle instaure la distance, l'opacité, voire la sécession spirituelle, par le refus de communiquer avec l'exploiteur ou l'assassin. C'est alors la rupture des ponts avec l'autre, la négation de celui qui vous nie.

D'où l'importance signalée entre autres par Amilcar Cabral, des intellectuels, « ces spécialistes de la superstructure » dans l'édification nationale. L'on connaît le rôle de l'intelligentsia des pays de l'Europe occidentale, centrale et orientale pour la fixation des langues et l'élaboration d'une littérature qui féconde leur culture, ainsi que d'une histoire qui rassemble et structure leur mémoire collective. L'on pourrait en dire autant des traditionnalistes africains qui érigent ces somptueux monuments du verbe épique ou lyrique mariés à la musique et à la danse, qui sont des ponts irremplaçables vers l'amont collectif. Tel est aussi le travail des historiens qui réalisent l'œuvre monumentale de l'*Histoire de l'Afrique* (UNESCO). C'est encore aux intellectuels qu'on doit les signes extérieurs qui, au niveau de l'imagination populaire engendrent le sentiment d'appartenance sans lequel la nation serait un squelette froid et sec : symboles multiples, hymnes, drapeaux, etc.

Après l'indépendance juridique, c'est la culture qui lui

262

donne corps et réalité. Et c'est là que les cadres et intellectuels jouent souvent le rôle de vitrines et de courroies de transmission pour les modèles extérieurs. En effet l'alignement culturel a vite fait de s'installer dans les meubles neufs de l'indépendance politique; car l'impérialisme culturel et le mimétisme qu'il induit sont plus subtils et moins visibles que l'alignement politique, économique ou militaire. Par cela même, ils n'en sont que plus dangereux. Cet alignement culturel peut provenir par exemple de la simple consommation passive des objets technologiques provenant des superpuissances économiques.

En effet, aucun objet technique n'est neutre culturellement. Chacun d'eux est un précipité de valeurs. Et lorsqu'il est introduit dans un pays non aligné, s'il ne déclenche pas un phénomène de rejet, il engendre dans ce nouveau milieu les valeurs mêmes qui ont présidé à sa confection. Cela est vrai pour les voitures, les modèles de maison, les disques, les appareils photographiques, les magnétoscopes, etc. Les techniques sont comme un matériau génétique, porteuses du code de la société dans laquelle elles ont été conçues : elle provoquent dans le sud la reproduction des sociétés du Nord. Il n'est pas question de rejeter tout cela, mais de situer lucidement les enjeux sous-jacents.

L'échange culturel entre les pays du Sud et les autres est encore plus inégal que l'échange économique. Chaque fois que des objets manufacturés passent d'un bloc existant à un pays non aligné, ce dernier reçoit un influx, comme une radiation culturelle, du simple fait qu'un objet manufacturé est l'ambassadeur d'une certaine culture. Par contre les produits bruts que presque tous les pays africains envoient vers les blocs, ne sont porteurs d'aucun message culturel puisqu'ils sont naturels, non marqués par une intention sociale. L'échange inégal est donc ici plus grave, car il est qualitatif. D'où l'importance de l'industrialisation pour les pays du Sud. Mais se lancer dans un modèle de production industriel, sans avoir défini un mode de consommation qui puisse sauvegarder l'essentiel de sa propre culture, pour un pays pauvre c'est le comble de l'alignement. Le choix du type d'énergie est aussi un choix de société. En important une usine clés en main, on peut très bien introduire un système social bureaucratique ou capitaliste libéral dont les effets n'apparaîtront que dix ou vingt ans après.

Dans ce contexte même, l'aide aux pays non alignés peut être un principe d'alignement à terme au plan culturel, un alignement sucré; appât aujourd'hui, hameçon demain. Le goût du lait en poudre, des conserves diverses, des arômes en tout genre, sans compter les remèdes, est ainsi diffusé dans nombre de pays du Sud par la voie de certains dons qui sont en fait des placements. Telle est la face cachée (culturelle) de l'aide ou arme alimentaire. L'on pourrait en dire autant de l'industrie touristique qui est aussi très souvent un puissant défoliant culturel. C'est ainsi que les déviances sexuelles et la drogue se répandent dans certains pays africains.

Tel est le cercle vicieux pour nombre de pays non alignés : pour consolider son identité culturelle, il faut une base économique. Mais pour créer une base économique qui ne destructure pas la société, il faut une certaine conscience culturelle qu'il appartient aux non-alignés d'échafauder et dont l'absence bloque toute dialectique positive.

QUELQUES SUGGESTIONS

Après ce tableau quelque peu pessimiste, il est important de formuler quelques recommandations concrètes pour un *new-deal* dans les échanges culturels avec les pays africains. D'abord, il faudrait associer systématiquement les projets de coopération économique et les projets culturels. En effet, la vie elle-même est une. Toute action humaine est indissolublement économique et culturelle. Il faut donc examiner sérieusement l'impact culturel de tout programme économique et vice-versa. Tout projet doit être polyvalent. Par exemple, un projet de vulgarisation rurale ou de mise en valeur d'un périmètre irrigué ne doit pas se concevoir sans ses composantes sanitaires, éducationnelles ou culturelles. La définition de la dimension socio-culturelle des projets ne doit pas incomber à des technocrates européens requis par un bureau d'études, mais aux Africains eux-mêmes.

Un autre exemple : l'alphabétisation fonctionnelle dans les

langues africaines, telle qu'elle est développée au Mali ou par l'Organisation voltaïque pour l'Éducation des Adultes, permet à la fois de faire passer les messages du progrès technique agricole, et de récupérer par l'écriture dans des formes nouvelles le patrimoine culturel des paysans. A cet égard, les pays européens aident souvent les Africains à fonder, à grands frais, des édifices économiques qui restent souvent inopérants, parce qu'ils consistent en systèmes transférés et parachutés purement et simplement dans des paysages culturels qui leur restent indifférents.

Que de barrages restés inutiles, que de programmes morts-nés de promotion rurale, parce qu'on a ignoré telle tradition, tel trait sociologique, tel moment de l'histoire d'un peuple, qui interdisait telle ou telle problématique du développement. Négliger l'approche culturelle du développement et l'apport des sciences sociales à cet effet, c'est agir en épicier soucieux seulement de placer sa marchandise. C'est greffer un rein de fer sur l'appareil urinaire d'un malade. C'est s'armer d'une hache pour une opération à cœur ouvert. Le phénomène de rejet culturel, c'est-à-dire global, joue inexorablement contre ceux qui font une irruption purement technocratique dans l'intimité des peuples. Il faut connaître ces pays avant de vouloir les transformer. Trop souvent l'étape de la recherche est brûlée.

Nombre d'États, surtout en Afrique sont, dans ce domaine, presque muets, presque aveugles, et presque sourds. La recherche est la tour de contrôle de l'avenir. Or, elle est presque entièrement située dans les blocs existants avec d'ailleurs une proportion de 40 % consacrée à l'armement. 90 % de la recherche sur l'Afrique se fait en dehors de l'Afrique. Les pays du Sud restent pour la plupart des pays explorés, découverts, expliqués, présentés, représentés. Donc passifs. Or, et c'est le point de vue du Centre d'Études pour le Développement Africain (CEDA) que nous venons de lancer en Haute-Volta, le développement endogène doit être pensé de façon endogène. En effet, derrière la tour altière de la science, se profile souvent comme une ombre portée, l'idéologie. Autant dire que la science même n'est pas neutre. A preuve la fameuse projection de Mercator qui depuis le XVIᵉ siècle a servi à établir les cartes du monde et qui n'accorde que le tiers de la planisphère à la moitié sud de la planète. C'est le résultat d'un regard très particulier porté par l'Europe sur le monde à cette époque. Il a fallu attendre les années 1970 pour qu'un autre Européen Carl Peters par un autre type de projection, redresse cette erreur vieille de quatre siècles!

Les pays du Sud devraient se doter de puissants outils d'action sur le plan conceptuel. Car il y a une industrie des mots dont les centres majeurs sont dans les pays industrialisés.

Cette industrie des mots est d'ailleurs souvent la pionnière de l'industrie des choses. Elle produit sans cesse de nouveaux vocables et concepts qui, loin d'amener des changements, servent de maquillage cosmétique à la même vieille marchandise du statu quo. Rostow a été l'un des champions de ce genre d'illusionnisme conceptuel : les étapes de la croissance économique, le décollage, etc. Mais il y a aussi les « pays en voie de développement », « les pays les moins avancés », « la modernisation » qui n'est souvent autre chose que l'occidentalisation, et même la stratégie des besoins essentiels, l'aide au tiers monde, etc. La production est quotidienne, et par les mass media, elle incruste dans les esprits des pays non alignés des grilles d'analyse et d'action qui elles, sont loin d'être non alignées.

Il faut procéder à une sorte de vidange sémantique, et comme disait Victor Hugo : « mettre un bonnet rouge au vieux dictionnaire ». Pays les moins avancés? Vers qui ou vers quoi? Vers ceux qui sont en avance? Mais cela ne nous renseigne pas sur la destination de tous ces pays processionnaires. En tout cas, l'idée est là d'une trajectoire unique, et que certains peuples traînent derrière les autres comme des wagons derrière la locomotive. Ce sigle semble accepté par tous puisqu'on se bat même pour être parmi les PMA! Cette appellation réaffirme le fameux concept du retard à rattraper. La lettre d'invitation à la réunion de Paris sur les PMA parle d'ailleurs de « fossé grandissant entre riches et pauvres... fossé qu'il s'agit de combler ». Or, a-t-on jamais vu un wagon rattraper la locomotive?

Définir des pays entiers par leur arriération sans explication historique, n'est-ce pas inoculer par la pseudo-neutralité « scientifique » du discours les venins les plus délétères : le complexe d'infériorité voire de culpabilité, la psychose de fuite en avant, la hantise, finalement, de l'aliénation?

Le droit au développement implique nécessairement pour les peuples, le droit à la recherche. Il ne peut s'accommoder de la monopolisation de la recherche par les pays du Nord. Il faut donc, dans les pays du Sud, une stratégie de la recherche qui ne s'arrête pas comme le faisait la recherche coloniale, uniquement aux moyens et aux techniques, mais qui aille jusqu'aux fondements, c'est-à-dire aux valeurs et aux fins. Et cela, aussi bien dans les sciences sociales que dans les sciences exactes ou naturelles [1].

A quoi bon savoir lancer un satellite de télécommunications si nous n'avons pas réglé au préalable la question : « Qu'allons-nous dire via ce satellite? » A quoi bon savoir monter un système de télévision s'il n'y a pas de programmes pour le meubler?

Si nous nous contentons de reproduire les formes matérielles du progrès technique, c'est comme si nous dressions le décor d'un théâtre où nous ne jouerions que le rôle de figurants.

Actuellement en Afrique par exemple de nombreuses communautés économiques sous-régionales soutenues par les pays européens sont en voie de constitution. Mais elles ont très rarement leur contrepartie pour la formation commune des cadres et surtout pour leur circulation à l'intérieur desdites communautés. Or, chacun sait que la pénurie de cadres constitue l'un des goulots d'étranglement pour le démarrage économique. Certains pays africains préfèrent recourir à grands frais à des techniciens européens, lors même que dans un État africain voisin, l'on dispose des cadres nécessaires. L'utilisation rationnelle du potentiel de matière grise en Afrique en vue de réduire les disparités graves entre pays et de faire face à la demande, malgré les problèmes politiques que cela comporte, doit être considérée comme l'une des priorités d'un développement intégré ou associé pour les États considérés.

1. Un proverbe africain dit : « L'œil voit si la sauce est grasse; mais il ne voit pas si elle est salée. » Il peut s'appliquer à la nécessité d'une approche multiple pour appréhender notre réalité.

Bien sûr, la politique des États africains eux-mêmes constitue dans ce domaine le facteur fondamental. Mais l'expérience nous montre chaque jour, que cette politique africaine
est influencée par les partenaires européens. Pourquoi ne
pas aider les pays africains à renforcer leur assise culturelle
en privilégiant systématiquement les structures culturelles et
éducationnelles communautaires? Il y va de l'intérêt non
seulement de l'économie, mais de la science. En effet on ne
peut rien comprendre à l'histoire, à la géographie, à la sociologie, à la culture et même à l'agriculture d'un État africain
donné sans déborder le cadre géographique de cet État.
L'unité dans l'approche culturelle est un impératif de la
science.

Par ailleurs, chaque État africain peut difficilement à lui
seul rompre les liens négatifs forgés par une longue habitude.
La chance d'une initiative africaine autonome réside uniquement dans l'association et l'union. Il est d'ailleurs symp-
tomatique que les États européens s'entendent pour une
coopération culturelle entre eux-mêmes en Europe, mais
répugnent à joindre leurs efforts pour promouvoir une coopération culturelle africaine. L'idée ne vient à personne
d'imaginer une «convention de Lomé» dans le domaine
culturel en vue de créer des structures nouvelles dans ce
secteur vital.

Une voie féconde dans ce secteur, c'est donc de subven-
tionner la coopération horizontale entre pays africains. La
question a été posée par nous il y a quelques temps à une
délégation d'un pays européen, de savoir si au lieu d'envoyer
des professeurs européens en mission dans tel pays africain,
il serait possible de transférer les postes budgétaires pour
financer des missions de professeurs et chercheurs africains
dans des pays africains, ce qui serait à la fois meilleur marché
et sans doute plus efficace. Le principe semblait avoir été
accepté. Mais la pratique est longue à suivre. Or, ce sont des
décisions de ce genre qui prouveraient sans équivoque le
caractère sinon désintéressé, du moins sincère et humaniste
de la coopération. Voilà un magnifique terrain pour les efforts
de la coopération culturelle européenne avec l'Afrique.

Il serait bon aussi d'aider les associations non gouvernementales qui se multiplient en Afrique, à se créer sur le plan

régional (panafricain) ou sous-régional. Telles sont les associations de spécialistes : l'association panafricaine des historiens; celle des sociologues, des techniciens et ingénieurs, des mathématiciens...

A ce propos, une autre formule me semble digne d'intérêt, c'est la réunion dans un pays africain de cadres venant des États voisins en vue d'un recyclage en commun. Nul n'ignore que l'un des dangers les plus évidents pour l'Afrique, c'est la détérioration de l'expertise dans un milieu sociologique et professionnel où les cadres passent leur temps à désinvestir mentalement, sans possibilité de se réalimenter aux sources d'un savoir en perpétuelle mutation.

La coopération peut aussi s'orienter vers une action directe sur les sources mêmes de la culture africaine, au profit des créateurs d'un art vivant (théâtre, télévision, cinéma, musique) qui propulsent la culture africaine dans notre temps.

Dans le même sens, la meilleure aide à l'éducation à l'Afrique aujourd'hui consiste à aider les États qui en ont vraiment la volonté à effectuer les révisions déchirantes qui s'imposent. Par exemple, l'introduction des langues africaines ou du travail manuel dans l'enseignement entraîne nécessairement des dépenses nouvelles, soit en équipements, soit en frais pour les campagnes de sensibilisation de l'opinion, dont l'importance arrête certains gouvernements sur la voie de changements pourtant impératifs. Mais l'innovation n'est-elle pas en soi un investissement?

Un autre domaine où l'Afrique éprouve des besoins lancinants c'est celui de l'édition et de la traduction. Que d'ouvrages fondamentaux intéressant l'ensemble du continent, restent confinés dans une sous-région linguistique, faute de traduction.

Une troisième et dernière observation, c'est que les échanges culturels doivent être des échanges — banalité évidente peut-être, mais surtout impératif catégorique pour une coopération culturelle saine avec l'Afrique. En effet, la situation actuelle dans laquelle l'Afrique ne donne pratiquement rien en échange des avalanches de biens culturels qu'elle reçoit bon gré, mal gré de l'Europe, ne peut conduire à terme, qu'à une nécrose de la culture africaine et à un monologue scabreux de la culture européenne, dialoguant avec l'écho à peine tropicalisé de sa propre voix. Or, l'Afrique a quelque chose à communiquer. Bien sûr, on peut se poser la question théorique, de savoir s'il est possible de transférer d'un système culturel dans un autre, des éléments partiels sans qu'ils perdent toute leur signification.

Mais, de même que le transfert de technologie est moins important que le transfert de l'esprit technologique, de même, ce qui compte ici, c'est moins le transfert des objets culturels africains y compris les amulettes, que l'attention à une certaine approche originale vers l'art, vers l'amour et la mort, le prochain, la nature, l'au-delà. Certaines philosophies ou techniques du bien-être venues d'Asie, ont trouvé de nombreux adeptes en Occident. Même la cuisine orientale qui est un aspect non négligeable de la culture, a trouvé de nombreux amateurs.

Grâce à leur élégance naturelle, nos femmes ont suscité pour leurs modes vestimentaires et même pour leur coiffure des émules parmi leurs sœurs dans d'autres continents. Mais généralement on n'attend pas grand-chose de l'Afrique, au-delà des produits minéraux et végétaux.

Que peut-on attendre de peuples que des siècles d'une littérature colonialiste vicieuse ont présentés comme congénitalement handicapés, statutairement installés dans l'élémentaire pour leurs langues, leur organisation socio-politique, leurs techniques? Peuples sans histoire, gais et bruyants parce que cristallisés dans l'enfance de l'évolution. Aujourd'hui encore, ce qui intéresse nombre de coopérants en Afrique c'est davantage la nature et les réserves de faune que ses habitants. Ce que de nombreux journalistes occidentaux retiennent de l'Afrique, ce n'est pas l'intelligence des Africains pour s'adapter à ce processus. C'est beaucoup plus l'exotisme de sociétés choisies pour confirmer l'idée qu'on se fait de l'Afrique telle qu'on l'aime : primitive et rassurante. Ainsi les anomalies, excentricités ou exactions, de tel ou tel dirigeant, seront présentées avec une insistance telle que les téléspectateurs en feront aussitôt les prototypes du leadership africain.

La culture africaine est mal connue et méconnue en Europe. Le premier acte pour des échanges culturels authentiques, c'est de tout mettre en œuvre pour connaître son partenaire en profondeur, au-delà de sa fonction mercantile, et par une approche objective et sympathique. Il faut passer de l'ustensile à la personne; car la méconnaissance systématique n'est qu'une forme subtile du mépris.

Il faut que les Européens apprennent davantage les langues africaines, qu'ils ouvrent davantage de chaires d'histoire, de géographie, de sociologie et de culture africaines dans leurs plus grandes universités.

Il faut que durant les heures de grande écoute, à la radio et à la télévision, des présentations appropriées soient faites de la culture africaine, si possible par des Africains qualifiés, afin que ses aspects positifs soient appréhendés et que l'image de marque du continent africain jusqu'aujourd'hui piétinée, soit redressée et illustrée. Car l'Afrique a une contribution à apporter; et sa voix peut être formidablement exaltée par les moyens techniques dont disposent les pays européens.

A bien des égards, l'Afrique est super-développée culturellement. Sa pharmacopée par exemple ne se comprend pas sans des techniques complexes de guérison, y compris des thérapeutiques relevant de la psychanalyse. Mais il y a aussi les jeux, grands et petits, la sagesse des proverbes et maximes, la pertinence des relations sociales entre jeunes et vieux, l'équilibre de la sexualité, et celui qui existe entre le travail et les loisirs, l'apprentissage de la mort, les mythologies grandioses qui confinent à une conception du monde riche en enseignements, le caractère ouvert et non individualiste du droit foncier. Il y a le sens de la fête et du corps, l'art de résoudre les contradictions qui affectent le corps social, et les relations non agressives avec la nature regardée davantage comme une partenaire, qu'une esclave.

Tout cela doit-il être aboli par le mode de production capitaliste créant à terme une humanité arasée, monotone et pénéplanée, hantée seulement par l'homo cocacolens? Ou bien y a-t-il une voie directe vers un socialisme enraciné?

En fait, celui qui réussirait à brancher le processus de croissance économique sur l'énergie culturelle inépuisable des Africains aurait inventé le moteur idéal du décollage du continent. En effet, contrairement aux injonctions de l'idéologie dominante, le développement n'est pas en dehors de nous-mêmes. Ce n'est pas un trésor enfoui quelque part, dans

271

d'autres pays, et qui requiert de notre part un exode mental vers des modèles prêts à porter, ne laissant en lieu et place de notre propre patrimoine de biens, de pratiques et de valeurs, qu'un appareillage de structures ajustées à notre être comme des prothèses branlantes. Il n'y a pas de développement sans idée, sans idéal, sans idéologie.

Le développement est d'abord en nous-mêmes. C'est le oui à nous-mêmes, en dehors de toute autarcie d'ailleurs impossible, et de tout repli frileux sur notre espace intérieur.

C'est le passage de soi à soi-même, mais à un niveau supérieur.

En somme, on ne développe pas, on se développe. Et c'est la culture qui est le principe créateur de cet auto-développement.

Par ailleurs, le développement est cohérence comme la vie qui, dès le niveau cellulaire, est une coalition d'éléments autour d'un projet collectif. C'est ainsi que la technique et la culture sont imbriquées dans un couple indissociable au sein duquel la causalité est réciproque : un ensemble, comme diraient les mathématiciens, un bloc historique. Le nouvel ordre économique international si nécessaire pour l'émergence du monde à une nouvelle humanité demeurera un vain mot, sans la mise en valeur des éléments socio-culturels du développement. Mais aussi, sans la promotion des groupes sociaux les plus pauvres dans les pays pauvres.

En Afrique noire, 7 % de la population accaparent 40 % des revenus. Après des décennies de coopération, l'argent déversé par les pays riches a été polarisé par des minorités installées dans les centres urbains et constituées comme les fondés de pouvoir des puissances économiques du Nord. Plus on s'éloigne des capitales africaines, plus l'obscurité s'épaissit la nuit dans les villages, moins il y a d'eau courante, d'écoles, de dispensaires, de centres culturels et de bibliothèques, plus la maladie et la mort sont familières. Le problème de la part des 40 % les plus pauvres, dans les pays pauvres, dans la répartition du surplus économique, est au cœur du nouvel ordre économique international. D'abord au plan économique. En effet, comme on l'a démontré, la structure des revenus a un impact sur la structure de la consommation et donc sur la croissance et le modèle de la production.

La théorie des pôles moteurs, qui seraient constitués par des groupes privilégiés sur le plan national et par des pays privilégiés sur le plan continental, s'est soldée en Amérique latine et en Afrique par des échecs ou des convulsions sévères. Sur le plan culturel, l'importance des groupes sociaux défavorisés éclate encore plus. Car qui sont les créateurs et les promoteurs de la culture africaine fondamentale? Ce sont les 70 % à 90 % de paysans sans lesquels nous n'existerions pas culturellement en tant que personnalité collective. Or au-dessous d'un certain seuil biologique, la culture vacille et la créativité bégaie. C'est pourquoi, toute amélioration dans les échanges culturels avec l'Afrique devrait tendre non pas à renforcer les privilèges culturels des minorités africaines, mais à revigorer dans les couches les plus pauvres les bases mêmes de notre identité.

L'économie et la culture, tels sont les deux piliers de notre développement, les deux pieds sur lesquels nous devons marcher. Mais un proverbe africain dit : « On ne mesure pas la profondeur d'un fleuve avec ses deux pieds. » En l'occurrence nous ne devons pas prendre des risques graves à la fois pour notre économie et pour notre culture. En ce qui concerne l'économie, soyons francs entre nous : nous sommes en mauvaise position. Le retard économique de l'Afrique a peu de chance d'être rattrapé sans changement révolutionnaire. Encore qu'il ne faille pas poser le problème de développement économique en termes de course contre la montre, si l'on extrapole la courbe des tendances actuelles, on estime qu'en l'an 2000 l'écart entre les pays riches et l'Afrique sera multiplié par 18 et sera alors de 1 à 400. L'on sait aussi que 7 pays industrialisés détiennent 700 000 brevets qui représentent la somme du savoir technique le plus avancé de l'Humanité sans compter les secrets militaires. Pour de petits pays comme ceux qui en Afrique ont un budget équivalent à celui de 4 ou 5 hôpitaux européens, cela ne présage pas des lendemains qui chantent. A moins d'un miracle, mais le miracle n'habite pas dans les ordinateurs, le rapport des forces ou si l'on veut, la nature des relations en vigueur

273

actuellement ne changera pas. Donc notre pied économique est mal engagé. Allons-nous risquer par surcroît en même temps notre culture pour sonder la profondeur du fleuve de l'histoire?

Ce serait insensé. La marge d'autonomie de l'instance culturelle peut servir de tremplin pour mettre en branle l'essor économique.

Le crépuscule est un temps propice à la réflexion et au bilan. A l'heure où ce siècle s'éteint, l'Humanité doit se souvenir et imaginer. Deux guerres mondiales, et une troisième dont on ose parler... Une crise sans précédent dont on méconnaîtrait la nature réelle en la réduisant à ses paramètres économétriques.

A vrai dire, c'est la légitimité même de l'homme en tant qu'espèce royale sur la planète qui est en jeu aujourd'hui et partant, sa survie.

Un sentiment accablant d'impuissance s'est emparé de tous les pays, alors que nous avançons tous comme un troupeau vers l'antichambre de l'Apocalypse. Un dépérissement inexorable des cultures est engagé, naufrage massif des formes singulières de l'esprit humain, par la voie d'ethnocides légaux... L'homme, qui ne parvient pas à passer « du partage du monde au monde du partage » resterait-il irréversiblement guidé comme naguère dans la pénombre des cavernes, par les pulsions brutes de la volonté de puissance? En fait, les pays du Sud ne sont pas en retard sur d'autres pays, mais par rapport à eux-mêmes. Car, il n'y a pas assez d'énergie sur notre planète pour permettre à tous les peuples de vivre selon le modèle productiviste et gaspilleur du Nord. C'est pourquoi, en recherchant un non-alignement culturel, certains pays du Sud n'entendent pas simplement demeurer pour le reste du monde « comme un cœur de réserve ». Ils veulent partager la fièvre grisante des pionniers vers cette Nouvelle Terre de liberté et de libération que sera l'autre développement. L'intégration économique mondiale en privilégiant la logique du profit sans égard pour les besoins fondamentaux, saigne et dévore les cultures en ébranlant leur socle infrastructurel. L'économie qui confond les arbres secs des statistiques avec la forêt vivante du développement, est cannibale. Il érige sa tour orgueilleuse dans le cimetière des cultures. Une infime minorité d'États et de classes sociales au Nord et au Sud, actionne ce processus aveugle, implacable et suicidaire. C'est pourquoi un sursaut s'impose. Toute nation, toute personne consciente doit s'associer à la recherche d'un projet global qui marie les acquis de la science patrimoine commun de l'Humanité, avec la convivialité vis-à-vis de la Nature, préhistoire de l'homme, et vis-à-vis des autres humains, dépassement et accomplissement de l'homme. Certes, de même qu'un pays africain ne saurait réaliser l'identité culturelle nationale tout en acceptant le carcan de la dépendance économique, de même les pays du Nord ne peuvent prétendre accepter le droit à la différence pour les pays du Sud, s'ils ne combattent pas concrètement l'échange inégal, le système monétaire international d'asservissement, l'aide liée, etc.

C'est pourquoi, s'impose aujourd'hui à nous tous comme une ardente obligation, un projet majeur de recherche coopérative et intégrée entre le Nord et le Sud, sur les multiples patrimoines de notre commune espèce, dans une optique de tolérance, de cohabitation et d'interfécondation. Ce projet pourrait s'intituler : « Cultures humaines et développement global. »

Ainsi, à l'aube du XXIᵉ siècle serait sans doute exorcisé le spectre de l'holocauste culturel prélude de l'anéantissement physique.

Ainsi seraient repérés aux quatre coins du monde, les terrains où s'expriment encore une créativité, un surgissement séminal, une prégnance de libération pour tous les hommes. Alors pourrait éclore une volonté commune d'élargir ces espaces de liberté, même dans le cadre du système dominant; afin que par-delà les névroses et les nécroses du temps présent, puisse reverdir demain un merveilleux printemps de l'homme.

Carlos Fuentes

DISCOURS AUX AMÉRICAINS

Il y a quelque temps, je faisais un voyage à travers l'État de Morelos qui se trouve au centre du Mexique, à la recherche du village natal d'Emiliano Zapata, Anenecuilco.

Je fis halte sur le chemin pour demander à un *campesino*, un laboureur des champs, si le village était encore loin.

Il me répondit : « Si vous étiez parti à l'aube, vous y seriez maintenant. »

Cet homme avait en lui une horloge intérieure, qui marquait le temps de sa propre personnalité et de sa propre culture.

Car les horloges de tous les hommes et de toutes les femmes, de toutes les civilisations, de toutes les histoires, ne marquent pas la même heure.

Une des merveilles de notre terre menacée consiste en la diversité de ses expériences, de ses souvenirs et de ses aspirations.

Toute tentative d'uniformisation politique plaquée de force sur cette diversité est comme un prélude à la mort.

Lech Walesa est un homme qui s'est mis en marche à l'aube (à l'heure) lorsque l'histoire de la Pologne exigeait du peuple de Pologne qu'il agisse, afin de résoudre les problèmes qu'un gouvernement répressif et qu'une ombre de parti ne savaient plus résoudre.

Nous qui en Amérique latine avons été solidaires de Solidarité, nous saluons aujourd'hui Lech Walesa.

L'aube d'un mouvement de renouveau social et politique ne peut pas s'inscrire sur d'autres calendriers que ceux du peuple concerné.

Pour Walesa et Solidarité, l'horloge intérieure au peuple polonais lui-même, a indiqué l'heure et le jour.

Il en a toujours été ainsi : De mon peuple, pendant notre période révolutionnaire. Du peuple d'Amérique centrale à l'heure que nous vivons tous. Et du peuple du Massachusetts en 1776.

L'émergence de la révolution révèle l'histoire entière d'une communauté.

C'est une expérience dont une société ne peut être privée sous peine de graves conséquences.

L'EXPÉRIENCE DU MEXIQUE

La révolution mexicaine fut l'objet d'agressions constantes, de pressions, de menaces, de boycotts et même de quelques interventions armées entre 1910 et 1932.

Les gouvernements américains de l'époque éprouvaient de grandes difficultés à faire face aux changements violents et rapides qui s'opéraient à la frontière sud de votre pays.

Calvin Coolidge, devant une session des deux chambres du Congrès convoqué en 1927 – et loquace pour une fois – avait accusé le Mexique d'être un nid de subversion « bolchevik » en Amérique centrale.

Nous étions le premier domino.

Mais c'est précisément grâce à sa politique révolutionnaire (en faveur de la réforme agraire, de l'éducation laïque, des négociations collectives et de la réappropriation des ressources naturelles) – politique rejetée par les gouvernements qui, de Taft à Hoover se sont succédé à Washington – que le Mexique est devenu une nation moderne, qui sait à la fois suivre sa voie et se remettre en question.

La révolution n'a pas transformé immédiatement mon pays en démocratie. Mais notre premier gouvernement révolutionnaire, celui de Francisco I. Madero, était le régime le plus démocratique que nous ayons jamais eu : Madero respectait les élections libres, la liberté de la presse et l'indépendance de l'Assemblée. Il est significatif qu'il ait été renversé rapidement à l'issue d'un complot fomenté par l'ambassadeur américain Henry Lane Wilson et un groupe de généraux réactionnaires.

Ainsi, avant de devenir une démocratie, le Mexique dut d'abord devenir une nation.

Ce que la révolution nous a donné à tous, c'est la totalité de notre histoire et la possibilité d'une culture. « La révolution a écrit mon compatriote le grand poète Octavio Paz, la révolution est l'immersion soudaine du Mexique dans sa propre existence. Dans l'explosion révolutionnaire... chaque Mexicain reconnaît enfin, dans une étreinte mortelle, l'autre Mexique. »

Paz lui-même, Diego Rivera et Carlos Chavez, Mariano Azuela et José Clemento Orozco, Juan Rulfo et Rufino Tamayo : « Tous nous existons et travaillons grâce à l'expérience révolutionnaire de notre pays. Comment pourrions-nous rester spectateurs quand cette expérience est refusée, à cause de la bêtise et de l'arrogance, à d'autres peuples, à nos frères d'Amérique centrale et des Caraïbes? »

Un grand homme d'État est un idéaliste pragmatique. Franklin D. Roosevelt eut l'imagination politique et la volonté diplomatique de respecter le Mexique lorsque le président Lazaro Cardenas (au cours de l'épilogue culminant de la révolution mexicaine) nationalisa les ressources pétrolières du pays en 1938.

Au lieu de menacer, sanctionner ou envahir. Roosevelt a négocié.

Il n'a pas essayé de défaire l'histoire. Il l'a rejointe.

N'y aura-t-il personne aujourd'hui dans ce pays pour l'imiter?

Les leçons applicables à la situation présente en Amérique latine sont inscrites dans l'histoire – la très difficile histoire – des relations américano-mexicaines.

Pourquoi n'ont-elles servi à rien?

Dans le monde actuel, le mot intervention évoque une effrayante symétrie.

De même que les États-Unis trouvent légitime d'intervenir en Amérique centrale pour éteindre l'incendie qui s'est déclaré dans leur avant-cour — je suis ravi que l'on nous ait promu du rang traditionnel d'arrière-cour à celui d'avant-court — de même, l'Union soviétique se sent le droit de jouer les pompiers dans toutes ses avant et arrière-cours.

L'intervention porte atteinte au tissu d'une nation, aux chances d'une résurrection de son histoire, à l'intégrité de son identité culturelle.

A deux reprises au cours de ma vie, j'ai été le témoin des destructions énormes que provoque l'intervention.

L'une s'est produite en Tchécoslovaquie à l'automne de 1968. Je m'y trouvais pour apporter mon soutien à mes amis les écrivains, les étudiants et les dirigeants du printemps de Prague. Je les ai entendus dire merci, au moins pour les quelques mois de liberté accordés, quand la nuit les recouvrit une fois de plus : la nuit kafkaïenne, où tout s'oublie, mais rien ne se pardonne.

L'autre fois, c'était au Guatemala en 1964, lorsque le gouvernement démocratiquement élu fut renversé par un raid de mercenaires soutenus ouvertement par la CIA. Le processus de réformes et d'auto-reconnaissances au Guatemala fut brutalement interrompu. Le Guatemala a été condamné à un cercle vicieux de répression qui se poursuit jusqu'à ce jour.

On définit l'intervention comme l'ensemble des agressions perpétrées par le pouvoir régional dominant contre un plus petit État, qui se trouve dans ce qu'on a coutume d'appeler sa « sphère d'influence ».

Ce sont ses victimes, qui définissent l'intervention.

Mais la différence entre les actions soviétiques dans leur « sphère d'influence » et les actions américaines dans la leur, c'est que le régime soviétique est une tyrannie et que vous êtes une démocratie.

280

Et pourtant, de plus en plus ces deux dernières années, j'ai entendu des Nords-Américains à des postes de responsabilité déclarer ne pas se soucier de savoir si leur pays est aimé, mais s'il est craint; préférer que l'on admire sa puissance matérielle plutôt que ses réalisations culturelles et politiques; s'inquiéter de ce que ses intérêts stratégiques soient défendus, mais non pas que les droits de l'autre soient respectés.

Ce sont là des tendances que nous avions pris l'habitude d'associer à la diplomatie brutale de l'Union soviétique.

Mais nous, les véritables amis de votre grande nation en Amérique latine, nous les admirateurs de vos réalisations extraordinaires dans le domaine de la littérature, des sciences et des arts, et de vos institutions démocratiques, de votre Congrès, de vos Cours de justice, de vos Universités, de vos maisons d'Édition et de votre presse indépendante – nous qui sommes vos vrais amis, c'est pour cela même que nous ne permettrons pas que vous traitiez des affaires latino-américaines, comme l'Union soviétique a traité de celles de l'Europe de l'Est et de l'Asie centrale.

Vous n'êtes pas l'Union soviétique.

En vous permettant d'éviter ces erreurs, nous serons les gardiens de vos intérêts réels.

La mémoire historique est de notre côté.

L'amnésie historique vous porte un trop grand préjudice.

Vous semblez oublier que votre propre république est née du canon d'un fusil; les révolutionnaires américains ont eux aussi pris le pouvoir par les armes.

Nous comptons sur la persuasion mais aussi sur l'aide des instances légales, internationales et panaméricaines.

Nous avons également des préoccupations croissantes d'ordre stratégique : les États-Unis ne sont-ils pas en train d'édifier un vaste protectorat latino-américain sous le couvert de nous mettre à l'abri de menaces soviétiques très lointaines et d'un effet de dominos invraisemblable.

A Cancun le 29 avril, les présidents du Mexique et du Brésil, Miguel de la Madrid et Joao Figueiredo ont admis d'un commun accord que la « crise en Amérique centrale tire son origine des structures économiques et sociales propres à la région et que les efforts pour en venir à bout doivent...

281

éviter de la réduire à un chapitre de la confrontation Est-Ouest ».

Le premier ministre espagnol, Felipe Gonzales, la veille de sa visite à Washington a pour sa part estimé, que les interventions américaines en Amérique centrale étaient « fondamentalement nuisibles » aux intérêts des nations de la région et portaient préjudice à l'image internationale des États-Unis.

Oui, vos alliances s'effriteront et votre sécurité sera menacée si vous n'apportez pas la preuve que vous agissez envers l'Amérique latine comme une puissance éclairée et responsable.

Oui, vous devez faire preuve d'humanité et d'intelligence, ici, dans cette demeure commune, notre Hémisphère, sous peine de n'être plus crédible démocratiquement, nulle part.

Où sont les Franklin Roosevelt, les Sumner Welles, les George Marshall et les Dean Acheson que notre époque réclame?

AMIS ET SATELLITES

La grande faiblesse de l'Union soviétique est d'être entourée de satellites, non d'amis.

Un jour ou l'autre, la révolte des nations périphériques de la sphère soviétique grignotera plus en profondeur les entrailles de cet empire, que Lord Carrington appelait récemment « La Byzance en décomposition ».

Les États-Unis ont la grande force d'avoir des amis et non des satellites à leurs frontières.

Le Canada et le Mexique, deux nations indépendantes, sont en désaccord sur plusieurs points avec les États-Unis.

Nous savons que dans le domaine public, comme dans la vie privée, rien n'est plus destructeur pour l'être que de vivre entouré de sycophantes.

De même qu'il y a des hommes sur terre qui ne savent dire que « oui », il y a des nations qui ne savent dire que « oui ».

Une nation qui ne connaît que le « oui » se détruit, comme

elle détruit son puissant protecteur ; toutes deux perdent dignité, vision à long terme, sens de la réalité.

Cependant, dans un document du Conseil national de Sécurité sur les options politiques en Amérique centrale et à Cuba au cours de l'année fiscale 1984, le Mexique est proposé comme cible à une stratégie d'« isolement diplomatique ».

Nous savons en Amérique latine que le mot « isolement » est bien souvent un euphémisme pour déstabilisation.

(En fait, chaque fois qu'un membre important de l'Administration à Washington fait référence au Mexique comme à l'ultime domino, un membre important du gouvernement à Mexico, doit se placer dans son sillage et apporter un démenti pour réaffirmer la légitimité nationale du gouvernement mexicain. Le Mexique est capable de se gouverner seul, sans interventions étrangères.)

Mais si le Mexique est un domino, il craint alors d'être attaqué au nord plutôt qu'au sud. Telle est notre expérience historique.

Ce serait là l'ultime avatar du penchant qu'a Washington pour la prophétie « auto-réalisatrice » : Un Mexique déstabilisé par les cauchemars américains à son sujet. Cela devrait tous nous alerter.

Loin de se montrer « aveugle » ou « complaisant », le Mexique tend une main amicale aux États-Unis, afin de leur permettre d'éviter la répétition d'erreurs historiques coûteuses, qui nous ont tous profondément meurtris, Nord-Américains et Latino-Américains.

L'opinion publique de ce pays jugera si l'évidente bonne volonté du Mexique dans cette affaire est prise ou non en compte ; alors que les États-Unis voient s'accroître leur engagement dans le bourbier d'Amérique centrale.

Un Vietnam d'autant plus dangereux qu'il est proche de votre territoire national, certes, mais pas pour les raisons invoquées officiellement. La tourmente révolutionnaire, si on lui permet de suivre son cours, se canalise assez vite dans ses institutions.

Mais si l'intervention vient la contrarier, elle infectera les États-Unis pour des dizaines d'années. L'Amérique centrale et Cuba deviendront le Banquo des États-Unis : une saignée endémique de vos ressources humaines et matérielles.

La source du changement en Amérique latine ne se trouve ni à Moscou, ni à La Havane, elle se trouve dans l'histoire.

Aussi laissez-moi me tourner vers nous-même, les Latino-Américains.

QUATRE ERREURS DE DÉFINITION

L'échec des politiques que vous appliquez actuellement à cet hémisphère tient à quatre erreurs de définition.

La première est votre incapacité à définir le changement en Amérique latine dans son contexte culturel.

La deuxième est votre incapacité à définir le nationalisme comme acteur du changement historique en Amérique latine.

La troisième est votre incapacité à définir les répercussions sur l'Amérique latine de la redistribution internationale du pouvoir.

La quatrième est votre incapacité à définir les bases de la négociation lorsque ces problèmes créent un conflit entre les États-Unis et l'Amérique latine.

LE CONTEXTE CULTUREL DE L'AMÉRIQUE LATINE

Premièrement, le contexte culturel du changement en Amérique latine.

Nos sociétés se distinguent par une continuité culturelle et une discontinuité politique.

Nous sommes un ensemble balkanisé, et pourtant profondément unis par une expérience culturelle commune.

Nous sommes et nous ne sommes pas, occidentaux.

Nous sommes indiens, noirs et méditerranéens.

Nous avons reçu l'héritage de l'Occident d'une façon incomplète, déformé par la décision de la monarchie espagnole d'éliminer les tendances non orthodoxes, de réduire les aspirations démocratiques de sa propre classe moyenne et de surimposer les structures verticales de l'*Impérium* médiéval sur la configuration, également pyramidale du pouvoir dans les civilisations indiennes des Amériques.

Engagé dans ses tractations impériales avec des hommes et des femmes de cultures diverses – s'ils étaient partis à l'aube, ils seraient arrivés maintenant – l'absolutisme espagnol mutila l'arbre ibérique, éliminant ses branches arabes et juives, lourdes de fruits.

Les États-Unis sont la seule puissance occidentale de cette importance à être apparue au-delà du Moyen Age; moderne à la naissance.

Parce qu'elle fit partie de la forteresse de la Contre-Réforme, l'Amérique latine a dû se battre constamment contre le passé. Nous n'avons pas obtenu comme vous, à la naissance, les droits essentiels : liberté d'expression, de culte, liberté d'entreprendre.

Il nous a fallu lutter désespérément pour les obtenir.

La complexité des problèmes culturels qui sous-tendent nos conflits économiques et politiques sont le résultat de tensions non résolues, parfois aussi anciennes que la lutte entre panthéisme et monothéisme; ou aussi récentes que le conflit entre tradition et modernité.

C'est là notre bagage culturel, lourd et riche à la fois.

Les problèmes que nous affrontons, par-delà l'évidence des gros titres, sont très anciens.

On les découvre finalement aujourd'hui, mais leur origine remonte à des situations coloniales, parfois à des situations d'avant la conquête; ils sont imbriqués dans la tradition du catholicisme ibérique et son emphase sur le dogme et la hiérarchie, un penchant culturel qui nous renvoie parfois d'une église à une autre, dans la quête d'un refuge et d'une certitude.

Ils subissent l'influence des confusions ancestrales entre droit privé et publique, sont influencés par les formes d'une corruption sanctifiée qui inclut le népotisme, le caprice, les décisions économiques irrationnelles du chef de clan, prises sans soucis d'un quelconque équilibre entre recettes et dépenses.

Ils sont liés à la tradition paternaliste de la soumission au Caudillo, à la foi investie plus volontiers dans les idées que dans les faits, à la puissance de l'élitisme, du personnalisme

285

et à la faiblesse des sociétés civiles, aux conflits entre théocratie et institutions politiques, et entre centralisme et gouvernement local.

Depuis l'indépendance dans les années 1820, nous avons été obsédés par l'idée de faire aussi bien que le voisin : l'Ouest.

Nous avons créé des pays légaux qui ont servi de façades constitutionnelles aux pays réels, immuables – ou pourrissants – qui se cachaient derrière.

L'Amérique latine a essayé de résoudre ses vieux problèmes en épuisant les idéologies successives de l'Ouest : Libéralisme, Positivisme et Marxisme.

Aujourd'hui nous sommes sur le point de dépasser ce dilemme en en faisant une opportunité, celle d'être enfin nous-même – Des sociétés ni neuves ni anciennes, simplement, authentiquement, latino-américaines; dans l'éclat intense des communications immédiates ou dans le crépuscule éternel de nos villages isolés, nous avons choisi les avantages et les inconvénients d'une tradition qui paraît maintenant plus riche et plus acceptable, qu'elle ne le paraissait il y a cent ans de solitude.

Mais il nous faut aussi examiner les avantages et les inconvénients d'une modernité qui semble maintenant moins prometteuse qu'avant la crise économique; l'ambiguïté tragique de la science et la barbarie de nations et de philosophies qui, à un moment représentaient le « progrès », tout cela nous conduit à rechercher le temps et l'espace de la culture, en nous-même.

Nous sommes les véritables enfants de l'Espagne et du Portugal. Nous avons compensé les échecs historiques par les succès artistiques.

Nous nous dirigeons maintenant vers ce que nos meilleurs romans et poèmes, et toiles de films, et danses et réflexions ont prédit depuis si longtemps : la compensation des échecs historiques par les succès politiques.

Le combat vrai en Amérique latine est donc, comme de tout temps, un combat avec nous-même, en nous-même.

Nous devons le résoudre nous-même.

Personne d'autre ne peut vraiment le connaître : nous vivons au sein de nos querelles familiales.

Nous devons assimiler ce passé conflictuel.

Parfois, nous devons le faire – comme ce fut le cas au Mexique, à Cuba, au Salvador et au Nicaragua – par des moyens violents.

Nous avons besoin de temps et de culture.

Nous avons besoin aussi de patience.

La nôtre, et la vôtre.

NATIONALISME EN AMÉRIQUE LATINE

Deuxièmement, la définition du nationalisme comme acteur légitime du changement en Amérique centrale.

Dans le conflit culturel que j'ai évoqué figurent les exigences populaires minimales formulées avec persistance durant tous ces siècles, et qui sous le mot liberté, entendent, pain, écoles, hôpitaux, indépendance nationale et sens de la dignité.

Livrés à nous-même, nous essaierons de régler ces problèmes par la création d'institutions nationales chargées d'en venir à bout.

Nous n'attendons de vous, que votre coopération et des relations commerciales et diplomatiques normales.

Non votre absence, mais votre présence civilisée.

Nous devons nous développer dans nos propres erreurs.

Devons-nous être considérés comme vos vrais amis seulement si des despotismes de droite et anti-communistes nous dirigent?

L'instabilité en Amérique centrale – et partout dans le monde, en l'occurrence – survient lorsque des sociétés ne se reconnaissent plus dans leurs institutions.

DÉMOCRATIE EN AMÉRIQUE LATINE

Le changement dans nos sociétés sera radical à deux égards.

A l'extérieur, plus les États-Unis interviendront contre lui ou pour aider à le retarder, plus il se radicalisera.

A l'intérieur, il sera nécessairement radical s'il veut un jour affronter les défis que jusqu'à présent nous n'avons pas été capables de relever efficacement : nous devons affronter simultanément la démocratie et la réforme, l'intégrité culturelle et le changement ; nous devons finalement tous faire face, Cubains, Salvadoriens, Nicaraguayens et Argentins, Mexicains et Colombiens, à la question qui nous attend sur le seuil de notre véritable histoire : sommes-nous capables, à l'aide de tous les outils de notre civilisation, de créer des sociétés libres, des sociétés qui assurent les besoins élémentaires de la santé, de l'éducation et du travail, sans sacrifier les besoins essentiels du débat, de la critique, de l'expression politique et culturelle.

Je sais que tous, sans exception, n'avons pas vraiment répondu à ces besoins en Amérique latine.

Je sais également que les transformations de nos mouvements nationaux en pions du conflit Est-Ouest nous empêchent de répondre à cette question : sommes-nous capables de créer des sociétés libres ?

C'est peut-être là notre test historique le plus dur.

A tort ou à raison, beaucoup de Latino-Américains en arrivent à identifier les États-Unis avec l'opposition à notre indépendance nationale.

Certains voient dans les politiques suivies par les États-Unis la preuve qu'une grande puissance n'est pas vraiment une menace pour l'autre grande puissance, mais que l'indépendance nationale des États en est une : comment comprendre autrement les agissements d'une grande puissance qui semble s'acharner irrationnellement à discréditer les révolutions nationales en Amérique latine ?

Certains sont reconnaissants qu'il existe une autre grande puissance et lui font appel.

Tout ceci provoque des surenchères, dénature les problèmes pressants et empêche la prise en compte du troisième échec, que je veux examiner aujourd'hui ; l'échec à comprendre la redistribution du pouvoir dans l'hémisphère occidentale.

L'AMÉRIQUE LATINE
ET LA REDISTRIBUTION DU POUVOIR

On pourrait discuter pour savoir si le caractère explosif de nombreuses sociétés latino-américaines est dû, moins à la stagnation qu'à la croissance; la plus rapide observée dans le monde depuis 1945.

Mais la croissance a été rapide, sans que la distribution des bénéfices de cette croissance s'accélère pour autant.

(Le contraste est devenu aussi explosif qu'il l'était en 1810 contre la domination coloniale espagnole).

Et elle a coïncidé, internationalement, avec un accroissement rapide des relations entre l'Amérique latine et les nouveaux partenaires d'Europe et d'Asie, pour le commerce, la finance, la technologie et la solidarité politique.

L'Amérique latine fait ainsi partie intégrante des courants universels, passant d'échanges bipolaires à des structures multipolaires ou pluralistes dans les relations internationales.

Considérant cette tendance, le déclin d'une superpuissance reflète le déclin de l'autre superpuissance.

Cela nous prépare de nombreux autres domaines conflictuels. Ainsi que le chancelier Helmut Schmidt l'avait exprimé avec éloquence à cette même tribune.

« Nous vivons dans un monde d'interdépendance économique qui comprend plus de 150 pays, sans posséder l'expérience suffisante pour gérer cette interdépendance. »

Les deux superpuissances effectuent un mouvement grandissant et parfaitement logique dans le sens de l'auto-affirmation, accompagné de relations multilatérales qui progressent au-delà des Sphères d'influence en décomposition.

Aucun changement ne se produit sans tensions. Et en Amérique latine, cette tension se développe alors que nous nous battons pour plus de richesses et d'indépendance, mais aussi parce que nous avons commencé immédiatement à perdre les deux, en raison de l'injustice économique intérieure et de la crise économique extérieure.

Les classes moyennes que nous avons engendrées les cinquante dernières années sont secouées par le bouleversement qui réduit leurs attentes – « leurs illusions perdues » balzaciennes.

La modernité et ses valeurs sont soumises aux feux croisés des critiques, alors que les valeurs du nationalisme se révèlent parfaitement compatibles avec des considérations traditionnelles et même conservatrices.

L'erreur qui identifie le changement en Amérique latine

à des manipulations issues d'une conspiration soviétique n'irrite pas seulement le nationalisme de gauche. Elle réveille aussi les ferveurs nationalistes de droite – au sein desquelles, a vu le jour, après tout, le nationalisme latino-américain au début du XIXᵉ siècle.

Il vous faut aussi garder en mémoire la force extrême du contre-coup, réapparu en Argentine et dans la crise de l'Atlantique Sud l'année dernière, dans des pays comme le Salvador, le Panama, le Pérou et le Chili, le Mexique et le Brésil.

Un continent entier, au nom de l'identité culturelle, du nationalisme et de l'indépendance internationale, peut s'unir contre vous.

Cela ne devrait pas se produire.

La possibilité d'échapper à cette confrontation continentale se trouve dans le quatrième et dernier chapitre que je désire examiner avec vous aujourd'hui; celui des négociations.

DES NÉGOCIATIONS AVANT QU'IL SOIT TROP TARD

Avant que les États-Unis soient contraints de négocier sous les pressions culturelles extrêmes, internationalistes et nationalistes, de la gauche et de la droite, dans les nations les plus éloignées de l'hémisphère – le Chili et l'Argentine – la plus vaste – le Brésil – la plus proche – le Mexique – Ils devraient très vite, dans leur propre intérêt aussi bien que dans le nôtre, négocier en Amérique centrale et dans les Caraïbes.

Nous pensons, au Mexique, que chacun des points du conflit dans la région peut être résolu diplomatiquement, par la négociation, avant qu'il soit trop tard.

Il n'y a pas de fatalité en politique, qui permettrait de dire : tout mouvement révolutionnaire dans n'importe quel pays de la région finira inévitablement par offrir des bases à l'Union soviétique.

Que se passe-t-il entre la naissance de la révolution dans un pays marginal et sa destinée imaginaire de base soviétique.

Si rien d'autre ne se produit qu'agressions, blocus, propagande, pressions et invasion contre le pays révolutionnaire, alors cette prédiction se réalisera.

Mais si une puissance dotée d'une mémoire historique et d'une diplomatie historiquement imaginative entre en jeu, nous, les États-Unis et l'Amérique latine, pourrions aboutir à quelque chose de très différent.

Une Amérique latine faite d'états indépendants, élaborant des institutions stables, renouvelant l'identité culturelle nationale, diversifiant notre interdépendance économique et venant à bout des dogmes de deux philosophies surannées du XIXᵉ siècle.

Des États-Unis, qui donneraient l'exemple dans les relations, d'un ton présent, actif, coopératif, respectueux, conscient des différences culturelles et digne d'une grande puissance dédaigneuse des étiquettes idéologiques, capable de coexister avec la diversité latino-américaine, comme elle l'a fait avec la diversité de l'Afrique noire.

Il y a exactement vingt ans de cela, John F. Kennedy, lors d'une cérémonie identique, a dit :

« Si nous ne pouvons pas supprimer nos différences maintenant, nous pouvons au moins aider le monde à accroître sa sécurité pour que s'y épanouisse sa diversité. »

C'est là, je pense, le legs le plus important de ce grand chef d'État sacrifié, dont nous avons tous pleuré la mort.

Comprenons ce legs, où la mort cesse d'être une énigme pour devenir, non pas une lamentation de ce qui aurait pu être, mais un espoir pour ce qu'il adviendra peut-être.

C'est possible.

Plus la situation de guerre durera en Amérique centrale et dans les Caraïbes, plus il sera difficile de trouver une solution politique.

Plus il sera difficile aux Sandinistes de démontrer leur bonne volonté dans les affaires de démocratie intérieure, maintenant brutalement interrompues par un état d'urgence imposé en réponse aux pressions étrangères.

Plus il sera difficile à la faction civile de la rebellion salvadorienne de prendre l'initiative politique sur les factions militaires.

Plus l'irritation du Panama, utilisé comme tremplin pour une guerre nord-américaine, sera grande.

Plus grand le risque d'un conflit généralisé, entraînant dans la guerre le Costa Rica et le Honduras.

Tout peut se négocier en Amérique centrale et dans les Caraïbes, avant qu'il soit trop tard.

Des pactes de non-agression entre chaque État et avec tous les États.

Des patrouilles de frontières.

L'interdiction du passage des armes, quelle que soit leur origine, et l'interdiction des conseillers militaires étrangers d'où qu'ils viennent.

La réduction des effectifs des armées de la région.

L'interdiction de bases soviétiques ou de systèmes de défenses soviétiques dans la région.

Quel serait le *quid pro quo*?

Simplement ceci : le respect des États-Unis, le respect pour l'intégrité et l'autonomie de tous les États de la région en y incluant la normalisation des relations avec chacun d'eux.

Les pays de la région ne devraient pas être forcés à trouver des solutions en dehors d'eux-mêmes.

Les problèmes de Cuba sont cubains et le seront encore plus lorsque les États-Unis comprendront qu'en refusant de discuter avec Cuba, de Cuba, ils ne font qu'affaiblir l'île, et eux-mêmes, tout en renforçant l'Union soviétique.

L'erreur qui consiste à rejeter avec dédain les offres constantes de Cuba à négocier tout ce que les Américains voudront bien négocier réduit l'influence des forces qui, à Cuba, désirent une plus grande souplesse intérieure et une indépendance internationale élargie.

Fidel Castro est-il une sorte de suprême Machiavel qu'aucun *gringo* ne peut rencontrer autour d'une table de négociation sans se faire mystifier? Je ne le crois pas.

LE NICARAGUA

Les problèmes du Nicaragua sont nicaraguayens, mais cesseront de l'être si ce pays se voit dénier toute possibilité de survie normale.

Pourquoi les États-Unis se montrent-ils tellement impatients après seulement quatre ans de sandinisme, alors qu'ils furent si tolérants pendant quarante-cinq ans de somozisme?

Pourquoi cette inquiétude à propos d'élections libres au

Nicaragua, et cette indifférence pour des élections libres au Chili?

Et pourquoi, s'ils respectent la démocratie, les États-Unis ne se sont-ils pas précipités à la défense de Salvador Allende, le président démocratiquement élu du Chili quand il s'est fait renverser par le Jaruzelski du sud, le général Augusto Pinochet?

Comment pouvons-nous vivre ensemble une belle hypocrisie?

Le Nicaragua est agressé et envahi par des forces soutenues par les États-Unis.

Il est envahi par des bandes de contre-révolutionnaires dirigés par d'anciens officiers de la Garde nationale somoziste, prêts à renverser le gouvernement révolutionnaire pour y réinstaller l'ancienne tyrannie.

Qui les en empêchera s'ils gagnent?

Ce ne sont pas des soldats de la liberté. Ce sont des Benedict Arnolds.

SALVADOR

Les problèmes du Salvador sont finalement salvadoriens.

La rébellion salvadorienne n'est pas issue et n'est pas manipulée de l'extérieur du pays. Croire cela, c'est comme croire les thèses soviétiques selon lesquelles Solidarité en Pologne ne serait qu'une création des États-Unis. La contrebande d'armes du Nicaragua au Salvador n'a pas été prouvée. Aucune arme n'a été interceptée.

Le conflit du Salvador est le résultat local d'un processus de corruption politique et d'impossibilité démocratique qui a commencé en 1931 par la confiscation des élections par l'armée et a culminé lors de la fraude électorale de 1972 qui a dénié aux Chrétiens démocrates et aux Sociaux-Démocrates, leur victoire, poussant la jeunesse issue de la classe moyenne à l'insurrection armée. L'armée avait épuisé les solutions électorales.

L'Armée continue à se jouer de tout le monde au Salvador, – Y compris des États-Unis. Elle annonce des élections après avoir éliminé la direction politique de l'opposition, puis demande à cette opposition de revenir et de participer à ces mêmes élections, organisées hâtivement – en tant qu'âmes mortes, peut-être?

Ce scénario gogolien signifie que de vraies élections libres ne peuvent être tenues au Salvador, tant que l'Armée et les escadrons de la mort continueront à servir impunément, et à se faire renflouer par les dollars américains.

Rien n'assure maintenant les Salvadoriens que l'Armée et les escadrons peuvent soit venir à bout de la rébellion, soit se placer sous le contrôle des institutions politiques.

C'est précisément la nature de l'Armée qui doit rendre urgent un accord politique au Salvador; pas seulement pour mettre fin au terrible recensement des victimes, pas seulement pour contenir l'Armée et la rébellion, pas seulement pour affirmer aux jeunes citoyens américains qu'ils ne sont pas condamnés à répéter l'horreur et le gaspillage de la guerre du Vietnam, mais aussi pour reconstruire une initiative politique de majorité de centre-gauche, qui doit maintenant refléter, de toute façon, le besoin d'une restructuration de l'Armée. Le Salvador ne peut plus être gouverné avec un tel fardeau de crimes.

L'autre et unique alternative est de faire de la guerre au Salvador, une guerre américaine.

Mais pourquoi une mauvaise politique étrangère devrait-elle être bipartisane?

Sans les rebelles salvadoriens, jamais les États-Unis ne se seraient souciés de la « démocratie » au Salvador. Si on refuse aux rebelles salvadoriens un rôle politique, combien de temps faudra-t-il pour que le Salvador retombe dans l'oubli total une fois de plus.

Souvenons-nous, imaginons, réfléchissons.

Les États-Unis ne peuvent plus agir seuls en Amérique centrale et dans les Caraïbes. Ils ne peuvent plus, dans le monde actuel, pratiquer la politique anachronique du « gros bâton ».

Ils n'obtiendront, s'ils obtiennent quelque chose, que ce qu'ils ne peuvent vouloir vraiment.

Beaucoup de nos pays luttent pour cesser d'être des républiques bananières. Ils ne veulent pas devenir des républiques de la balalaïka.

Ne les obligez pas à choisir entre séduire l'Union soviétique ou capituler devant les États-Unis.

Ma demande est la suivante :

Ne pratiquez pas de suzeraineté négative sur cet hémisphère.

Soyez des dirigeants éclairés. Joignez les forces du changement, de la patience et de l'identité en Amérique latine.

Les États-Unis devraient utiliser à leur avantage, les nouvelles réalités de la redistribution du pouvoir dans le monde. Toutes les avenues que j'ai entrevues se réunissent maintenant pour former un cercle d'harmonie possible : les États-Unis ont de vrais amis dans cet hémisphère ; ces amis doivent négocier les situations que les États-Unis, bien que partie prenante, ne peuvent négocier eux-mêmes. Et dont les participants à la négociation du Mexique et du Venezuela, du Panama et de la Colombie, demain peut-être notre grande sœur qui parle portugais, le Brésil, peut-être la nouvelle démocratie espagnole, rétablissant la continuité de notre héritage ibérique, et élargissant le groupe de Cantadora — connaissent intimement les problèmes culturels sous-jacents.

Et ils possèdent l'imagination qui permet d'assurer l'inévitable passage de la sphère d'influence américaine, non à la sphère soviétique, mais à notre propre authenticité latino-américaine dans un monde pluraliste.

Mon ami Milan Kundera, le romancier tchèque, présente une plaidoierie pour les « petites cultures » issues du cœur blessé de l'Europe centrale.

J'ai tenté de m'en faire l'écho aujourd'hui, à partir du cœur convulsionné de l'Amérique latine.

Les politiciens disparaîtront.

Les États-Unis et l'Amérique latine demeureront.

Quelle sorte de voisins aurez-vous ?

Quelle sorte de voisins aurons-nous ?

Cela dépendra de la qualité de notre mémoire et aussi de notre imagination.

« Si nous étions partis à l'aube, nous serions arrivés maintenant. »

Nos temps n'ont pas coïncidé.

Votre aube s'est levé rapidement.

Notre nuit fut longue.

Mais nous pouvons surmonter l'écart entre nos deux temps, si nous acceptons d'admettre, ensemble, que la véritable durée du cœur humain est dans le présent, ce présent dans lequel nous nous souvenons, et nous désirons; ce présent où notre passé et notre avenir se confondent.

La réalité n'est pas le produit d'un fantasme idéologique. Elle est le résultat de l'histoire.

Et l'histoire est une chose que nous avons nous-même créée.

Nous sommes donc responsables de notre histoire.

Personne n'était présent dans le passé.

Mais il n'y a pas de présent vivant pour un passé mort.

Personne n'était présent dans le futur.

Mais il n'y a pas de présent vivant sans le rêve d'un monde meilleur.

Ensemble nous avons fait l'histoire de cet hémisphère.

Ensemble nous devons nous en souvenir.

Ensemble nous devons l'imaginer.

Nous avons besoin de votre mémoire et de votre imagination, sans lesquelles les nôtres ne seraient jamais complètes.

Vous avez besoin de notre mémoire pour vous absoudre du passé, et de notre imagination pour compléter votre avenir.

Nous risquons d'être ici, sur cet hémisphère, pour encore très longtemps.

Souvenons-nous l'un de l'autre.

Respectons-nous, l'un l'autre.

Quittons ensemble la nuit de la répression et de la faim et de l'intervention, même si quand pour vous le soleil marque midi, il ne marque pour nous que midi moins le quart.

9 juin 1983 à Harvard.
Traduit de l'anglais, par Anne Angelé.

Jacques Lacarrière

DISSEMBLABLE MON FRÈRE

Depuis la fin de la Seconde Guerre mondiale, on associe de plus en plus le mot culture au mot identité. La culture, ce serait d'abord pour une nation, un peuple, une communauté, une ethnie, ce qui assure la cohésion de sa mémoire, la permanence de ses valeurs, la vigueur et la rigueur de sa pérennité. Ce serait, pour prendre l'image d'une maison, les fondations et la charpente, ce qui soutient et ce qui maintient. Conception conservatrice, étroite, chauvine même de la culture, parce qu'elle devient ainsi exclusive de toutes les autres. Au lieu d'évolution ou de révolution culturelle, ce serait là – c'est là dans certains cas – une involution.

Je sais bien que cette quête forcenée des racines et de l'identité culturelle peut être aussi revendicatrice, voire révolutionnaire lorsque ces racines sont niées ou étouffées. C'est le cas de la plupart des pays du tiers monde chez qui l'accession à l'indépendance a entraîné un retour aux traditions, à la langue, à la mémoire ancestrales. Mais attention! Qui dit identité dit par là même similitude. La recherche de l'identité – individuelle ou collective – devient recherche du similaire, de l'identique, en tout cas du semblable. Dans ce domaine, on peut dire que la totalité des individus et des groupes humains continuent de se comporter exactement

297

comme des amibes ou des paramécies qui n'ont d'autre choix que de se combiner avec des individus exactement semblables pour former un noyau commun. Mais il faut se faire à l'idée que nous ne sommes plus des amibes ni des paramécies, que nous ne sommes pas des unicellulaires. Nous, nous avons le choix. Et pourtant nous ne recherchons que ce qui nous ressemble, nous ne fraternisons qu'avec nos semblables.

Or, pour moi, la culture c'est très exactement l'inverse. C'est précisément ce qui refuse les similitudes, qui brise les gangues de la tradition, l'immobilisme des racines, les miroirs de la mémoire close, c'est tout ce qui refuse – ou écarte – ce qui est semblable ou similaire ou identique, pour rechercher avant tout ce qui est différent. Être cultivé, aujourd'hui, ce n'est plus savoir lire Homère ou Tacite dans le texte (cela, c'est de l'érudition), ce n'est pas connaître par cœur les composantes chimiques du sol de Mars ou de Saturne, c'est simplement admettre la culture des autres, l'affronter, voire la rechercher. C'est même au besoin se mêler à elle, se mêler en elle. Être cultivé aujourd'hui, c'est porter en soi à sa mort bien d'autres mondes que ceux de sa naissance, c'est rechercher, revendiquer la différence, la dissemblance. Dissemblable, mon frère! Être cultivé aujourd'hui, c'est être tissé, métissé par la culture des autres.

**

Dans cette perspective, la crise que nous traversons ne peut en rien entamer ces programme et projet culturels : la dissemblance. Bien au contraire. D'abord parce que les crises sont des conditions nécessaires à la croissance, à l'évolution des systèmes sociaux tout comme le sont les mutations pour les organismes vivants. Ensuite, parce que la crise ne peut atteindre et atrophier qu'une culture déjà moribonde, repliée sur elle-même, sans forces vives, sans ouverture sur le monde environnant. Prenons l'exemple de la culture scientifique qui, elle, ne connaît aucun de ces problèmes et n'est guère touchée par la crise. Parce qu'elle accepte un langage ouvert, non involué, sans exclusive, un langage qui intègre sans mal les différences et ne politise pas à tout prix son vocabulaire. Si la culture non scientifique est menacée, ce ne peut être par la crise elle-même qui serait plutôt bénéfique dans ce domaine (en étant une occasion de réflexion et de conscience) mais parce qu'elle porte en elle son propre dessèchement. La seule menace réelle est en nous-mêmes, dans ce repliement de certains sur nos traditions, dans cette quête quasi obsessionnelle de l'identité. La crise nous oblige – et tout le monde moderne avec elle – à des mutations, ouvertures, parentés et alliances nouvelles. Elle ne peut se limiter à engranger la mémoire du passé, assurer la vivacité du présent. Elle doit être un projet d'avenir. A quoi serviraient des racines si elles ne portaient pas loin, très loin d'elles, en un autre espace, au cœur d'autres continents, l'imaginaire et l'ouverture des feuilles? Notre culture – toute culture – n'a rien à voir avec le sang. Elle est même le contraire du sang. Elle n'a ni facteur Rhésus, ni incompatibilité. Elle est apte à toutes les transfusions. Il n'y a de vraie culture que métissée.

Donc, en ces périodes de turbulences planétaires, une culture, pour subsister, a autant besoin d'être à l'écoute des autres que d'être elle-même écoutée. Seules des rencontres, des alliances, d'éventuelles solidarités – un fonds commun de dissemblances associées – peuvent créer un front solide contre les désarrois économiques. Cela implique, aux deux bouts de la chaîne, de développer tout ce qui peut aider et augmenter la liberté de réflexion et la conscience : à l'un des bouts, l'alphabétisation; à l'autre bout, la maîtrise de la télévision mondiale, une lutte sans merci contre l'unification et l'identité des programmes. Nous revoici à nouveau face à ce mot : identité. Mais je ne joue pas avec lui. Notre identité n'a de sens que si nous l'affrontons, nous l'associons aux fraternelles dissemblances du présent et de l'avenir.

Claude Mollard

LES PRATIQUES CULTURELLES INTERNATIONALES

« Je suis un homme de culture, ce qui veut dire qu'en moi les mélanges se sont faits » (Pasolini).

Les pratiques culturelles baignent dans l'irréel des institutions. Les États nimbent de mirages culturels des réalités où le pouvoir, en fait, prime tout. Les organisations internationales, paralysées par les rivalités des États et des idéologies, se contentent de promouvoir les échanges, les colloques, les discours et de parrainer une sorte de grand consensus culturel planétaire qui exprime pourtant les intérêts des pays riches plus que ceux des pays pauvres.

La culture y est conçue d'abord comme un moyen d'influence, mais aussi comme un marché et un ensemble de produits à diffuser. Rarement comme un acte créateur. Sans doute parce que la création dérange le jeu tantôt figé, tantôt chaotique, des modèles politiques qui gouvernent les relations internationales.

Les relations culturelles internationales vivent de la création mais elles ne la suscitent pas.

La diffusion culturelle au service du pouvoir politique

Les pratiques culturelles internationales sont avant tout commandées par le jeu des pouvoirs politiques. Raison de plus pour ne pas céder au mythe de l'échange et du dialogue promus à un rôle réconciliateur. La culture pénétrerait de manière irénique dans les institutions. N'est-elle pas plutôt l'alibi des égoïsmes nationaux et des guerres? On confond volontiers l'essor apparent des institutions culturelles qui est l'une des marques de notre temps avec la réalité d'un authentique développement culturel. La culture est partout et d'autant plus féconde qu'elle échappe à la stérilité des institutions.

Sous le signe du dialogue, les fonctionnaires et experts internationaux nient trop souvent l'affrontement entre peuples dominants et peuples dominés. Le dialogue Est-Ouest achoppe sur l'opposition Nord-Sud. On ne parle pas de pétrole à l'UNESCO : l'or noir salit les mains.

Certes les institutions favorisent les échanges. Mais en les biaisant. Ils restent trop souvent confinés à de petites élites. Entre elles, un certain dialogue s'établit. Mais ce cosmopolitisme de quelques-uns effleure à peine les croyances profondément ancrées dans les peuples et les nations.

Lorsque le Conseil de l'Europe entreprend, en 1980, des « réflexions préliminaires à une charte culturelle en Europe », les participants à cette recherche sur l'identité culturelle européenne n'évoquent pas ses rapports avec les pays et les cultures situées hors d'Europe.

On voit mal comment la prolifération d'institutions supranationales du type de celles de Bruxelles pourrait promouvoir la culture européenne dont les bases en cette matière, plus encore qu'en économie, restent nationales.

Au lieu d'affirmer l'affrontement lucide mais nécessaire de la singularité européenne au regard des cultures des autres continents, ne se laisse-t-on pas bercer par la tranquillité de l'héritage gréco-romain revu à la lumière de la tradition humaniste?

La réalité européenne n'est pas dans l'archéologie culturelle : conservatoires ou instituts de tous acabits destinés à devenir des chasses gardées de mandarins. Elle est dans les pratiques vécues par les peuples européens, conscients de la remise en cause de leur hégémonie.

Les relations culturelles internationales sont inégalitaires : des cultures dominantes cherchent à s'y imposer à des cultures dominées. Pendant longtemps, les institutions culturelles internationales ont consciemment ou non masqué cette réalité derrière la proclamation de l'égalité des droits de tous les peuples de la terre. Mais on ne peut indéfiniment affirmer un principe et accepter sa transgression.

L'action récente de l'Organisation de l'Unité Africaine (OUA) exprime une prise de conscience récente de cet artifice. Créée en 1964, l'OUA a adopté en 1979 une charte culturelle africaine dans laquelle la culture est conçue de manière volontaire, libératrice, affrontée aux autres cultures.

Cette prise de conscience tardive est très vive : la récente charte culturelle se donne en effet pour objectifs de « libérer les peuples africains des conditions socio-culturelles qui entravent leur développement », de « promouvoir le patrimoine culturel africain », « d'affirmer la dignité de l'homme africain et les fondements populaires de sa culture », de « combattre et éliminer toutes les formes d'aliénation, d'oppression et de domination culturelle partout en Afrique ».

Cela suppose « libération du génie créateur du peuple et respect de la liberté de création ». En cela, la charte de l'OUA préfigure des pratiques qui ne soient pas fondées sur la seule diffusion culturelle.

Même si, dans les moyens proposés, elle reste influencée par les politiques culturelles occidentales, elle s'oppose dans ses principes à la Charte du Conseil de l'Europe. L'affirmation de l'identité culturelle de l'Afrique est conçue contre le système culturel occidental. Attitude fort différente de celle du Conseil de l'Europe qui pourrait se définir par exemple contre les États-Unis. Mais qui ne l'ose pas. Sans doute parce que la culture européenne est déjà plus ou moins intégrée dans la culture américaine.

On peut penser, à la suite de cette initiative, que d'autres continents, d'autres entités culturelles, en Asie, en Amérique latine, adopteront à l'avenir des principes voisins.

Prise de conscience nouvelle qui remet en cause le paysage culturel jusqu'ici fondé sur l'harmonie préétablie des valeurs universelles de l'homme.

La réalité se trouve moins dans les intérêts politiques que dans les intérêts économiques des nations.

Les institutions et les États affectent de penser que la culture est indépendante de l'économie. Or, la culture ne

devient-elle pas un instrument des échanges économiques?
Les industries culturelles ont leurs multinationales, telles que
Kodak. Et l'action purement culturelle est impuissante à
enrayer les inégalités induites par les nouveaux rapports de
forces économiques. Sauf à appeler de ses vœux une révolution culturelle comme Hugues de Varine [1]. Mais on ne voit
pas ce qui pourrait susciter un tel sursaut international.

Il n'est donc pas étonnant que les institutions culturelles
internationales tout comme les politiques culturelles nationales soient les reflets plus ou moins fidèles des inégalités
politiques et économiques. Reflets parfois masqués par le
consensus formel auquel la culture apporte sa caution. De
ce point de vue, sa principale fonction (et peut-être justifi-
cation dans le moment présent) est de maintenir un état de
paix civile apparent au-dessus des rapports de pouvoir. Certes,
même s'il reste formel, le dialogue culturel n'est pas inutile.
Il peut retarder ou assourdir les contrecoups des luttes d'influences. Mais que vienne un temps de crise, et il ne résiste
plus guère au caractère impitoyable des affrontements. Le
consensus formel – n'est-ce pas ce qui se passe sous nos yeux?
– laisse alors paraître de grandes déchirures.

Car il manque de fondements. Dans ces temps troublés, il
est nécessaire de définir de nouvelles lignes d'action. Deux
paraissent s'imposer : la prise en compte des inégalités économiques persistantes entre les nations et le développement
de pratiques culturelles fondées sur la création.

Bien avant que les États aient imaginé – et pour quelles
raisons profondes? – de constituer des institutions culturelles
internationales, les créateurs ont été à la fois des génies
nationaux et des êtres cosmopolites. Les fondateurs de nos
relations internationales sont peut-être les généraux, les marchands, les artistes, mais certainement pas les technocrates
internationaux. Ils sont du moins arrivés beaucoup plus tard.

Les artistes se rient des institutions. Sauf s'ils y trouvent
quelque intérêt : sécurité et célébrité. Ils créent leurs propres
fraternités, au-delà des frontières. En des lieux accueillants
(telle la France dont les plus grands artistes sont souvent des
immigrés) et qui ne sont pas innocents. Pourquoi le rôle de

---

1. Hugues de Varine, *La culture des autres*, Le Seuil, 1976.

New York et de l'Amérique latine pendant la dernière guerre mondiale, loin des champs de bataille européens? Pourquoi les artistes français ont-ils tendance à préférer désormais New York à Rome? La création n'a jamais été disjointe du pouvoir, qu'il soit militaire ou financier. L'internationale de la création côtoie l'homme de guerre (Malraux, de Gaulle). Et elle flirte avec le marchand (de Kahnweiler à Maeght). Mais le réalisme des artistes – pas de tous – n'empêche pas leur engagement pour des causes désintéressées : Malraux lançant son dernier appel en faveur du Bangladesh fait écho à son action en faveur de l'Espagne républicaine, Picasso peint Guernica et rejoint le Parti communiste de la Libération.

Avec la paix et la prospérité vient le temps des institutions. On rationalise la création. On l'organise. On la diffuse. Mais très vite, la création vivante lui file entre les doigts. L'institution travaille sur une création morte. Elle croit l'appréhender. Elle ne saisit que du vide. Tout au plus elle n'en conserve que la trace.

La création cherche d'autres cheminements, plus ou moins souterrains, chemins de traverse, escarpements ou culs de basse fosse, où l'institution s'épuise à la démasquer.

Jean-Paul II [2] note lui-même le rôle relatif des institutions, il est vrai dans le domaine religieux; mais ses propos peuvent s'appliquer, *mutatis mutandis,* au phénomène culturel : « Là où ont été supprimées les institutions religieuses, là où les idées et les œuvres nées de l'inspiration religieuse, et en particulier de l'inspiration chrétienne, ont été privées de leur droit de cité, les hommes retrouvent à nouveau ces mêmes données hors des chemins institutionnels, par la confrontation qui s'opère, dans la vérité et l'effort intérieur, entre ce qui constitue leur humanité et ce qui est contenu dans le message chrétien. » On peut remplacer religion par culture : la foi y demeure présente.

Lorsque réapparaissent tensions, affrontements, conflits, la création refait surface. Et les institutions apparaissent alors clairement dans leur nudité et leur manque de substance. En état d'apesanteur.

L'avivement des tensions internationales de la fin du

2. Jean-Paul II, Discours à l'UNESCO, juin 1980.

XXᵉ siècle fait saillir la stérilité des modèles diffusés par les institutions.

La stérilité des modèles culturels internationaux

Que pèsent les idéologies du Conseil de l'Europe, de l'UNESCO, de l'ONU, face à la guerre économique internationale? Que pèsent nos politiques culturelles d'États riches face à l'aggravation du sous-développement des 4/5 de l'humanité?

Lorsqu'ils étaient seuls à occuper le devant de la scène mondiale, le Marxisme et le Libéralisme, bien qu'en théorie totalement opposés, savaient en dehors de périodes de crise violente (1947, crise de Berlin) maintenir un certain consensus, un *modus vivendi*. On s'entend toujours entre riches. Mais l'opposition binaire entre ces deux idéologies situées dans la même perspective judéo-chrétienne, dont le Marxisme reste en réalité l'un des héritiers, vole en éclats sous les coups portés par les nationalismes, les conflits de religions (Juifs, Musulmans...) et de races : autant de fruits empoisonnés du sous-développement.

L'idéalisme universel des institutions internationales ne permet pas de comprendre (au sens de connaître et de contenir) ces sources de ruptures. Et les cultures nationales tentent de se replier sur leurs propres valeurs. Comment Gorz peut-il faire ses adieux au prolétariat en fermant les yeux sur les masses prolétaires du tiers monde? Comment le Conseil de l'Europe peut-il penser la culture européenne sans la situer au plan mondial?

La zone d'influence des modèles culturels occidentaux se rétrécit. Elle s'arrête aux pays totalitaires dont le nombre croît et aux pays du tiers monde dont la vie réelle est de plus en plus étrangère aux schémas idéologiques occidentaux : quel sens peut avoir l'animation culturelle de type européen pour l'Inde ou la Chine? Quel consensus pouvait réunir des délégués de l'Inde, des États-Unis, de l'URSS, de l'Afrique, de la France, appelés à débattre au colloque de Varsovie auquel je participais en 1975 sur la formation des administrateurs culturels?

Certes, les pays en voie de développement se débattent dans la recherche difficile de leur indépendance culturelle. De manière contradictoire, ils aspirent à l'autonomie tout en continuant à s'inspirer des modèles occidentaux. Comment lutter contre la prégnance des messages diffusés chez eux par les médias américains? Comment, en Afrique, faire abstraction des modèles de politique culturelle à la française?

L'inadéquation des modèles occidentaux à traiter des problèmes culturels des pays en voie de développement provient essentiellement de différences dans l'organisation sociale de pays aux intérêts de plus en plus divergents. D'un côté, tout un système complexe de fonctions spécialisées dans la production et la diffusion culturelles caractérisé essentiellement par l'interférence, entre créateurs et publics, des intermédiaires que sont les décideurs et les médiateurs.

De l'autre, des cultures brutalement éclatées par l'irruption des modèles occidentaux, l'emprunt fait à certains éléments des systèmes culturels développés, mais sans ordre, sans cohérence; des créateurs soit confinés dans la répétition de formes artisanales rurales plus ou moins dégradées, soit tentés par la reproduction des modes artistiques internationales; un public non encore constitué comme tel et livré aux médias sans défense; une télévision surtout, qui domine l'ensemble et donne aux décideurs, en général des hommes politiques, le pouvoir sur la masse des citoyens. Bref, une inadéquation totale entre les schémas des pays riches et les réalités des pays en voie de développement pourtant condamnés à importer des éléments de politiques culturelles à l'occidentale.

Dans cette période de profonds changements, deux conceptions, deux sensibilités également, concourent différemment à la stérilité des modèles actuels : celle de la persistance de l'opposition entre dominants et dominés et celle de l'uniformisation internationale des comportements. D'un côté une certaine résignation devant ce qui serait une fatalité de la domination culturelle des pays du tiers monde par les pays riches, débouchant sur une situation de guerre culturelle. De l'autre, l'effacement progressif de toutes les différences nationales sous l'effet de la diffusion des schémas culturels des pays riches concourant à l'apparition d'une sorte de civilisation internationaliste et uniformisée.

Ces deux perspectives ne sont pourtant pas plus réjouissantes l'une que l'autre.

Et, moi qui ai découvert l'économie il y a vingt-cinq ans au travers des livres du Père Lebret, qui a tout dit et tout prévu dans le domaine du développement du tiers monde, je ne puis que constater l'échec de ce quart de siècle.

La persistance de l'opposition entre dominants et dominés est bien exprimée par « la guerre culturelle » de Henri Gobard [3]. Depuis 1941, nous sommes dominés par l'impérialisme américain. De ce fait, toutes les cultures, et la culture française en particulier, seraient en voie de disparition. Les multinationales créeraient un marché homogène où se diffusent les mêmes modèles de production et de consommation. Cette domination susciterait la naissance chez les dominés d'une « société de putréfaction » : « le grain pourri ne germe pas ». Sur 100 films diffusés en France, 30 % sont français et sur 100 films diffusés aux États-Unis, 3 % seulement sont étrangers. Voilà qui donne la mesure de notre état de dominés. Il faut donc résister, engager la guerre culturelle, ne pas hésiter, ce qui est fort contestable, à se laisser aller à des réactions qui empruntent à la xénophobie. Et cette résistance culturelle, conçue comme purement nationale, apparaît finalement assez vaine. Une guerre n'est possible qu'avec un armement et une infrastructure. Henri Gobard s'en soucie-t-il assez? Dans ces conditions, on ne voit pas ce qui pourrait mettre un terme à la domination de la culture, assimilée un peu rapidement à celle des seuls États-Unis, sur celle des pays pauvres.

On peut se demander si la charte de l'OUA ne conduit pas à la même impasse. Derrière les proclamations nationalistes sont en fait proposées des politiques culturelles adoptées depuis longtemps par les pays riches. Les élites africaines se réfèrent à une conception unitaire et centralisatrice de l'État. La charte ne parle pas des minorités locales : or les États africains sont tous confrontés à cette réalité. N'agissent-ils pas vis-à-vis de leurs minorités ethniques comme la

3. Henri Gobard, *La guerre culturelle.*

IIIᵉ République avec la Bretagne ou le Languedoc dont les langues régionales ont été systématiquement gommées? Le tiers monde a sans doute trop longtemps sous-estimé l'importance des problèmes culturels. Certains commencent toutefois à comprendre que l'autonomie culturelle et son développement sont la condition du décollage économique. Pendant une génération ils ont cru le contraire. Et ils ont, en fait, au travers d'élites dont l'archétype reste Léopold Senghor, adhéré aux modèles occidentaux. Et les Occidentaux n'ont rien fait pour les en décourager.

C'est sur ce constat sévère que se greffe une deuxième conception qui montre la stérilité des modèles culturels : l'uniformisation internationale des comportements. Si les rapports de dominants à dominés sont inéluctables et assurés de subsister, et si les dominés ne savent ni ne peuvent renverser cette situation, on peut craindre que la voie ne s'ouvre en effet à l'uniformisation des comportements culturels. Entre New York et Djakarta, il n'y aurait que des différences de degrés. Non de nature. La culture du tiers monde serait le stade le plus dégradé de la haute culture occidentale.

Mais cette évolution est difficile à juger : tantôt considérée comme une simple manifestation de l'impérialisme américain, tantôt jugée comme l'aube d'une ère nouvelle, celle de la culture universelle et espérantiste permettant la communion de tous les hommes dans un même bain de jouvence culturelle... L'uniformisation peut en effet véhiculer le meilleur et le pire.

Aton Golkap [4] insiste sur le rôle fondamental de la société industrielle. Elle a déjà tout laminé sous son propre poids. Dans les replis de notre culture, comme dans ceux des pays du tiers monde, il ne reste plus rien. Les idéologies unitaires de l'école ont partout transformé les cultures originelles. Le mal ne vient pas des États-Unis mais de la société industrielle elle-même. Il est donc vain de regretter le paradis perdu de nos cultures.

Toffler, pour sa part, est plus optimiste. « La troisième vague [5] » de l'histoire, la vague informatique et électronique

4. Aton Golkap, *Le paradis perdu de la culture originelle.*
5. Toffler, *La troisième vague.*

qui succède aux grandes périodes agraire puis industrielle de notre histoire, établit des rapports nouveaux entre les hommes et leur environnement. Les techniques permettant de dominer l'ordre industriel, centralisateur et massif, peuvent être retournées contre lui, détournées si l'on veut, au service d'un nouvel ordre culturel international. C'est en quelque sorte la pensée de Gorz élargie au plan des relations internationales. Ces techniques désormais apprivoisées permettent le développement non plus d'une consommation mais de ce que Toffler appelle une « pro-sommation », voulant dire ainsi que l'homme consomme ce qu'il produit lui-même, qu'il maîtrise donc.

Cette autoproduction dynamiterait le système économique. La logique de l'autoproduction l'emporterait car il sera plus gratifiant de « pro-sommer » que de travailler pour consommer.

Au plan international, la diffusion de ces techniques et de ces pratiques uniformes permettrait au tiers monde de faire l'économie de l'étape industrielle en passant directement de la société pré-industrielle à la société conceptuelle de programmation — ce qui reste d'ailleurs à démontrer...

L'uniformisation des pratiques culturelles dans la perspective de Toffler serait synonyme d'émancipation à un niveau qualitatif supérieur. Elle signifierait l'apparition d'une nouvelle civilisation mondiale. Cette uniformisation serait positive, différente en cela de celle conçue comme le résultat de la victoire de l'impérialisme américain et plus généralement des sociétés industrielles incluant l'impérialisme de l'Union soviétique au même titre que celui des États-Unis. En tous les cas, elle remettrait radicalement en cause la fonction des institutions culturelles internationales. Les nouvelles pratiques culturelles doivent être plus fortes que les institutions parce qu'elles sont déterminées par des techniques.

Toute la question est de savoir si ces techniques, issues des sociétés postindustrielles, sont réellement susceptibles de détournement et d'appropriation originale par les pays du tiers monde. La problématique de Toffler est intéressante. Mais elle nous oblige à jouer avec le feu. L'uniformisation active conçue par lui, si elle ne se révélait pas aussi positive qu'il le pense, laisserait peut-être la place à de grands cimetières sous la lune...

C'est pourquoi il est temps de réintroduire dans ce raisonnement un peu trop technologique, d'une part une dimension proprement spirituelle, tirée des valeurs cosmopolites et, d'autre part, une dynamique propre au processus de la création lui-même.

L'exil et la résistance. Des relations culturelles fondées sur le libre-échange des valeurs spirituelles

En période de crise, économique aussi bien que morale, gagne la tentation du repliement, ce que Guy Scarpetta appelle l'enracinement contre lequel il fait « l'éloge du cosmopolitisme [6] ». L'enracinement, l'invocation du sol, de la patrie, des ancêtres, du patrimoine, conduit à la limite au fascisme. On l'a bien vu en France sous Pétain : retour à la nature, considérée comme pure, et polluée par une culture toujours dénoncée comme dégénérée, étrangère, si ce n'est juive. Nature-mère, refuge des inquiétudes et des angoisses. Recherche de l'enracinement qui a quitté en France depuis la fin de la guerre le terrain politique mais qui investit depuis peu la sphère culturelle avec la nouvelle droite. En fait l'enracinement existe dans toutes les familles politiques estime Guy Scarpetta : aussi bien à droite dans la tradition de Barrès qu'à gauche dans les flons-flons tricolores de la fête de l'Humanité.

Guy Scarpetta oppose à ce monde clos, à ces frontières, une vie culturelle libre, cosmopolite, faite de libres-échanges individuels. Il prend appui sur l'exemple d'écrivains dont la création s'est bâtie dans la migration permanente, le voyage et l'exil : bref des déracinés comme Dante, Joyce, Kafka, Artaud, Becket, Pasolini ou Sollers. « Là où le dispositif (de l'enracinement) renvoie au sol et à la terre natale, il s'agit pour la littérature moderne d'engager un voyage, une migration, une série de départs sans cesse répétés. Là où le dispositif évoque les filiations, les généalogies, l'instinct de la

6. Guy Scarpetta, *Éloge du cosmopolitisme*, Grasset, 1981.

" race ", on a perçu au contraire une sorte de transpaternité symbolique, réinventant sans cesse ses origines et coïncidant avec une « nouvelle naissance », dans et par l'écriture, une naissance librement choisie et non plus subie. Là où le dispositif est délibérément maternaliste (terre-mère et mère-patrie), la modernité littéraire dessine une évasion hors de la sphère maternelle, une échappée hors de la ronde infernale des cycles génétiques et des circuits de la reproduction. Là où le dispositif évoque des « traditions culturelles » nationales ou raciales, on a assisté au choc des cultures, à leurs confrontations et intrications. Là où le dispositif s'accroche à du paganisme, à un spirituel territorialisé ou du sacré localement incarné, on a saisi, à travers une traversée plus ou moins impliquée de la tradition judéo-chrétienne (de sa loi d'Ancien Testament ou de sa nervure trinitaire catholique), la tentative de nouer les plus extrêmes singularités à un registre d'universalité. Là où le dispositif, enfin, moule ses groupes dans la soumission à une langue conçue comme totale et exclusive, on a perçu dans la littérature moderne cet écart radical, ce geste de séparation réitérée qui rend toute langue étrangère... Autrement dit, si le geste de la littérature moderne tend vers de l'universel, ce n'est pas pour fonder des « installations » mais, au contraire, des pluralités, des discontinuités, des nomadismes, et des désidentifications.

Seul le cosmopolitisme peut fonder la résistance au totalitarisme. C'est lui qui inspire les Russes de la dissidence, de Maïakovski à Soljénitsyne. C'est contre lui que les esprits tièdes ou compromis, depuis les gouvernants des démocraties occidentales jusqu'aux partis communistes européens, s'insurgent au nom de leurs frontières, de leurs intérêts, de leurs petites patries mesquines. Tout comme c'est contre lui qu'il est de bon ton en France de faire de l'anti-américanisme primaire. Or les États-Unis ne sont pas une nation au sens où l'entendent les tenants de l'enracinement : mais plutôt un groupement hétérogène de peuples divers, une langue importée d'Europe, et pourtant un formidable lieu de rassemblement surtout depuis 1940, ouvert aux artistes de l'Europe prise au piège des passions exacerbées de l'enracinement. Et, une ville comme New York, sans racines, suspendue entre mer et ciel, sorte de Venise contemporaine, devient lieu de rencontres, cosmopolitisme à l'état pur, et nouveau lieu de création. L'expression aussi, dans ce *melting pot*, d'une inspiration biblique, religieuse, d'autant plus remarquable que la création s'épuiserait dans la laïcité qui conduit au polythéisme moderne. Le lieu où s'exprime la nouvelle modernité planétaire de l'art avec Pollock et Newman, De Kooning et Motherwell, Kline et Rothko, tous plus ou moins inconnus de la vieille Europe. Et cette conclusion lapidaire – peut-être à l'excès – pour nos vieux laïques européens, dans la bouche de Motherwell : « Un peintre sans éthique n'est qu'un décorateur. »

De là, l'évocation d'échanges culturels, hors des institutions, des États, des politiques, entre les artistes, les pratiquants de culture, de l'Europe et des États-Unis, entre la modernité littéraire et philosophique française par exemple, et, aux États-Unis, la pratique renouvelée de la danse et de la peinture qui ont su se recréer dans le brassage des cultures. Dialogues de type nouveau, d'individu à individu, de singularité à singularité. Dialogue s'inscrivant dans les conditions morales de l'exil et dans la perspective spirituelle d'un monothéisme qui apporte la garantie de l'universel et de l'un.

La création se fait dans l'exil. Cela est sans doute vrai sans pour autant constituer une règle générale. L'invocation des valeurs nationales peut être en effet aussi créatrice, que l'on pense à la Pologne ou à la Tchécoslovaquie : en réalité, la création est à la fois un moyen d'exploration (cosmopolitisme) et de résistance (culture nationale ou minoritaire). Il est vrai que l'enracinement, devenu unique finalité spirituelle, devient stérile. Mais la création est tout à la fois aspiration à l'universel et affirmation de l'identité et du particulier. A trop privilégier l'universel, on risque de promouvoir une création mutilée.

L'exil et la résistance se trouvent exacerbés par le sous-développement. Malheureusement, Guy Scarpetta ne fait pas assez référence aux cultures des pays pauvres. Si les échanges culturels singuliers qu'il préconise peuvent être une thérapeutique contre les dangers d'uniformisation culturelle, ils sont en revanche impuissants à enrayer l'appauvrissement culturel des pays pauvres.

La vraie, la grande création, celle qui n'est pas simple ornement extérieur, se ferait ainsi dans la souffrance de l'exil et de la résistance. On connaît en France ces poètes, écrivains ou artistes africains ou sud-américains, politiquement ou culturellement exilés. On connaît aussi ces artistes et intellectuels convertis à la lutte armée. Les cultures disloquées des pays pauvres sont témoins de renaissances créatives plus ou moins occultes, mais combien authentiques.

Guy Scarpetta achoppe aussi sur le problème du sens de la création. La création qu'il prend comme seul modèle est individualiste et abstraite. Création purement individualiste, n'ayant de sens que pour celui qui crée. Création abstraite, retrouvant dans l'abstraction une sorte de pureté religieuse. Création exigeante, certes, où tout ce qui est baroque est plus ou moins considéré comme païen ou polythéiste. Création aussi dont on peut craindre qu'elle ne s'épuise elle-même dans ses propres limites.

Newman et Pollock, remparts opposés au totalitarisme qui déferle ne sont-ils pas de simples tigres de papier? Quelle adhésion – quel amour – quel mouvement populaire suscite leur création? Quelle réponse apporte-t-elle à la crise générale de la foi? Artaud et Becket sont sans doute des hommes libres, sensibles au sens tragique de la vie, mais ne font-ils pas qu'accompagner de leurs imprécations notre grand effondrement culturel?

Le cosmopolitisme spirituel s'il se limite aux seuls pays riches – c'est-à-dire s'il oublie la réalité du plus grand nombre – risque d'être un élitisme de plus. S'il rejette toutes références culturelles nationales il passe à côté d'une partie de la création et il ignore les vertus créatrices de la résistance.

N'est-ce pas la recherche de nouvelles (et anciennes) solidarités, le souci de vivre ensemble une résistance aux impérialismes culturels qui conduit la France, depuis quelque temps, à mettre l'accent sur la culture méditerranéenne? La solidarité gréco-latine n'est-elle pas nécessaire pour affronter la solidarité anglo-saxonne?

Mais, en outre, s'il n'est pas trop tard, et si l'on croit que la mémoire des nations est moins éphémère qu'il ne paraît, la confrontation des pays riches et pauvres peut être une épreuve salutaire nécessaire. La culture des pays pauvres est en effet moins abstraite que la nôtre, moins dévalorisée par l'impératif technique, comme dirait Jacques Ellul [7] qui voit dans l'invasion de la technique, objets et manières de penser, la cause de la perte de sens qui envahit la peinture contemporaine devenue trop formelle et jeu vide de sens.

Faut-il admettre que la création, pas plus que l'histoire, n'ont pas ou plus de sens? Faut-il aller chercher ce sens dans la fuite en avant ou la régression à l'abri des frontières? En fait, l'anthropologie – et c'est peut-être pourquoi elle est devenue une référence culturelle de premier ordre – nous apprend que l'histoire de la culture est commandée par la dialectique des frontières et des ponts. Pas d'identité culturelle sans frontière. Et pas de communauté, ni d'échanges sans leur ouverture, sans le passage des unes aux autres.

Frontières et ponts

C'est pour avoir apporté à cette question une réponse originale que la culture européenne a joué et continue de jouer dans le monde le rôle fondamental qui est le sien. Ce n'est pas par hasard que la société industrielle est née en Europe avant de se développer aux États-Unis, puis dans le reste du monde. L'histoire des civilisations permet de retrouver le sens du développement culturel et, sa condition première, de la création.

L'hégémonie culturelle européenne et occidentale serait-elle à chercher dans le développement des échanges de toute nature? Ils auraient été plus importants dans le continent européen où terres et mers s'entre-pénètrent étroitement. Mais l'Asie du Sud-Est disposait d'une géographie sans doute aussi propice.

Il faut chercher d'autres explications.

Le progrès démographique qui rend les espaces plus rares et conduit à un meilleur usage des ressources naturelles? Sans doute. Mais quelle en est la cause? Et ses effets sont-ils à tous coups bénéfiques? La malnutrition du tiers monde et ses effets permettent d'en douter.

7. Jacques Ellul, *L'empire du non-sens*, 1980.

L'apparition du monothéisme juif puis chrétien? Raison historique qui, indiscutablement, a suscité en Occident un dynamisme culturel à nul autre pareil. Ce qui attesterait que, en matière économique, la superstructure peut être plus importante que l'infrastructure.

Sans doute, toutes ces raisons réunies. Et, sans refaire la théorie des climats, l'influence aussi des conditions de vie tempérées, peut-être plus propices à l'organisation du travail que des climats torrides.

Mais il manque à tout cela un sens unificateur. Jacques Rigaud [8] propose pour sa part une définition qui met en valeur l'intensité des relations entre pays européens : « La culture européenne, si elle existe, n'est peut-être pas autre chose qu'un faisceau étroitement et séculairement lié d'influences réciproques entre des cultures aux souches nationales profondément diverses, mais dont la coexistence et les rapports sont plus actifs et conscients que ceux qui ont été vécus par toutes les autres cultures du monde. »

En mettant l'accent sur la coexistence des cultures européennes, il met le doigt sur la cause fondamentale dont les éléments d'explication sont donnés par Claude Lévi-Strauss [9]. Il part d'une idée : la civilisation occidentale s'est montrée plus cumulative que les autres. Mais à l'échelle de l'histoire de l'humanité, qui se mesure en dizaines de milliers d'années, il importe peu de savoir quels peuples ont inventé le progrès industriel cinquante ou cent ans avant les autres. Les différences géographiques dans l'apparition de cette autre révolution technique et culturelle que fut la révolution néolithique n'ont pas laissé de traces... A cette échelle, un écart d'une centaine d'années est en quelque sorte gommé de l'histoire, oublié par elle. Il en va différemment à l'échelle de mille ou deux mille ans. Or, si l'Europe a été très cumulative dans ses inventions, elle ne le doit pas à un génie particulier mais au fait qu'elle a su combiner des cultures très différentes, ce qui multipliait les chances de progrès. « L'Europe du début de la Renaissance, dit Claude Lévi-

8. Jacques Rigaud, « Rapport au Ministre des Affaires étrangères sur les relations culturelles extérieures », septembre 1979.
9. Claude Lévi-Strauss, *Race et histoire*.

Strauss, était le lieu de rencontre et de fusion des influences les plus diverses : les traditions grecque, romaine, germanique et anglo-saxonne; les influences arabes et chinoises. L'Amérique précolombienne ne jouissait pas, quantitativement parlant, de moins de contacts culturels puisque les deux Amériques forment ensemble un vaste hémisphère. Mais tandis que les cultures qui se fécondent mutuellement sur le sol européen sont le produit d'une différenciation vieille de plusieurs dizaines de millénaires, celles de l'Amérique, dont le peuplement est plus récent, ont eu moins de temps pour diverger; elles offrent un tableau relativement plus homogène. » Et de conclure : « L'exclusive fatalité, l'unique tare qui puissent affliger un groupe humain et l'empêcher de réaliser pleinement sa nature (c'est-à-dire de progresser), c'est d'être seul. »

Par conséquent, il ne peut y avoir de civilisation mondiale (uniforme) « puisque la civilisation implique la coexistence de cultures offrant entre elles le maximum de diversité ». En d'autres termes, « tout progrès culturel est fonction d'une coalition entre cultures ». Mais surgit alors un problème, celui auquel nous sommes actuellement confrontés : cette mise en commun des différentes cultures entraînera, tôt ou tard, une homogénéité culturelle qui limite de plus en plus les chances de progrès ultérieurs.

L'humanité est donc conduite, pour éviter l'uniformisation ou la stagnation, soit à provoquer des écarts différentiels entre cultures (ce à quoi nous a conduits la révolution industrielle par les différences de conditions sociales, d'abord à l'intérieur des nations, puis entre les nations elles-mêmes), soit à introduire dans le processus de l'histoire des cultures nouvelles (ce qui s'est produit avec la colonisation aux XVIIIe et XIXe siècles), dans tous les cas à élargir la coalition de manière à maintenir la diversité culturelle.

Mais on voit que cette condition sera de plus en plus difficile à réaliser. Reste alors à imaginer le rôle joué par l'apparition de régimes politiques et sociaux antagonistes : « On peut concevoir qu'une diversification, se renouvelant chaque fois sur un autre plan, permette de maintenir indéfiniment, à travers des formes variables et qui ne cesseront jamais de surprendre les hommes, cet état de déséquilibre dont dépend la survie biologique et culturelle de l'humanité. »

En conclusion : « Pour progresser, il faut que les hommes collaborent ; et au cours de cette collaboration ils voient graduellement s'identifier les apports dont la diversité était précisément ce qui rendait leur collaboration féconde et nécessaire... Une humanité confondue dans un genre de vie unique et inconcevable, parce que ce serait une humanité ossifiée. »

Le même message est délivré par Léopold Sedar Senghor lorsqu'il plaide en faveur du métissage, faisant référence à Paul Rivet pour justifier le rôle fondamental de la Méditerranée : « C'est là que se sont formées les premières et les plus grandes civilisations du monde : celles de l'Égypte, de Sumer, de la Grèce, de Rome, de l'Iran et de la vallée de l'Indus, de la Chine du Sud et du Japon, des Aztèques et des Mayas, sans oublier les Arabes. Elles se sont élaborées à la rencontre de trois grandes races : par ordre alphabétique, la blanche, la jaune et la noire. » Et Senghor de poursuivre : « Si dans l'histoire des civilisations, les peuples méditerranéens ont été les plus grands, c'est qu'ils avaient réalisé une symbiose exemplaire entre le Nord et le Sud, entre les vertus des Albo-Européens comme les Sémites d'une part, et celles des Négro-Africains comme les Berbères, d'autre part. Dans la vie qu'ils avaient menée, pendant des millénaires dans les plaines eurasiatiques, dans les ténèbres et les froids des longs hivers, au milieu d'une nature hostile, les premiers avaient développé la raison discursive, l'esprit de méthode et d'organisation. Les seconds, qui vivaient au milieu d'une nature clémente, amicale, avaient cultivé, avec la raison intuitive, l'identification avec l'autre, c'est-à-dire l'art : un art fait d'images analogiques, informées par le rythme vivant. »

Toutes ces perspectives convergent pour faire de l'ouverture de notre culture occidentale aux autres cultures du tiers monde une nécessité vitale. Les hypothèses formulées aujourd'hui dans un certain désarroi par les uns et les autres sur la stagnation des relations culturelles de domination ou sur l'uniformisation d'une vaste culture mondiale doivent être repoussées. Les civilisations et les cultures actuelles sont condamnées à la mutation. Et celle-ci ne peut venir que d'une remise en cause des prétentions hégémoniques de la culture occidentale. Hégémonie dont la perpétuation pourrait lui être fatale.

Ouvrir les relations culturelles à l'apport créatif du tiers monde

Il faut donc repenser l'apport du tiers monde à notre culture.

Le dialogue Nord-Sud dont on parle tant devrait avant tout porter sur la création en dehors des institutions. Et les pays du Sud pourraient nous apporter leur expérience dans les rapports de la création avec la nature, la tradition, le corps et la technique.

Cet appel aux pays du Sud ne doit certes pas être considéré comme la référence à un paradis perdu dont les vestiges resteraient à ramasser du côté des temples d'Angkor (comme l'ont fait Malraux et beaucoup d'autres...). Les pays du Sud sont confrontés à un formidable décalage culturel opposant leurs traditions et les technologies occidentales.

Mais la question de la nature s'y pose en des termes différents.

L'Occident a depuis des siècles considéré la nature comme un moyen, une série d'éléments à maîtriser, alors que les pays du Sud ont toujours entretenu une sorte de complicité avec elle : celle que l'on éprouve en face d'un adversaire que l'on redoute et estime à la fois. L'homme du Sud vit encore dans la nature et se soumet à ses rites et rythmes. L'homme du Nord obéit aux contraintes des techniques, la nature dut-elle en souffrir, au point d'appeler des réactions de défense écologiques.

La création s'est également disjointe de la nature, sauf à en chanter les regrets. Les excès du formalisme esthétique contemporain, notamment dans les arts plastiques, ne viennent-ils pas, sinon d'une négation de la nature du moins de son oubli? Mais la création sait aussi la transfigurer avec Kracjberg, lorsque la nature redevient élément essentiel de la peinture ou de la sculpture, à la mesure de l'écartèlement entre ses plages brésiliennes et son atelier de Montparnasse;

319

ou avec Dubuffet pour qui herbiers et ailes de papillons deviennent éléments de composition.

La technique a envahi les pays du Sud depuis trop peu de temps pour que le rapport de l'homme à la nature y ait été aussi perturbé que dans les pays du Nord. Il a certes changé. Mais le sens de la nature y reste encore vivace.

Nous avons à réapprendre non pas le retour nostalgique à la nature considérée comme la matrice parfaite de notre humanité, mais son nécessaire respect. La domestication peut supporter la complicité. Elle n'implique pas obligatoirement l'anéantissement. Nous avons de ce point de vue à découvrir le sens de la familiarité hospitalière des pays du Sud. Et ceci avant qu'ils cèdent eux-mêmes au vertige destructeur dont on voit les prémisses dans les forêts amazoniennes. Il faut tendre à une harmonie entre culture et nature. Mais il faut se hâter : celle de la civilisation khmer est ravagée par la guerre, celle du Zen est menacée par les progrès de l'électronique...

Dans le même esprit, mais sur un mode différent, le dialogue Nord-Sud doit apprendre à la création occidentale à entretenir des rapports plus harmonieux avec la tradition.

Nous vivons écartelés, les pieds dans les cavernes, et la tête dans le cosmos. La tradition nous retient en arrière au moment de l'envol. Mais elle peut aussi éviter la chute. La tradition : un enracinement? S'il faut éviter l'idolâtrie de l'enracinement, il ne faut pas ignorer non plus les vertus de la mémoire de la communauté. La tradition est nécessaire pour comprendre le sens de la durée, de notre devenir pour mesurer le chemin parcouru. Elle est moins utile lorsque l'inspiration nous appelle irrésistiblement. Mais on ne mesure pas assez toute la tradition qui se cache sous nos pratiques créatives. Entre tradition et création, les écarts se creusent. Le besoin de signification est plus impérieux. La référence à la tradition est d'autant plus utile que l'on avance plus vite.

La tradition des rapports intimes entre la création et le corps, encore forte dans les pays du tiers monde, s'éloigne de notre sensibilité. Nous avons moins besoin d'une tradition de l'écrit que d'une tradition du sensible et de l'oral. La tradition du discours, pour se retrouver, en action, vrai sujetcréateur, comme l'indique justement Michel de Certeau : « Dans l'art de raconter les manières de faire, celles-ci s'exercent elles-mêmes. » La tradition c'est aussi la mémoire, ce qui ne veut pas dire nécessairement le champ clos. « La mémoire est jouée par les circonstances, comme le piano rend des sons aux touches des mains. Elle est sens de l'autre. Aussi se développe-t-elle avec la relation — dans les sociétés traditionnelles, comme en amour — alors qu'elle s'atrophie quand il y a autonomisation de lieux propres. » La mémoire, comme la création, se développe avec la transgression des frontières.

L'homme occidental ne sait plus penser avec ses mains. Il se méfie de son corps. Son corps lui est étranger. On confie à d'autres le soin de le soigner. L'hôpital c'est l'exclusion de la vie sociale, de la culture, déjà la mort. On ne peut attendre de la seule technique une réconciliation avec notre corps. Certes, elle peut, dans l'avenir, nous permettre de mieux vivre avec lui, de le soigner par prothèses et greffes de toutes sortes, de retarder ainsi l'instant fatal, comme l'exprime Jacques Attali [10]. Mais une telle mutation supposera aussi un acte culturel.

L'homme occidental ne sent pas, il raisonne. Il ne sait jouer et jouir de son corps, tels les Africains dans la danse, créations individuelles dans le groupe, rythmées par le groupe, joie profonde du corps, mouvements, pulsions vitales qui font paraître nos corps d'Occidentaux plus morts, éteints. Comme si la technologie cérébralisait nos conduites créatives au point de les disjoindre de nos corps.

Le tiers monde, même s'il est lui-même de plus en plus écartelé, vit encore avec ses sens, sa tradition orale, musicale, sensuelle.

Notre créativité, coupée du corps, de la vie, s'épuise. Il est temps que l'Europe s'ouvre vraiment aux cultures africaines et asiatiques. Elle l'a déjà fait épisodiquement : Picasso, les cubistes, les demoiselles d'Avignon en 1906 ; l'exposition coloniale de 1931, celle d'art nègre à Dakar en 1966 venue par la suite à Paris... Mais cette ouverture ne doit pas se

10. Jacques Attali, *L'ordre cannibale*, Grasset, 1980.

limiter à quelques-uns : elle doit concerner tous les peuples et tout des peuples. Le jazz a réussi une telle mutation, un tel synchrétisme. Mais il n'y a pas que la musique. Il y a aussi la danse, la langue, la manière d'écrire, d'écouter, de vivre.

Tradition du jeu corporel que les États-Unis ont su intégrer, grâce au peuple noir présent chez eux, mais aussi tradition de l'usage de la main. La main prolonge la pensée pour créer. Jusqu'à n'être, chez Renoir paralysé, que le seul organe vivant, prolongement du regard. L'œil et la main. L'intelligence et le sensible.

La machine a déjà restreint considérablement les prouesses de la main. Nous devenons peu à peu infirmes. Sans nous en rendre bien compte. L'ordinateur le plus perfectionné ne pourra jamais que reproduire imparfaitement les créations antérieures, manuelles, sensuelles de notre histoire. Il restera toujours étranger au plaisir de créer. De créer par soi-même. C'est un puissant agent de combinaison, mais de formes existantes, dans nos conservatoires ou notre inconscient collectif. L'ordinateur fait de la création un acte abstrait. Créer sera toujours transformer la matière, inerte, en objet signifiant, en action. Comment ne pas constater, en visitant l'exposition sur « les métiers de l'art » en 1981 au Musée des Arts décoratifs, le déclin de la création entre le XVIIIe et le XXe siècle? La cause? Le coût du temps, l'accélération de l'histoire. Lorsque le temps était gratuit ou presque, la création pouvait tendre à la perfection. Elle était offrande plus que production. Et on la mesure au moyen des mêmes critères que ceux des produits industriels. La concurrence est par trop inégale. Placée sur ce terrain, la création manuelle contemporaine est à tout coup perdante. La tradition c'est le rappel constant de la nécessaire gratuité de la création. Le tiers monde peut être encore en ce domaine notre mauvaise conscience. Lorsque les enfants de Dakar bricolent des jouets à l'aide de boîtes de conserve, ils font œuvre créative à partir des déchets de la société industrielle. Attitude que l'on retrouve dans la création d'un « artisan d'art » français tel que J.-Cl. Roure.

Les enfants Wolof du Sénégal n'accordent d'ailleurs pas à l'objet le rôle important qu'il joue en France. L'utilisation de l'objet, comme le montre Jacqueline Rabain [11] après deux années de vie avec les Wolof, est moins culturellement valorisée que les contacts corporels. Le corps est en effet chez les Wolof le « lieu d'inscription des rapports sociaux », où les contacts physiques entre l'enfant et la mère préfigurent les jeux corporels entre enfants, et les attitudes sociales des adultes. La place de l'objet par rapport aux autres formes d'échanges tactiles, alimentaires, verbaux, y est faible.

Dans les cultures africaines la maîtrise du monde ne se fait pas par un système technologique comme dans les sociétés industrielles mais par des voies socioreligieuses.

Nos techniques évoluées prolongent l'action du corps et de la main dans l'acte créateur. Mais l'outil occidental devient de plus en plus conceptuel, indépendant de la main. Il n'a plus besoin de l'habileté du corps. Il lui suffit d'être intelligent. Dramatique exclusion. L'objet, tout en restant objet, tend à devenir lui-même une abstraction. Il n'y a plus d'objets dans les écoles d'ingénieurs pourtant chargées de former des concepteurs d'objets : il n'y a plus que calculs d'ordinateurs et électronique.

La création, lorsqu'elle restait, au sens propre, à portée de la main, était quotidienne. Dans les fêtes, les danses, les chants. Même si elle s'exprimait sur des thèmes diffusés par les classes dominantes, par la haute culture, les pratiques populaires s'appropriaient cette culture, la remodelaient pour en faire une création originale.

L'introduction de l'outil, des techniques informatiques et électroniques, aboutit à mettre la création hors de notre main. Elle devient activité spécialisée.

Concurrencé par les progrès de la technique, le métier disparaît. Le tiers monde, affronté à cette évolution, depuis moins longtemps que nous, peut nous apporter le sens du métier. Les derniers artisans d'art français, authentiques, auront disparu avant la fin du siècle. Fin d'une époque. Il ne faut pas aller à contre progrès. Mais il faut savoir aussi garder des traditions quitte à faire revivre les pratiques qu'elles inspirent hors de l'archaïsme dont elles sont issues.

Pays dominés, les pays du tiers monde sont dans une posi-

11. Jacqueline Rabain, *L'enfant du lignage,* Payot, 1979.

tion de résistance. C'est dans la résistance que la création est la plus libre. Le dialogue entre pays riches et pays du tiers monde doit nous réapprendre l'esprit de résistance dans la création.

Double chance pour l'Europe. Au cœur d'un vrai dialogue Est-Ouest, avec la dissidence de l'Est et l'errance créatrice de l'Amérique, elle peut retrouver les vertus du déracinement créateur. Paris a longtemps été une capitale cosmopolite. Mais placée aussi à la croisée d'un dialogue Nord-Sud, elle doit retrouver l'esprit de la résistance créative. Non pas la résistance de type nostalgique et nationaliste. Mais la résistance combattante : contre les méfaits de la technologie envahissante, contre le profit, mesure de toute production, contre l'accélération effrénée qui ruine le sens de la gratuité, de la durée, c'est-à-dire au fond d'un peu d'éternité.

Ainsi conçues, les relations culturelles prennent une autre dimension que celle jusqu'ici incarnée dans les politiques nationales ou supranationales.

Encore faut-il que de telles finalités, que ce retour à la création, correspondent à un besoin répandu, et débouchent sur de nouvelles pratiques culturelles, ou, mieux encore, interculturelles.

De nouvelles pratiques interculturelles

Ces nouvelles pratiques s'inscrivent dans les vides laissés par les institutions, elles-mêmes désertées par la vie. Elles se glissent là où on les attend le moins. Elles concernent les créateurs, mais aussi des franges croissantes de publics. Elles donnent naissance à des échanges multiples qui débordent nos catégories culturelles ou politiques (Nord-Sud, Est-Ouest). Elles sont transversales, déroutantes, inattendues, souterraines; elles débordent les champs clos de la culture pour glisser au social, à l'économique. Bref, elles intéressent un nouveau mode de vie en société, non plus national, régional, idéologique. Mais transculturel [12].

Quelques faits pour en témoigner.

12. Marcelin Pleynet, *Transculture*, 10 × 18.

Les échanges entre élites intellectuelles des différents pays se multiplient. Mais au point que ces échanges ne passent plus seulement par Paris, Londres et New York. Ils empruntent désormais tout autant les chemins d'Alger, Rio, Dakar, Buenos Aires ou Tokyo. Se constituent ainsi des fraternités transculturelles, difficiles à localiser, différentes selon les individus, fondées d'abord sur les créateurs, écrivains et artistes. Ce phénomène touche même les créateurs de l'URSS, pays dont les frontières sont pourtant en acier. Un poète comme Voznessenski, qui jouit d'une certaine officialité à Moscou, ne passe pas d'année sans se rendre à Paris, Londres ou Montréal où il rencontre le public mais aussi ses amis. L'organisation de spectacles, de manifestations culturelles est de ce point de vue aussi intéressante par les déplacements et les rencontres qu'elle autorise que par la connaissance de la création des autres qu'elle facilite.

Mais, depuis cinq à dix ans, ces fraternités transculturelles se sont élargies à d'autres élites que les créateurs : journalistes, administrateurs culturels, amateurs d'art. Surtout amateurs. Le tourisme traditionnel cède la place à un tourisme convivial, nouveau style, symbolisé par « Nouvelles frontières » né en 1968 et passé en cinq ans du 34e au 4e rang des tour-operators en France. Un tel phénomène dont rendent compte Hugues de Varine et Jean Francis Held [13] est en mesure d'amplifier les conduites cosmopolites décrites par Guy Scarpetta : en l'élargissant à des sphères sociales différentes de la seule création, et en modifiant de ce fait la perception parfois trop difficile d'une création ésotérique et d'avant-garde. Il faudra tenir compte désormais des goûts des amateurs.

Ces nouvelles pratiques apparaissent dans l'organisation des spectacles et manifestations culturels. Les expositions du Centre Pompidou, de Paris-New York à Paris-Paris, ont été l'occasion d'ouvrir la connaissance des Français à la création des autres pays et des autres cultures et de leur faire prendre conscience de l'existence de ces fraternités transculturelles plus ou moins occultes.

Le mouvement gagne le théâtre. Le Festival d'Avignon

13. Jean Francis Held, *Si on allait faire un tour jusqu'à la pointe.*

par exemple présente en 1981 un programme dans lequel 60 % des créations sont étrangères alors qu'il présentait jusqu'ici 80 % de créations françaises. Chiffres qui expriment à la fois l'épuisement de notre inspiration nationale et la curiosité pour la création des autres : mouvements classiques de tous les échanges culturels internationaux. C'est la fermeture sur l'épuisement qui serait inquiétante. Cette évolution est d'autant plus intéressante que cette ouverture ne se fait pas seulement en direction de nations de l'Europe de l'Ouest, mais aussi de pays de l'Europe de l'Est et de l'Afrique.

La Maison des Cultures du Monde, créée par Jack Lang en 1982, peut être le lieu d'impulsion de ces pratiques interculturelles.

Un autre signe de ce changement est l'ouverture du secteur privé de la culture aux préoccupations étrangères. La collection de littérature étrangère chez Gallimard représente, en 1978, 30 % du chiffre d'affaires de la maison d'édition. Le Seuil lance en 1980 une série de romans étrangers. Et le mouvement s'amplifie.

Il en va de même pour la distribution des films. Il n'est pas indifférent de pouvoir enfin voir des films indiens en France qui n'étaient pas visibles depuis l'apparition relativement ancienne d'un cinéma indien original.

Certes, de tels phénomènes ne manquent pas de susciter l'inquiétude en face de ce que certains appellent l'épuisement de notre création nationale. Mais il faut aussi apprécier le côté positif de cette ouverture : aux cultures des autres qui ne sont plus seulement considérées comme la simple périphérie de la nôtre. La France et le Français — hors des institutions — ne se prennent plus pour le nombril culturel du monde. Ils commencent à s'apercevoir que la création n'est pas le monopole de l'hexagone, mais qu'elle s'exprime aussi bien dans d'autres nations, d'autres ethnies, d'autres sensibilités qui dans la période de crise actuelle peuvent répondre à des questions que nous laissons sans réponse. Les foyers de création se disséminent dans le monde. C'est un bon signe pour la culture.

Chacun, selon son tempérament, peut déduire de cette évolution que notre culture est en crise ou, au contraire, qu'elle fait preuve d'une bonne santé. Ou encore que ces mutations restent des épiphénomènes qui ne changent rien à l'état actuel des relations culturelles internationales : faites, pour un temps indéterminé, de relations de dominants à dominés, et condamnées à l'uniformisation

Et pourtant, si derrière l'amplification à la fois quantitative et qualitative de ces pratiques transculturelles s'esquissait une mutation décisive de nos pratiques culturelles?

L'ouverture sans exclusive est le gage de notre liberté de création. Les pouvoirs politiques peuvent craindre une telle ouverture. Elle s'effectue donc clandestinement ou presque car elle reçoit désormais l'encouragement du gouvernement français. En tous les cas en marge de nos institutions. Surtout l'ouverture au tiers monde.

L'ouverture, cela veut dire le franchissement des frontières par les idées ce qui est déjà une première subversion. Ce n'est pas un hasard si le roi de France interdisait l'édition de certains livres, condamnés à être imprimés en Hollande et à parvenir néanmoins à Paris sous le manteau; ni si Voltaire devait s'exiler à Ferney et Victor Hugo à Guernesey. La culture a toujours eu à se mesurer avec des frontières.

L'ouverture, cela veut dire également le développement des échanges commerciaux. Et, en matière de culture, si l'on fait abstraction des profits scandaleux réalisés sur la vente de certaines œuvres d'art et des détournements de leur sens qui peut résulter d'une pratique aveugle des industries culturelles, il faut se rendre à l'évidence que ce commerce est un signe de santé pour la culture.

Quitte à affronter l'ire de certains puristes, il faut affirmer cette vérité : la culture est toujours allée de pair avec les échanges commerciaux. Comme le disait Didier Motchane au colloque de la Sorbonne en 1983, « le commerce des esprits a toujours accompagné le commerce des épices ». Ce n'est pas un hasard. Et, pour répondre à la question posée plus haut sur les origines de l'hégémonie culturelle occidentale, force est de trouver une réponse, même si elle est partielle, dans la vocation commerciale des Occidentaux, autrement dit dans leur esprit pratique : lorsque le Bas Empire s'isole, sa culture, et non seulement son économie, régresse. Le développement du Moyen Age, l'érection des cathédrales, ne sont pas un simple acte de foi, mais aussi le signe de la renaissance des échanges commerciaux dans toute l'Europe. C'est ensuite le succès de la politique des comptoirs outre-mer, puis la colonisation : une culture offensive fondée sur des échanges économiques audacieux, trop offensive même au point de dégénérer en impérialisme.

Il est donc très important de repérer aujourd'hui le déplacement prévisible des centres commerciaux du XXe siècle. Si l'on en croit Jacques Attali, les foyers du progrès technique et économique vont se déplacer vers le Pacifique : le Japon, Taïwan, la Chine, l'Australie. Quelle sera la conséquence pour l'Europe, la France, la côte Est des États-Unis, de ce redéploiement vers l'Extrême-Orient ? Voici un sujet de réflexion pour les responsables culturels de la France. Les pôles de croissance vont se multiplier de par le monde. En particulier par suite de la prise de conscience récente de l'importance du fait culturel comme préalable au développement économique. Léopold Senghor rappelle à bon escient [14] qu'à l'occasion de la session extraordinaire de l'ONU sur le « dialogue Nord-Sud », la Banque mondiale a affirmé qu'on ne peut régler les questions économiques sans examiner leur aspect culturel : ce sont maintenant les banquiers qui, devant l'impuissance de leurs techniques financières et économiques, appellent la culture à la rescousse !

Les pratiques culturelles internationales vont donc à la fois se diversifier sur tout le globe et s'intensifier. Et l'on entrevoit la constitution de ce que l'on peut appeler un réseau de connivences. Construit dans le déplacement et la transversalité, il doit se distinguer de plus en plus nettement de la politique de diffusion culturelle conçue et organisée par les institutions.

Ce réseau ne reposera pas seulement sur la fraternité des créateurs. Il s'ouvrira à des villes, des associations, des groupements professionnels. L'intensification de ces pratiques, inscrite dans le développement des communications, doit également aider les échanges transculturels à ne pas céder, comme parfois, à l'abstraction des avant-gardes créatrices. La prise en compte du tiers monde dans ces relations et ces

14. Léopold Senghor : « Méditerranée et civilisation du XXIe siècle », *Le Monde*, 13 septembre 1980.

pratiques apporte la garantie d'un retour au réel : la santé, la vie, la nature, et même la guerre hélas. La culture se porte bien lorsqu'elle est confrontée aux vrais et durs problèmes du monde. Les nier aujourd'hui serait une faute. La création des avant-gardes est peut-être prophétique ; le retour au réel lui est pourtant nécessaire. Accepter les lois de la domination serait inconscient. Nous avons besoin de la conscience de tous les individus et des groupes gagnés par la transculture pour contraindre les institutions nationales et internationales à ne pas persévérer dans la faute, ni l'inconscience.

5. LA CRÉATION PEUT-ELLE NOUS SORTIR DE LA CRISE ?

Élie Wiesel

Ettore Scola

Jacques Rigaud

Jacques Attali

François Mitterrand

Élie Wiesel

UNE VISION DE L'APOCALYPSE

Évoquant le messianisme apocalyptique, un célèbre maître hassidique disait : « En ce temps-là, l'été sera sans chaleur, l'hiver sans gel, les sages auront oublié leur sagesse et les élus leur ferveur. »

Un autre Maître exprimait la même idée mais sous une forme variée : « En ce temps-là, on ne distinguera plus la lumière de ce qui tue la lumière, le crépuscule de l'aurore, le silence de la parole et la parole de son contenu ; il n'y aura plus de rapport entre l'homme et son visage, le désir et son objet, la métaphore et le sens de la métaphore. »

Prémonitions, prédictions orweliennes avant la lettre. L'ennemi réside non pas dans le triomphe du mal mais dans le chaos. La confusion des valeurs est pire que leur disparition. Satan sera châtié non pour avoir séduit les humains à pécher, mais pour leur avoir menti que c'était au nom du Bien. Tant que le jour et la nuit sont séparés, tout est possible ; qu'ils mêlent leurs royaumes et tous deux seront frappés de malédiction.

Voilà l'enseignement exaltant de la tradition juive. C'est dans la distinction que jaillit la vérité. Pour que la création se révèle, Dieu doit se rétracter dans Son secret. « Béni soit le Seigneur d'avoir offert au coq l'intelligence de discerner entre l'obscurité et la lumière », dit l'homme juif tous les matins. Et après le septième jour, à la tombée du crépuscule, que dit-il ? « Béni soit le Seigneur d'avoir séparé le Shabbat du restant de la semaine, le sacré du profane. »

Que les frontières soient abolies, et ce sera l'apocalypse.

Enfant, je redoutais les temps messianiques et pourtant de tous mes vœux je les appelais. Je n'étais pas le seul à éprouver ces sentiments contradictoires. Dans le Talmud, déjà, un Sage s'était exclamé : « Je souhaite la venue du Messie mais je ne tiens pas à être là pour l'accueillir. » Trop de tourmentes sont censées le précéder. Trop de guerres. Trop de massacres. Kafka avait raison de dire que le Messie n'arrivera pas au dernier jour mais le jour d'après : trop tard pour trop de gens.

Cependant, contrairement au Sage talmudique, j'étais prêt à accepter l'événement dans sa totalité. Je vivais dans son attente. Je me disais, on me disait : être juif c'est attendre. La différence entre les autres peuples et le mien ? Nous n'avons pas dépassé l'attente ; nous nous dépassons à l'intérieur de l'attente.

Comprenez-nous : pour nous, l'Apocalypse ne faisait pas partie de l'avenir lointain mais de l'immédiat. Il nous suffisait de sortir dans la rue certains jours pour nous en apercevoir. Le danger partout. La haine. La mort partout. Pour nous, le sol n'était nulle part solide. En exil, toujours, en fuite : le monde des hommes, le bonheur des hommes nous échappaient.

Souvent nous avions le sentiment de vivre les malédictions de l'Écriture : la nuit, nous attendions que se lève le jour ; le matin, nous attendions que tombe le soir.

Chassés de partout, pourchassés partout, accusés de tous les méfaits, blâmés pour tous les maux, nous ne comprenions pas ce qui se passait autour de nous. Nous semblions vivre dans un univers à part, parler un langage à part. En nous regardant, les gens semblaient entrevoir une vision ancienne d'épouvante. Quant à nous, nous n'avions où poser le regard : expulsés de la géographie, nous nous réfugions dans des livres.

Là, nous retrouvions gloire et souffrance d'autrefois et nous nous en servions comme repères et appuis. Nous racontions la peine de nos ancêtres en Égypte et du coup la nôtre parut plus tolérable. Nous évoquions la destruction du Temple de Jérusalem, les persécutions meurtrières au temps des Croisades de Mayence à Blois à Jérusalem, les victimes de l'Inquisition, les incendies des synagogues durant les pogromes, et nous nous sentions étrangement rassurés sinon encouragés : les temps étaient durs? Bah, ils l'avaient toujours été. Et pourtant. Nous étions là, inchangés. L'Apocalypse? Nous savions comment la traverser, y survivre : à force de mourir sans cesse, nous avions acquis l'art de la survie.

L'avenir, je veux dire l'avenir immédiat, nous y songions avec appréhension. Tout changement est pour le pire : telle fut notre certitude. Nos amis eux-mêmes changeaient d'attitude à notre égard dès qu'ils accédaient au pouvoir. « Quiconque persécute les Juifs s'érige en chef », affirme le Talmud. Et réciproquement : « Quiconque acquiert une position de puissance se met à persécuter les Juifs. » Il valait donc mieux subir les châtiments connus, familiers, des souverains en exercice. Dans nos prières nous parlions des jours qui passaient et non de ceux à venir. Enracinés dans le passé, nous répondions au présent. Anticiper le lendemain signifiait sentir le souffle de l'ère ultime, celle de l'Apocalypse.

Or, cela est une chose à ne pas faire. L'Apocalypse n'a pas bonne presse dans la tradition juive. On admire Ézéchiel, on aime Isaïe parce que, pareils à Jérémie, ils ne laissent pas leur vision et leur parole se vautrer dans la tristesse; ils annoncent la consolation et l'espérance.

Certains ouvrages de valeur, du point de vue éthique autant que littéraire, n'ont pas été inclus dans le canon sacré uniquement parce qu'ils sont imprégnés de trop de désespoir.

Ben Sira et Baruch Dalet, par exemple, inspirent trop de pessimisme. Voilà pourquoi ils relèvent des Apocryphes. Job lui-même allait connaître le même sort. Nombre de savants avaient discuté son cas pendant des générations avant de décider en sa faveur : et cela, sans doute, grâce au dénouement optimiste du drame. Après la catastrophe, Job redevient heureux, en paix avec le ciel et soumis à Sa volonté.

Pour nous, aujourd'hui, il est moins aisé de refermer les parenthèses. Plus que jamais l'avenir, source d'effroi, reflète notre passé, cimetière d'illusions. Dans la mesure où mes contemporains croient en l'Apocalypse, ils se réfèrent à celle qu'ils ont vécue. Ils parlent de mémoire plus que de vision. Ils ont peur : ils ont peur parce qu'ils se souviennent. L'imagination tragique n'est pas la limite de la douleur ; la mémoire tragique va plus loin. Quand les deux se rencontrent, le cauchemar devient sans issue.

Or, c'est le cas du survivant : ses souvenirs, liés à un événement d'ordre absolu, pèsent sur l'avenir autant que sur le passé. Ce qui, pour Orwell, relevait de la fantaisie ou du pressentiment, est pour le rescapé d'Auschwitz matière vivante. Orwell, c'était avant ; pour nous, c'est après. Autrement dit : pour nous, le temps se serait arrêté entre Auschwitz et Hiroshima.

Attention, ne les comparons pas. Dans le domaine de l'univers concentrationnaire toute analogie ne peut qu'être fausse. Et blasphématoire. En dépit — ou en raison — de ses implications et applications universelles, l'Holocauste demeure unique : c'est dans sa singularité que réside son universalité. Et pourtant. Niant l'Histoire, Auschwitz représente une sorte d'aberration et de culmination de l'Histoire. Tout nous y ramène. Illuminé par ses flammes, le présent apparaît plus compréhensible, ne serait-ce qu'au niveau existentiel. Les engagements d'aujourd'hui s'expliquent par l'indifférence de jadis qu'ils s'acharnent à récuser et à condamner. Déshumanisé, déshumanisant, le système nazi a ouvert la voie à beaucoup d'autres. Si notre langue est corrompue c'est parce que, en ce temps-là, la langue elle-même était dénaturée. Des mots innocents et beaux désignaient les crimes les plus abjects. Nuit et brouillard, sélection ou évacuation ou traitement spécial : nous savons maintenant que ces termes signifiaient torture et tourmente par la faim, l'isolement et la terreur. Le premier crime commis par les Nazis fut contre le langage. Il excluait de l'expérience tous ceux qui n'étaient pas directement impliqués. Seuls se comprenaient les bourreaux et les victimes. Les autres écoutaient et lisaient sans comprendre.

Comprend-on maintenant ? Je n'en suis pas certain. Je serais plutôt certain du contraire. L'expérience concentrationnaire défiera à tout jamais toute possibilité de compréhension. Sur ce plan-là elle diffère de la vision orwelienne de la société où, malgré tout, les choses se tiennent par une logique rigoureuse et irrévocable. Chez Orwell, c'est la loi de l'antinomie qui s'impose en règle immuable : dès que les rôles sont renversés, les rapports entre les acteurs demeurent les mêmes. Changement de signe qui serait inconcevable dans le Royaume de la nuit : il ne s'agit pas là d'une métamorphose à l'état pur – ou pas seulement d'une métamorphose. Auschwitz et Treblinka sont autre chose – et ils demeureront toujours *autre chose*. Dire qu'on y a remplacé le Bien par le Mal, la vérité par le mensonge, la vie par la mort, ne suffirait pas à en saisir la signification profonde. Remise en question permanente de la condition humaine, le phénomène concentrationnaire nous blesse et nous interpelle mais n'offre jamais de réponse. Voilà ce que nous avons appris à Auschwitz : il est possible de vivre et de mourir sous le signe exclusif de l'interrogation, c'est-à-dire, privée de solution. De même qu'il n'existe pas d'argumentation pour nous expliquer Majdanek, de même il n'en existe pas pour nous dire comment nous avons fait pour vivre après Majdanek.

Peut-être faudrait-il évoquer ici non pas Job mais Noé. Après le déluge, il fonde un nouveau foyer. Comment fait-il pour oublier? Il n'a rien oublié. C'est parce qu'il n'oublie rien qu'il décide de tout recommencer. Pour conférer un sens à sa survie. Et justifier l'œuvre de Dieu en opposant un refus à la mort. Est-il heureux? S'il l'était il ne se réfugierait pas dans l'ivresse. Comment le serait-il? Tous ces morts qui le hantent et l'appellent, qui l'accusent et le répudient. Pire : il prévoit la suite. Déjà l'horizon se couvre de nuages : une nouvelle tempête s'annonce. Poussés par un orgueil irraisonné et démesuré, les hommes s'élancent vers les hauteurs pour ériger une Tour dont la tête toucherait le ciel. Mais ne savent-ils pas que le salut de l'être humain se définit par rapport à ses semblables? n'ont-ils donc rien appris? Attirés par l'espace, ils trahissent la terre et ses habitants. Là est la tragédie de Noé : le survivant se rend compte que l'Histoire continue comme si de rien n'était; qu'elle se répète : pour Noé, l'Apocalypse est à la fois rappel et avertissement. Il lui incombe la tâche d'en faire révélation. Et leçon.

Seulement telle est la nature des hommes. Ils refusent d'écouter. Avides de divertissement, ils repoussent la déposition des témoins. Comment les survivants ont-ils fait pour

337

ne pas devenir fous? Ils ont parlé et rien n'a changé. Leurs ouvrages, traitant du destin commun des hommes, ne sont pas reçus. D'où leur désespoir. Si Auschwitz n'a pas forcé la société à se ressaisir, qu'est-ce qui arriverait? La tragédie de l'Apocalypse, la voici : au lieu de l'affronter, les hommes s'en détournent. Ils agissent comme s'ils n'avaient pas découvert les voies de l'abîme.

D'où l'angoisse qui habite ma génération, ou du moins ses penseurs, écrivains et artistes. Réussiront-ils à sauver de l'oubli tout ce qui serait capable de sauver l'humanité? Encore leur faudrait-il, pour y parvenir, avoir foi en leur mission. Or, ils ne l'ont plus.

Tout l'héritage des philosophes et des créateurs, depuis des siècles et des siècles à travers cultures et quêtes collectives n'a pu empêcher la civilisation du reniement-de-soi. Les triomphes de l'esprit, inscrits dans l'histoire des peuples divers à des titres variés, n'ont pu écarter la défaite. Socrate et Spinoza, Dante et Dostoïewski, Bach et Michel-Ange portent leur part de responsabilité pour ce que, en pays chrétiens fiers de leur progrès, a été entrepris pour servir la Mort. Les assassins de Treblinka avaient lu Goethe et admiré Schiller. On trouvait parmi les officiers des Sonderkommandos des scientifiques et des médecins, des psychiatres et des amateurs d'opéra. Imaginez-les à l'œuvre et vous aurez un aperçu de la véritable Apocalypse : les tueurs fous et sauvages qui égorgent enfants et vieillards en hurlant leur haine sont moins terrifiants que les êtres cultivés qui massacrent leurs victimes dans un calme absolu sans que leurs actes déforment leurs traits. L'Apocalypse c'est les barons élégants qui abattent dix mille Juifs par jour à Babi-Yar; c'est les médecins qui accueillent les foules à Birkenau et envoient les faibles et les enfants droit aux chambres à gaz sans que leur sommeil en soit perturbé; c'est les docteurs-ès-lettres et les docteurs-en-droit qui, à Wansee, élaborent le programme de la Solution finale. L'Apocalypse c'est un bureau spacieux et clair, c'est des technocrates bien élevés, c'est des secrétaires efficaces, c'est des fonctionnaires qui collaborent avec ou sans passion, avec ou sans conviction à imaginer puis à exécuter Auschwitz.

L'Apocalypse n'est donc plus des bêtes crachant des flammes, ni des cavaliers porteurs de destruction ni les demeures saccagées et effondrées dans un tremblement de terre imprimant à l'Histoire un dénouement hallucinant de cendre. L'Apocalypse, c'est des êtres d'apparence douce, généreuse et intelligente pour qui la disparition d'une personne, d'une famille ou d'une communauté ne semble point avoir de portée réelle; c'est des êtres pour qui l'abstraction seule compte.

Vertu au début, l'abstraction, ou le pouvoir d'abstraction se révèle à présent source de malédiction. C'est elle qui, poussée jusqu'à sa conséquence ultime, démentielle, a fini par condamner notre siècle au cours duquel tous les idéaux avaient échoué en se retournant contre les hommes qu'ils avaient prétendu vouloir sauver.

Marx et Lénine ont abouti au Goulag et le National-Socialisme aux massacres scientifiques. Dans les deux cas, l'être humain avait été dépouillé de son identité, de son droit à l'individualité.

Je songe à ce que j'ai moi-même vu, senti et subi. L'Ennemi nous a interdit de vivre d'abord dans notre demeure familiale, puis dans notre rue, puis dans notre quartier, ensuite dans notre ville, dans notre pays; il nous a pris d'abord notre maison, puis nos biens, ensuite nos vêtements, nos cheveux et, pour finir, notre identité : nous étions devenus des numéros, des objets : des fonctions. Une abstraction. Un signe invisible dans le vaste schéma de l'Apocalypse, muet et mystérieux.

Peut-on le transposer dans l'avenir? Oui et non. Je ne crois pas que le peuple juif soit menacé comme il le fut de mon temps. Je ne crois pas qu'un système, qu'un gouvernement légal puissent se mettre en tête d'appliquer chez eux les méthodes éprouvées par l'Allemagne hitlérienne. Ghettos et chambres à gaz? Impossible. Nous serons protégés par la mémoire.

Mais j'ai peur d'autre chose. J'ai peur d'un transfert différent. J'ai peur que ce qui nous était arrivé n'arrive maintenant à tous les peuples. Né de l'indifférence, l'Holocauste a prouvé la puissance maléfique de l'indifférence. Il suffit que l'humanité soit suffisamment apathique pour que quelques individus s'arrogent le droit de déclencher, à partir de leurs bureaux climatisés, l'Apocalypse nucléaire. Et ensuite... Non, ma plume s'arrête. Je ne suis pas capable d'imaginer l'après.

L'imaginer serait, en quelque sorte, l'accepter, donc le supposer possible, c'est-à-dire, en quelque sorte, le rendre possible. Bien qu'irréelle dans sa phase initiale, la vision de l'Apocalypse risque de surgir dans la réalité. Vaudrait-il mieux ne pas en parler? Pas du tout. Contradiction? Soit. Je suis prêt à l'assumer. Depuis la guerre, depuis la Libération des camps, j'ai appris à ne pas fuir les paradoxes, mais à les revendiquer. Autrement où aurais-je puisé la force pour sanctifier la vie et faire confiance aux hommes?

Dire l'Apocalypse passée est aussi difficile – et pas moins dangereux – que d'articuler celle à venir. La solution? Il est impératif, pour les créateurs, d'en garder la vision présente à l'esprit, mais sans la mettre en paroles. Il leur faudrait pouvoir parler des enfants heureux – ou encore heureux – tout en gardant les yeux sur la planète en flammes. Il leur faudrait pouvoir décrire les pauvres ambitions quotidiennes de leurs pauvres personnages tout en fixant du regard les cieux se couvrant de ce nuage mortel que les prophètes de la science nous montrent si bien.

Seulement à force de regarder nous risquons de perdre le goût sinon l'usage de la parole. Comment l'employer en sachant, en reconnaissant sa futilité?

Peut-être serait-il utile de ne plus parler de vision mais de voix d'Apocalypse : elle est celle du témoin rendu muet par son incapacité de dire ce que lui seul pourrait dire pour aider les hommes à vivre. Et à espérer.

Ettore Scola

LA CULTURE N'EST PAS
COMME LE PÉTROLE,
ELLE PEUT SE TARIR

La critique internationale a toujours reconnu au cinéma italien la capacité de représenter – dans une mesure plus grande peut-être que les autres cinémas nationaux – la réalité nationale. Depuis le néo-réalisme, le cinéma italien s'est occupé de près de ce qui se passait dans notre pays, de ce qui changeait, des choses nouvelles qui bougeaient et des choses anciennes qui ne bougeaient pas.

Aujourd'hui, en jugeant les films italiens dans leur ensemble, on pourrait arriver à la conclusion que notre société est immobile ou que, du moins, il ne s'y passe rien d'intéressant. On a l'impression que se sont perdues cette fécondité créative et cette richesse d'inspiration que, dans le passé, le cinéma italien avait trouvées dans le fascisme, la Seconde Guerre mondiale, l'occupation nazie... Cela ne veut pas dire évidemment que, pour retrouver une bonne raison cinématographique, il faille souhaiter de revenir au fascisme, à la défaite, à l'invasion nazie. Si le bon cinéma dépendait de cela, alors vive un cinéma médiocre dans un monde pacifique!

Mais il n'en va pas ainsi. Ces dernières années, l'Italie a été envahie par le terrorisme le plus sanguinaire, et pourtant le cinéma italien semble n'avoir enregistré ce phénomène que marginalement. Cependant, en Italie comme ailleurs n'ont pas manqué, ces dernières années, d'importantes révolutions qui ont changé le cours de l'Histoire : l'électronique, la transmission de l'image, l'usage simultané des œuvres de l'esprit ; sans compter les nouveaux conflits sociaux, les divers équipements économiques, les logiques multinationales : toutes réalités que les auteurs italiens ont eu des difficultés à représenter, à réinventer. La transgression de l'image s'est faite plus rare.

Pourquoi?

La crise – d'abord économique, puis artistique –, commune aux cinémas européens, a en Italie des causes spécifiques, telles que le manque de recherches et d'expérimentations industrielles, le manque d'échange entre écrivains et metteurs en scène, une classe politique particulièrement sourde aux exigences culturelles du pays (on attend une nouvelle législation depuis dix ans), un système de distribution qui n'a pas été renouvelé (chaque année, dix salles de cinéma ferment ou changent de fonction), des centaines de télévisions privées qui transmettent, chaque mois, des milliers de vieux films, enlevant chaque jour davantage de spectateurs aux salles restantes. Et même les trois chaînes de la télévision d'État concourent à la médiocrité en produisant peu de programmes originaux et en restant des clients privilégiés des produits américains et japonais, qui en viennent ainsi à représenter 80 % des divertissements proposés au public italien, toujours plus engourdi.

On a dit lors de cette conférence : « Personne ne vous oblige à regarder Dallas » ; mais naturellement cette réflexion s'adressait à l'élite intellectuelle participant à cette conférence, alors que des millions et des millions de personnes ont pour unique loisir possible après le travail de rester assises devant leur téléviseur à recevoir ces messages standardisés et culturellement plats.

Il est peut-être erroné de parler d'« impérialisme culturel » ou d'« indépendance créative » : l'exigence, qui ne concerne pas seulement la catégorie des « fabricants d'images » mais qui conditionne le développement de l'avenir de tout l'occident, est une garantie de *pluralisme culturel*. C'est seulement ainsi que les différentes cultures, fécondées par les expériences des autres civilisations, deviendront représentatives de la leur.

On a dit encore ici que la culture n'est pas comme le pétrole : qu'elle ne peut s'exporter dans les pays qui n'en produisent pas. Mais il est une autre différence : c'est qu'une culture non stimulée, non exprimée, non confrontée aux autres cultures, peut se dessécher et cesser de jaillir.

Traduit de l'italien par Michel Orcel.

Jacques Rigaud

LE DIALOGUE
DES MALENTENDUS

Le dialogue entre les créateurs et les politiques est par essence gros de malentendus. Il est à la fois, l'histoire le montre, inévitable et impossible. A l'égard des politiques, les créateurs balanceront toujours entre l'anathème et l'hymne ; et inversement les politiques seront tentés d'inféoder les créateurs ou de leur contester le droit de s'exprimer sur autre chose que leur art. Si comme le prétendait Valéry, la politique est l'art d'empêcher les gens de se mêler de ce qui les regarde, cette définition ne s'applique-t-elle pas par priorité à ces êtres imprévisibles et touche-à-tout que sont les intellectuels et les artistes ?

Il existe entre les uns et les autres comme une fascination mutuelle : l'emprise sur le public, la solitude de la démarche, la remise en cause constante de soi par l'assujettissement à la faveur du grand nombre, le défi à la mémoire collective et la tentative de la gloire sont le lot commun des créateurs et des politiques. Et chacun d'envier et de rejeter tour à tour la façon dont l'autre camp gère, assume ces tentations, ces risques et ces bienfaits. Il est naturel que les politiques recherchent la caution des créateurs, et que les meilleurs des premiers acceptent d'être interpellés, défiés par les plus considérables des seconds – comme il est normal que certains

345

créateurs acceptent ou recherchent la société des puissants, sollicitent leur appui ou leur attention, jusqu'à ce que les uns et les autres se lassent mutuellement de ce qu'il y a d'orgueil, d'égocentrisme, d'exigence intraitable dans le camp d'en face.

Mais le mélange est encore plus explosif et suspect quand il est sournois, dissimulé, inavoué ou livré au secret du tête-à-tête. La situation est différente lorsque la confrontation s'opère au grand jour, et cartes sur table entre une communauté de créateurs et un collège de politiques. C'est après tout ce qu'a tenté, avec des fortunes inégales, l'UNESCO dans la ligne de l'Institut de coopération intellectuelle de l'entre-deux-guerres. C'est aussi ce qui a été fait, au plan national, par le gouvernement Chaban Delmas et Jacques Duhamel avec la création du conseil de développement culturel que présidait Pierre Emmanuel et qui réunissait des intellectuels et des artistes de tous bords, puisque l'on y trouvait des personnalités comme Xénakis, Billetdoux, Jack Lang, Claude Santelli, Jean-Marie Serrault, François Régis Bastide, Alfred Grosser, Robert Lattès.

Le Conseil ne survécut pas longtemps au départ de Jacques Duhamel; son bilan apparent est mince, mais un travail en profondeur s'y réalisa qui eut, j'en témoigne, une influence réelle sur la conduite de la politique culturelle et plus encore sur son esprit, sur son atmosphère. Ce n'est pas un hasard si, dix ans après, cette période reste la référence d'une politique culturelle dont on peut discuter les moyens et les résultats mais qui reste exemplaire en termes d'ouverture et de pluralisme. Pour avoir vécu cette expérience aux côtés de Jacques Duhamel, mon maître et mon ami – et je reconnais qu'à ce titre mon témoignage est fort subjectif –, j'en ai tiré, plus qu'une technique, une éthique de l'action publique en matière culturelle qui me rend à la fois très sourcilleux à l'égard de tous les symptômes de sectarisme et très attentif envers toutes les formes de rapprochement entre les créateurs et les politiques; je ne suis ni l'un ni l'autre et la seule chose qui me qualifie peut-être pour entrer dans un tel débat, en sus de la participation ancienne à une expérience politique, c'est que, en tant que gestionnaire par profession dans les deux domaines conjoints de la culture et de la communication, je me sens, comme d'autres, en position de témoin, voire d'intermédiaire ou de médiateur entre les créateurs et les politiques. Et c'est à ce titre que je réponds à l'invitation qui m'est faite de m'exprimer sur les thèmes d'un colloque où je n'étais point, des engagements professionnels me retenant à Rome à ce moment. Eussé-je été à Paris, je serais peut-être allé à la Sorbonne, mais sûrement pas pour y prendre la parole, n'ayant aucun titre à le faire.

J'ai moins de scrupules aujourd'hui, puisque l'on m'invite expressément à dire mon mot et que les explications qui précèdent limitent et tentent de justifier la portée de mon témoignage. D'autant plus que l'ouvrage en cours d'élaboration a une chance de compenser ce qu'avait de spectaculaire et d'improvisé un colloque à haut risque dont on sent bien que, jusqu'au dernier moment, ses organisateurs craignaient qu'il fût un échec; d'où sans doute — j'en témoigne en professionnel — son impréparation au niveau des médias et un certain malaise du côté des intellectuels français. Mais il faut bien reconnaître après coup, au-delà des réserves, que l'initiative fut heureuse, et l'apparaîtrait encore plus si, de façon organique et hors de toute préoccupation théâtrale, la France savait exploiter sa vocation de carrefour des cultures.

Nous avons en effet, dans ce domaine, une vocation singulière : non seulement comme refuge des créateurs exilés, mais comme lieu d'accueil et d'expérience, en dépit de notre chauvinisme et de notre hexagonalisme (j'en sais quelque chose pour avoir été de ceux qui ont fait venir à Paris Rolf Liebermann, Pontus Hulten et les architectes de Beaubourg, Piano et Rogers); mais il y a plus à travers nos grandes institutions culturelles (Opéra, Comédie-Française, Louvre, Centre Pompidou, Orsay bientôt) comme à travers un certain nombre d'expériences culturelles novatrices parmi lesquelles on me permettra de citer le Centre international de recherche, de création et d'animation installé à la Chartreuse de Villeneuve-lez-Avignon, dont j'ai la charge, nous disposons d'un certain nombre de pôles de référence qui peuvent attirer les créateurs étrangers et leur proposer des conditions de travail, de séjour, d'échange et même, à la limite, une manière d'air ambiant qui sont incomparables. Les choses iraient encore mieux, bien sûr, si nous avions une Université moins repliée sur elle-même; mais c'est là une autre histoire et sans attendre un improbable sursaut, exploitons déjà le potentiel qui est le nôtre sur le plan culturel proprement dit.

Mais qu'on ne s'y trompe pas : le dialogue des cultures, ce n'est pas le dialogue des ministres de la culture, même escortés d'artistes amis. Que les ministres se rencontrent est assurément fort bien. Mais je sais d'expérience la portée et les limites de ces dialogues, même et surtout quand ils jouent sur le registre amical. Le dialogue des cultures, c'est bien autre chose : un climat, une permanence, quelque chose de lent et de sourd comme un phénomène biologique, qui demande beaucoup de patience, de compréhension mutuelle, d'abnégation et surtout d'indifférence aux résultats immédiats. C'est à la limite une ascèse, comme toute création intellectuelle et artistique. C'est assurément beaucoup demander à la frénésie des politiques.

Les réserves exprimées plus haut sur les malentendus inhérents à tout dialogue entre les créateurs et les politiques prennent tout leur sens au vu d'une des questions posées à la Sorbonne : la culture peut-elle être une solution à la crise ?

Évidemment non, c'est la réponse qui vient immédiatement à l'esprit et que conforte la réflexion. Poser le problème en des termes aussi simplistes, en apparence du moins, c'est presque faire croire que les politiques, impuissants à identifier et à résoudre une crise qui les dépasse sont tentés de repasser le ballon aux créateurs, avec la satisfaction inavouée d'embarrasser ces éternels donneurs de leçons et de les mettre au pied du mur.

Les politiques sont faits, que l'on sache, pour résoudre les problèmes de la Cité, si ardus soient-ils. Dans les démocraties dignes de ce nom, ils ont même été élus pour cela, à partir d'actes parfaitement spontanés et libres de candidatures assorties de propositions plus ou moins adaptées à la nature des problèmes de l'époque. C'est à eux, responsables devant le peuple et ses représentants, qu'il appartient de les résoudre, en s'entourant bien sûr d'avis de toute sorte, mais sans pouvoir transférer à quiconque la responsabilité.

Faire des créateurs les arbitres de la crise, les guides du

pouvoir serait instituer une nouvelle forme de technocratie, un gouvernement des sages comme on en rêvait dans l'Antiquité. Ce serait, au demeurant, leur faire accomplir un métier qui n'est pas le leur et qui dénaturerait leur mission spécifique.

D'ailleurs, la culture, surtout dans une époque comme la nôtre, ne se présente pas comme un corps de certitudes et de recettes. Elle est à la fois un foyer de valeurs acquises et le lieu d'une remise en cause perpétuelle de ces valeurs. Elle est l'expression la plus haute, parfois sublime, parfois désespérée des contradictions d'une époque, de ses aspirations écartelées, de ses angoisses fondamentales. Elle ne peut être elle-même, vivante et féconde, que si elle est pleinement acceptée dans l'aléatoire de ses recherches, dans l'irresponsabilité de ses démarches, et donc dans la totale liberté de son mouvement. Cela ne saurait empêcher, bien entendu, des intellectuels, des artistes de s'engager individuellement sur le terrain politique, de contribuer à l'élaboration et à la mise en œuvre de tel ou tel projet d'État, d'apporter aux gouvernants les lumières de leur pensée, la vibration de leur sensibilité, l'écho de leur conscience. Et il est possible, mais non structurellement établi, qu'un gouvernement de gauche soit à cet égard plus ouvert à ce genre de collaboration difficile. Mais cela ne peut se faire que dans un strict respect des compétences et des vocations des uns et des autres.

Je veux bien reconnaître que la présentation de la question, telle qu'elle vient d'être faite, est un peu caricaturale et qu'en interpellant les créateurs, les politiques dont il s'agit n'entendaient nullement se démettre d'une responsabilité à quoi on les sait fort attachés, ni rechercher auprès de noms illustres une caution décorative qui pèserait d'un poids bien léger dans les rapports de force et le jeu des masses. Il faut plutôt saluer, en un temps où les gouvernants en général sont plus médiocres, plus prosaïques, plus incultes même qu'à d'autres époques, cette attention aux valeurs de l'esprit, cette considération pour les créateurs qui existe en France aujourd'hui, même si ces attitudes, héritées d'un temps où une gauche d'opposition croyait être le lieu de rassemblement de tous les intellectuels, alors qu'elle était surtout le mur des lamentations des aigris de la culture, conduisent parfois à des illusions sur le concours que les intellectuels peuvent apporter à un pouvoir, quel qu'il soit, dans les moments difficiles.

Mais laissons là cette discussion bien de chez nous, et qui nous éloigne du vrai sujet. Il me semble que la vraie problématique serait la suivante : si l'on admet que la culture est, à un moment donné de son évolution, l'expression la plus haute, la plus synthétique et même, osons le mot, la plus prophétique des contradictions, des exigences, des angoisses et des aspirations d'une société donnée, n'est-il pas légitime de demander aux créateurs, qui sont la pointe avancée de l'esprit, la tête chercheuse de l'espèce humaine, non pas de se substituer aux politiques pour trouver des solutions, mais d'exprimer bien haut et de la façon qui leur paraît la plus appropriée leurs idées sur la marche du monde, s'ils en ont, et leurs propositions pour éviter ce qui serait sans doute la pire des catastrophes : l'extinction du génie créateur qui, à travers les convulsions de l'histoire, a globalement réussi à accompagner l'humanité dans sa marche douloureuse, même aux temps barbares où quelques cercles étroits ont su maintenir l'essentiel des valeurs? Je répète : inviter les créateurs à s'exprimer par les voies qui leur paraissent les plus appropriées; il est douteux que cela soit par des résolutions de colloques ou par des notes bien balancées aux ministres, gavés sur ce chapitre par les technocrates environnants. Quand on connaît un peu les créateurs, leur timidité envers ce qui n'est pas leur art, leur pudeur fréquente en ce qui concerne ce dernier, leur cabotinage occasionnel, on doute qu'à part les spécialistes de symposiums ou les batteurs d'estrade comme on en trouve même dans d'aussi augustes phalanges, il y ait beaucoup d'artistes, d'intellectuels authentiques qui soient capables en quinze minutes ou en trois pages de se faire entendre des politiques, au-delà du snobisme ou de l'attention passagère. Il n'y a que les politiques, omniscients, capables de traiter de tout et d'avoir le dernier mot pour croire que l'on peut improviser une idée et créer comme l'on fait un enfant, dans le plaisir et sans y penser. La création est douloureuse et accoutume ses artisans à la longue recherche solitaire plus qu'au bruissement désordonné et aux ferveurs faciles des colloques. Ajoutons qu'il y a un autre danger : pour les politiques, c'est bien connu, tout est politique. Les gouvernants ont souvent tendance à confondre culture et politique culturelle – ce qui est loin d'être la même chose. Bien sûr, une politique culturelle est légitime et, à notre époque, indispensable ; mais à condition de n'oublier jamais qu'il y aura toujours plus de choses dans la culture que n'en peut contenir une politique culturelle. Et il serait dangereux de limiter le dialogue entre créateurs et politiques aux thèmes de la politique culturelle, ne serait-ce qu'en raison du risque d'un dérapage corporatif, les créateurs étant à certains égards des citoyens comme les autres, plaintifs, voire revendicatifs et accrochés à leurs droits acquis. Une vraie confrontation, si elle est possible, doit porter sur l'ensemble des problèmes du temps. Mais, répétons-le, il est douteux qu'un colloque soit le lieu idéal pour l'expression des intuitions et des pensées de ceux qui ont pour mission de créer.

C'est en vérité dans les pages des livres, dans les toiles des peintres, dans les partitions des musiciens, dans les plans des architectes que se trouvent les questions et parfois les réponses que les gens de culture peuvent formuler à l'intention de leurs semblables, et des politiques qui tout à la fois les représentent et les conduisent. Les gouvernants ont moins besoin, en vérité, d'un dialogue direct avec les créateurs, que d'une capacité à décrypter le message contenu, et parfois caché, dans les œuvres créées, et aussi à comprendre, à travers les réactions du public, en quoi ces œuvres expriment, reflètent et souvent devancent les aspirations de la société. Pour cela, il faut des médiateurs autres que les technocrates et les militants, également sûrs de leur bon droit et fermés à ce qui ne vient pas d'eux-mêmes. Il faut aussi de la part des politiques eux-mêmes, et spécialement des gouvernants, une capacité d'attention, une ouverture d'esprit, une disposition à recevoir la critique ou l'opinion déstabilisante, qui comptent au nombre des vertus les plus rares parmi le personnel dirigeant des états contemporains.

C'est à quoi en définitive tout se ramène : d'un certain point de vue, il est exemplaire que des hommes d'État invitent des intellectuels et des artistes à conférer ; c'est rare et c'est bien ; c'est l'hommage rendu par le pouvoir à l'esprit et l'on ne saurait dire que sur tous les continents ce soit l'usage.

351

Mais quoi? Les créateurs, par leur création, ne cessent de s'exprimer; même leur silence est éloquent, voire strident. Il n'est que de se pencher sur leur œuvre pour y voir le meilleur de nous-mêmes, ce qui nous attire vers le bas et vers le haut, ce qui peut nous rapprocher, ce qui nous expose à nous entre-tuer. Aucun compte rendu de débats, aucune note de synthèse ne peut refléter le message des créateurs qui est leur création même. Hommes pressés, les politiques n'ont guère le temps de rêver, de méditer, de fréquenter les arts et la littérature. Qu'ils ne croient pas qu'un frottis cérébral tous les quatre ans suffise à entretenir leur intelligence et leur sensibilité. Seule une fréquentation régulière, respectueuse, humble même avec les plus grands esprits, dans leurs œuvres accomplies, peut leur garantir ce supplément d'âme qu'à défaut de l'humanité entière ils doivent assumer pour être dignes de leur écrasante mission. Que l'on me permette de dire, sans flagornerie, qu'un homme comme François Mitterrand, par sa culture, par son regard sur les œuvres de l'esprit, par l'intensité de l'attention qu'il sait consacrer à ses interlocuteurs paraît capable de ce commerce-là. A ce titre, le colloque de la Sorbonne apparaît dans tout son sens et avec ses limites : un symbole, un signe des temps, et non pas un coup de publicité bien monté, une formalité d'hommage, un cortège d'encensement. Qu'il inspire aux hommes et aux appareils du pouvoir une réelle et constante attention à l'égard du libre travail de tous ceux qui, dans les domaines de la culture et de la communication, ont pour mission, non pas de rendre des services au pouvoir mais d'exprimer en toute indépendance les tensions de notre temps. Cette mission n'est pas moins ingrate que celle des dirigeants politiques. Elle n'est pas moins nécessaire dans toute démocratie.

Si la culture ne peut être une solution à la crise, du moins est-il réconfortant de se dire qu'en posant une telle question, les responsables politiques comprennent et acceptent que cette crise n'est pas une crise ordinaire, justiciable de remèdes techniques éprouvés ou de solutions limitées à l'aspect visible des problèmes. Nous sommes en vérité confrontés à une crise de civilisation qui secoue toutes nos valeurs, interpelle toutes nos références.

Aucune doctrine héritée du passé, aucune idéologie ne

fournissent de repères assurés; il n'est pas jusqu'à leur langage qui ne soit dépassé et d'usage dangereux car rétrograde sous ses apparences rassurantes. Il faut quasiment tout inventer, mais non dans la rupture radicale avec l'héritage, qui serait la marque d'un orgueil suicidaire. Il y a dans l'âme humaine en général, mais spécialement dans l'humanisme occidental, des valeurs permanentes qui transcendent leur expression d'une époque. C'est précisément dans les grandes secousses des temps de crise que s'opère le tri entre l'essentiel et le contingent, que les vraies continuités se nouent dans le tumulte des ruptures. De ces opérations, les créateurs sont les témoins et les artisans majeurs. En se portant à leur écoute, les politiques font preuve de sagesse. Si cette écoute est sincère et durable, alors il y a peut-être lieu d'espérer.

Jacques Attali

LE BON USAGE DE LA CRISE
Conclusions du colloque de la Sorbonne

Tenter une synthèse d'un colloque est toujours un exercice impossible. Plutôt que de vouloir penser l'unité de tout ce qui a été dit et de tronquer ainsi une réalité complexe, je risquerai cinq thèses qui, me semble-t-il, peuvent s'accorder avec les propositions qui ont été ici énoncées.

1. Première thèse : *Les concepts de création et de développement sont des concepts inséparables.* Certes, il y a quinze ans, cette salle a déjà brui de beaucoup de rumeurs sur la définition du mot « culture », sur celle du mot « croissance » et du mot « développement »; et ici on n'a pas fait l'économie de ce genre de discussion.

Umberto Eco a soutenu que le mot « culture » n'avait finalement d'autre raison d'être que de justifier nos salaires de professeurs. Et Schloendorf a déclaré que la culture, c'est une norme. Mais, d'autres aussi ont tenté une réflexion moins pessimiste. Ainsi Coppola a-t-il eu une formule très belle : « La culture, c'est ce que nous laisserons à nos enfants; finalement, la culture c'est ce que nous étions. »

Au-delà de cette recherche de formules, chacun, je crois, est tombé d'accord sur l'impossibilité de définir la création indépendamment du développement des sociétés dans les-

355

quelles elle s'inscrit, de leurs racines, de leurs histoires, de leurs fondements. K. J. Mahalé a ainsi rappelé avec bonheur que « le développement, comme la création, c'est chercher sa propre vérité ».

De cette interdépendance entre la création et le développement, beaucoup de discussions ont surgi sur la possibilité de faire l'un sans l'autre ; de créer hors d'un développement, ou de se développer sans création. La formule de Didier Motchane allait au cœur lorsqu'il disait que « le commerce des esprits est impossible sans le commerce des épices ».

2. Pour autant – et c'est la deuxième thèse –, *s'éloigne l'idée qu'un non-développement est souhaitable,* sous prétexte qu'il favoriserait la création – thème qui, aussi, il y a quinze ans ici même sous le nom de la « croissance zéro », avait fait beaucoup parler de lui. Si cette hypothèse n'a pas été retenue, et qu'elle a même été très largement écartée, c'est tout simplement parce que, sans doute, depuis quinze ans, la croissance zéro, on connaît, – je dirais, d'une façon vulgaire : on a déjà donné, on a déjà vu le film. Car la croissance zéro signifie, pour beaucoup de ceux qui sont intervenus ici, non seulement l'aggravation du chômage, de la violence, du non-développement, des inégalités culturelles, de la concentration des pouvoirs, mais aussi l'anéantissement de la capacité des nations, des états, des entreprises, ou des particuliers, de financer les bases mêmes de la culture, c'est-à-dire la vie, la survie et les moyens de travail des artistes.

Il y a donc, et c'est la deuxième thèse qui a suscité, je crois, l'accord général, l'idée qu'il ne faut pas chercher dans la non-croissance les moyens de la création.

3. La troisième thèse, peut-être plus intéressante et aussi plus provocante, c'est qu'*il existe un bon usage de la crise.* Cette idée, qui est banale pour tout théoricien, pour lequel on ne progresse que par crises, a été évoquée avec beaucoup de force par plusieurs intervenants, – je pense en particulier à Umberto Eco, qui a dit que la politique a pour mission de mater la crise, alors que pour l'intellectuel, n'a d'autre fonction que de créer la crise pour permettre de dépasser le

confort des paradigmes, bref de découvrir les failles du savoir et d'aller plus loin.

Mais ce bon usage de la crise, évident pour les théoriciens, ou les créateurs de paradigmes, ne l'est pas moins pour les technologues ou ceux qui cherchent dans le domaine du savoir matériel. Pour eux la crise est l'occasion de relever un défi lié à un manque ou à une absence, et de prouver leur capacité de répondre à des besoins nouveaux.

Qu'un bon usage de la crise puisse être fait dans la société d'aujourd'hui, et au-delà dans son développement futur, voilà une idée qui a été très largement évoquée. Beaucoup ont admis l'idée que le développement, aujourd'hui, n'a plus de modèles; que tous les paradigmes qui étaient proposés à chacun d'entre nous ont sombré dans la crise actuelle, qui a brouillé les cartes, les espérances, les projets et les contours de toutes les totalités closes. Et que, finalement, comme l'a dit Antoine Vitez, « le développement est la forme la plus forte de travail révolutionnaire et de création ».

Il y a donc dans la création du développement une finalité en elle-même.

4. Alors s'il existe un bon usage de la crise, la quatrième thèse me semble avoir été que *ce bon usage de la crise peut être avant tout lié à l'usage de la création comme un facteur-majeur de développement.*

Certes, la menace a été reconnue par tous, que la crise débouche sur un développement formidablement inégalitaire, injuste, où la culture elle-même est noyée dans le processus économique, où le spectateur devient un simple consommateur, où la communication se réduit donc à la consommation. Le producteur artistique devient alors un élément parmi d'autres de la production économique, soumis, hiérarchisé, et en particulier beaucoup ont insisté sur la fonction angoissante de la télévision dans ce processus de destruction et de banalisation des cultures indifférenciées dans une production économique.

Pour autant, parce qu'elle est peut-être la pire des menaces, mais qu'elle est aussi le plus formidable des enjeux, la création a été ressentie comme un facteur essentiel du développement. D'abord parce que les industries liées à la culture sont un élément majeur du progrès technique et du progrès économique, et que, comme l'a dit Coppola : « Si je n'aime pas l'ordinateur, je sais que je peux faire des choses merveilleuses avec, et que donc il faut se servir de la technique pour en faire un instrument du développement. » Beaucoup ont reconnu qu'il y avait là une chance formidable pour le développement.

Création comme facteur de développement mais aussi création comme facteur de différence dans la création, et je ne dirai rien de plus là, car, quand Joseph Ki-Zerbo a souligné qu'« un wagon ne rattrape jamais une locomotive », il a beaucoup insisté sur le fait qu'André Miquel a rappelé tout à l'heure : à savoir que la différence est le facteur essentiel de la non-hiérarchie, et que dans la création culturelle il y a la source majeure de la non-uniformisation du développement.

Alors comment faire un bon usage de la crise? Comment faire en sorte que cette culture soit un facteur de développement et de différence, et non pas un facteur d'uniformisation? Ce qui m'a le plus frappé, c'est qu'il a été reconnu que l'intellectuel ne doit pas avoir un rapport uniquement critique avec l'État.

5. Certes, il a été admis de façon tout à fait générale, qu'il ne peut pas y avoir, qu'*il ne doit pas y avoir de culture d'État*. Mais, en même temps, il a été établi que, *sans politique culturelle, il n'y a pas d'harmonie entre création et développement*. Et que la politique culturelle, c'est non seulement donner à l'État le souci, les moyens, les priorités nécessaires pour que la culture constitue un élément de sa volonté politique, mais c'est également faire en sorte que le développement de l'appareil social dans toutes ses formes, dans tous ses lieux, dans l'Université, dans l'appareil social en général, soit un facteur majeur d'orientation de la forme du développement. C'est encore Eco qui, citant Vittorini, disait : « l'intellectuel engagé ne doit pas jouer du fifre pour la révolution ». C'est vrai, mais beaucoup ont aussi, je crois, reconnu, que l'intellectuel engagé doit jouer du fifre pour la liberté.

Alors, peut-être en vient-on à ce qui est une sorte de grande tache noire, d'inconnue dans notre réflexion. Il s'agit du rapport central avec le pouvoir. Nous avons encore à travailler beaucoup sur tout cela, et en particulier sur le rapport de la création et du développement avec la *violence*.

Assurément, certains ont dit que la création est une autre façon de gérer la violence. D'autres ont montré que le développement est très largement fondé sur la violence et l'économie de guerre. Mais, peut-être n'avons-nous pas encore cherché assez à confronter nos points de vue.

Dans les quinze ans qui viennent, sans doute aurons-nous souvent à le faire. Bref de quelle façon nous situons-nous face à la violence, à ses risques, à ses menaces et à ses enjeux?

Ceci me fait penser à cette parabole de Carlos Castaneda, prêtée par l'auteur au sorcier Yaki, qui l'aurait initié à la sagesse des indiens de la région de Sonora : « Ami, lui dit le sorcier, un homme ne progresse dans la vie qu'à condition d'être capable de dépasser successivement les pièges que lui tendent plusieurs ennemis. Le premier ennemi, c'est la peur, ma peur, l'obscurité, le non-savoir.

Lorsqu'on a franchi cette peur, et qu'on est capable de savoir, alors on rencontre un deuxième ennemi : c'est la clarté, c'est-à-dire le fait qu'on croit savoir. C'est peut-être l'ennemi de la culture. Lorsqu'on est capable de relativiser son savoir, on rencontre un troisième ennemi : c'est le pouvoir. C'est le fait que la culture étant relativisée, qu'on est capable de limiter ses propres certitudes, alors on sait manipuler. Et donc, la troisième limite à l'épanouissement de l'homme, c'est le pouvoir. Mais, continue Don Juan Mateos, lorsqu'on est capable d'être assez humain, pour ne pas se contenter du pouvoir et donc le vaincre, on rencontre un quatrième ennemi, dont on ne peut que retarder la victoire, car il est la Violence, il est la Mort. »

Alors, peut-être ce colloque, parmi d'autres, laissera-t-il cette trace : nous avons appris un peu plus ensemble à avoir peur de mourir de l'existence du pouvoir.

François Mitterrand

LA SOCIÉTÉ DE CRÉATION [1]

Permettez-moi, pour votre présence et pour vos débats, de vous dire ma gratitude. La présence à Paris de femmes et d'hommes de culture et de pensée, originaires des cinq continents, va droit à notre cœur. Signe de votre confiance envers notre nation, elle est en même temps invitation à rester fidèle à nous-même et à croire contre vents et marées en la puissance des forces de l'esprit.

Une telle assemblée, en ces lieux, a déjà valeur de symbole. D'abord par sa composition : se trouvent ici réunies les disciplines intellectuelles les plus différentes : économistes, syndicalistes, industriels, artistes, écrivains, savants, techniciens, philosophes, chacun à sa façon, créateur. Certains ont pu regretter, au cours de ces journées, son caractère composite. J'y vois, au contraire, un signe de richesse, une promesse pour l'avenir. Finie l'époque où le savant et l'artiste, campant chacun sur son territoire, s'ignoraient l'un l'autre, comme appartenant à deux mondes étrangers. Saint-John Perse observait à propos du savant que « toute création de l'esprit est d'abord poétique » et ajoutait : « De cette nuit originelle où tâtonnent deux aveugles-nés, l'un équipé de

1. Allocution prononcée à la Sorbonne à l'occasion du colloque « Création et développement » (dimanche 13 février 1983).

l'outillage scientifique, l'autre assisté des seules fulgurations de l'intuition, qui donc plus tôt remonte, et plus chargé de phosphorescence? La réponse n'importe. Le mystère est commun et la grande aventure de l'esprit poétique ne le cède en rien aux aventures de la science moderne. » Même remarque dans l'œuvre de Prigogine – Prix Nobel, ici présent – et d'Isabelle Stengers, lorsqu'ils convient le savant à « une écoute poétique du monde ». A l'inverse, l'art contemporain ne doit-il pas beaucoup à la technologie? Je pense à Pierre Boulez, à Xenakis, à Berio, à Nono. Je pense au cinéma et aux nouvelles techniques de production de l'image électronique. Alliance féconde, au demeurant, qui répète celle de la Renaissance et de l'Encyclopédie qui surent déjà sceller le mariage de l'art et de la science. On m'objectera peut-être l'éternelle obscurité où se perdent les routes de l'avenir. Je répondrai en citant tour à tour un philosophe et un poète. « Ce n'est pas avec des idées claires, écrivait Feyerabend, qu'on invente un sens nouveau : c'est un sens nouveau qui clarifie les intuitions absurdes des innovateurs. » Et Henri Michaux : « Tous ceux qui ont fait de grandes choses les ont faites pour sortir d'une difficulté, d'un cul-de-sac. » Même si le dialogue s'établit avec peine et se dénoue non sans orage, un mouvement est en marche. Pour avoir choisi d'inscrire tout à la fois la recherche scientifique et la culture au titre des priorités de mon action, je ne puis que me réjouir de les voir ainsi appuyées par une assemblée aussi brillante et prestigieuse.

Les lieux mêmes où nous nous trouvons ce matin suscitent une deuxième observation. Il y a sept cents ans – en 1283 – disparaissait Siger de Brabant, l'un des plus curieux maîtres de notre Sorbonne, phare intellectuel de l'Occident.

Si j'évoque ici cette figure, ce n'est pas seulement parce que nous sommes réunis là où il enseigna. C'est aussi parce qu'il existe quelque parenté entre la crise que nous vivons et celle de la fin du XIIIᵉ siècle. Parlant de celle-ci, Georges Duby écrivait : « Alors s'établit un désordre, mais qui fut rajeunissement et pour une part délivrance. Tourmentés, les hommes de ce temps le furent certainement plus que leurs ancêtres, mais par les tensions et les luttes d'une libération novatrice. Tous ceux d'entre eux capables de réflexion eurent en tout cas le sentiment, et parfois jusqu'au vertige, de la modernité de leur époque. Ils avaient conscience d'ouvrir les voies, de les frayer. Ils se sentaient des hommes nouveaux... »

Celui que Duby appelle « le plus grand des philosophes parisiens » offre le bel exemple d'une culture nourrie des autres cultures du monde. Aristote, dont Siger et ses disciples se réclament pour affirmer les droits de la raison, avait été traduit et commenté par les grands philosophes arabes, Avicenne et surtout Averroès. Et l'averroïsme latin, ô combien symbolique, marqua en Occident une véritable pré-renaissance.

C'est ce rajeunissement du monde qu'il nous faut préparer, à l'échelle cette fois de la planète. Aujourd'hui comme hier, du désordre doit naître un ordre supérieur. De l'absence de sens doit surgir un nouveau dessein. Et si le déséquilibre actuel résulte de la rupture d'un ressort culturel, s'il décourage les dynamismes et les initiatives, si l'environnement reste trop souvent étranger à ceux qui y vivent et y travaillent, notre tâche, votre tâche est alors d'inventer d'autres finalités, une civilisation du travail qui ne la sépare plus de la vie ni de l'esprit mais qui réunifie l'homme, jusque dans son quotidien.

Les philosophes de la Sorbonne se fixaient un idéal de magnanimité, vertu d'initiative, passion d'espérance, enthousiasme pour les tâches humaines, confiance dans les techniques. Cet idéal, en notre époque d'apparente morosité, je souhaite que chacun d'entre nous le fasse sien.

« Création et développement » tel est le thème de vos échanges de vues. Mais prenons-y garde.

Le mot « crise » est lui-même impropre à qualifier les orages d'aujourd'hui. Il pourrait donner à penser qu'après la tourmente notre société reviendra à son état antérieur. Or, nous savons que ce n'est ni possible, ni souhaitable. D'où l'erreur des théories économiques qui reposent sur l'espoir d'un retour à la croissance sous ses formes anciennes, alors que le plein emploi sera fondé sur des données nouvelles : sur le partage du savoir, et du travail, sur la mise en valeur de l'intelligence de chacun, sur la ressource humaine au sein de chaque peuple.

Les doctrinaires de l'économie nous proposent des recettes qui ne réussissent nulle part. Le libéralisme mené à son terme logique conduit à la faillite du système qu'il prétend protéger. On en connaît les effets : chômage accru, disparitions d'entreprises, souffrances du plus grand nombre et soumission de tous à quelques-uns réputés les plus forts parce que les plus riches. Et le dirigisme d'État, la bureaucratie appliquée n'ont abouti à rien non plus. Ce sont là des systèmes engourdis qui répètent sans fin les notions fanées du siècle précédent.

Tirons-en la leçon. A la veille du troisième millénaire de notre ère, une attente angoissée habite à la fois les pays industrialisés, les pays du tiers monde, les peuples riches et les peuples pauvres, les vieilles nations et les nations jeunes. Après les saisons du dogme et de la répétition revient une fois encore le temps de l'invention. Quand les faits ne répondent plus aux schémas, quand les réponses reçues ne rendent compte de rien, le réalisme le plus vrai se place auprès de l'utopie.

Là réside l'ambition du projet français. Il étonnera peut-être parce qu'il est différent. La mauvaise foi voudra le travestir alors qu'il constitue une tentative originale d'une application prudente dans un monde difficile qu'il faut cependant changer.

Je citerai de Lewis Caroll ce conte minuscule : « Il était une fois une coïncidence qui était partie en promenade avec un tout petit accident : ils rencontrèrent une explication, une très vieille explication, si vieille qu'elle était courbée en deux et ratatinée et qu'elle ressemblait plutôt à une devinette. »

Après deux siècles d'asservissement d'abord des travailleurs puis d'approximations pour les en libérer, nous apprenons qu'il est possible et nécessaire de travailler et de produire différemment. Cela ne se fera pas d'un coup. Face aux inquiétudes immédiates, les Gouvernements devront apprivoiser les facilités nouvelles. La robotisation, l'automatisation et, dans certains cas, une autre répartition du travail menacent de faire apparaître le chômage comme la brutale conséquence du progrès technologique. Les métiers se démodent vite. Des régions sont contraintes à la reconversion. Or, voici que se trace pour l'homme, jusqu'ici entravé, la perspective – et on lui en montre l'exigence – du renouvellement et de la mobilité.

Il ne dépendra que de nous d'utiliser, pour le meilleur, les forces redoutables que les sciences mettent à notre disposition, car de quoi s'agit-il? D'abord des hommes, et plus précisément de la relation entre leur vie et leur travail. Non seulement le plein emploi en nombre (que chacun ait un travail) mais encore le plein emploi des facultés. Or, on sait que ce plein emploi-là ne sera pas réalisé par le système de production que nous connaissons aujourd'hui.

L'innovation est devenue un devoir. A ce titre, la culture et l'enseignement ont pour mission de préparer l'esprit à la naissance des possibles et, pour cela, d'assurer une éducation perpétuelle de la disponibilité. Une formation plus adaptée réhabilitera la fonction même de l'enseignement, laissera le champ libre aux évolutions, sans jamais rien figer d'irréductible, et préservera la capacité continue d'apprendre. Plus qu'un autre, un peuple de haut niveau culturel conquiert lui-même ses chances. On méditera l'exemple des pays qui résistent le mieux aux bourrasques de notre époque : le pourcentage élevé de l'éducation supérieure, l'importance de moyens de communication, l'ouverture internationale, le développement de la lecture, l'apprentissage, dès l'école, de la culture technique informatique expliquent, dans tous les cas, les réussites industrielles et commerciales.

Ainsi la création devient facteur de développement et les activités culturelles s'affirment parmi les secteurs en expansion autour desquels s'organise l'avenir. Une meilleure répartition du travail, le renouvellement de la formation professionnelle, le temps libre ou choisi leur ouvrent des espaces neufs.

Mais la création change aussi par elle-même la nature du développement, comme l'électronique bouleverse les systèmes de traitement, de diffusion de l'information et de la communication. Précisément l'industrialisation de produits tels que les micro-ordinateurs, les magnétoscopes, les vidéo-disques rend accessible aux individus, aux groupes, aux organismes de tous ordres des outils de traitement et de stockage de l'information jusqu'ici réservés aux grandes organisations centralisées. Au moment où les techniques de télécommunication multiplient les connexions entre ces outils et donc les échanges entre leurs détenteurs, la France s'est donnée des objectifs ambitieux afin de disposer des compétences et des savoir-faire. Mais ces outils seraient sans réelle utilité et les efforts consentis pour maîtriser les technologies correspondantes risqueraient d'avoir été consentis en vain, si nous n'étions pas en mesure de produire les programmes, de fournir les services et de disposer des femmes et des hommes capables de s'en servir. Céder au mirage de la technologie serait suicidaire, si ne se maintenait l'aptitude à alimenter ces réseaux de communication.

L'originalité du projet français se situe à cette intersection : investir dans la formation technologique et, d'un même mouvement, investir dans la création artistique et intellectuelle.

C'est pourquoi, malgré les contraintes qui pèsent sur nos finances publiques, nous avons prioritairement accru en 1982 et 1983 le budget de la culture et le budget de la recherche.

Le jour où il décidait, en novembre dernier, de s'engager sur la voie du câblage en fibre optique, notre gouvernement arrêtait un plan pour l'industrie des programmes. D'où une série de mesures destinées à irriguer l'ensemble du pays. Fondation de la première École Nationale de Création Industrielle, réforme du cinéma, préparation d'une loi sur l'éducation artistique des jeunes, impulsion donnée aux activités musicales, théâtrales, picturales; restauration active de notre patrimoine national qui, à lui seul, représente un prodigieux gisement d'images; reconnaissance d'arts et techniques trop longtemps laissés en marge, comme les musiques populaires, le rock, le jazz, la bande dessinée, la photographie, la mode, le verre, le jouet, le meuble. Partout nous essayons, dans les régions, les départements, les communes, de corriger les effets des siècles de centralisation et d'éveiller les capacités créatrices éparses dans les profondeurs de notre peuple.

Il convient pour cela de joindre les deux bouts de la chaîne : d'un côté les investissements industriels les plus modernes, de l'autre l'imprégnation par l'esprit de création de toutes les fibres de notre société. Notre projet résulte d'une conviction ; les industries de la culture sont les industries de l'avenir. Industries de la communication ou industries du savoir, industries de programme ou industries de loisir, nous pensons, j'y insiste qu'investir dans la culture, c'est investir dans l'économie, que c'est du même coup dégager l'avenir et contribuer de la sorte à rendre à la vie tout son sens.

C'est pourquoi je veux associer les chercheurs et les créateurs, premiers artisans du changement, à notre œuvre de redressement national. Ils sont de plus en plus présents à tous les échelons de l'État : les uns participant à des commissions de travail, d'autres assurant des tâches dans l'administration, certains appelés à de hautes fonctions. J'estime qu'aucune disposition nouvelle ne doit être décidée sans qu'elle ait été précédée de l'appel à leur contribution imaginative et critique. Ainsi pour l'élaboration de notre politique de la recherche ont eu lieu des états généraux qui, dans toute la France, ont réuni des hommes de Sciences. De même pour notre politique culturelle dont les actes sont précédés de multiples consultations et doivent l'être encore davantage.

Il va de soi que cette réflexion prend inévitablement une dimension internationale. Nombreux sont et seront nos amis étrangers qui, comme ils le font aujourd'hui, prendront part à ce mouvement de renaissance artistique dans le cinéma comme dans la peinture, dans le théâtre comme dans l'architecture, dans la musique comme dans la recherche scientifique.

Une vraie culture est fécondée par les apports extérieurs. Même si votre conférence n'aboutit pas à des conclusions immédiatement opérationnelles, elle marque, croyez-moi, une étape. D'autres rencontres suivront. L'année prochaine se tiendra un deuxième rassemblement à l'instigation de la France. L'Unesco accueillera, à Paris, en 1984, les États généraux des cultures du monde.

Élie Wiesel m'a proposé aussi d'organiser bientôt dans cette ville une conférence internationale contre l'antisémitisme, le racisme et la haine, qui associerait trois cents personnalités du monde entier et plusieurs chefs d'État. J'accepte volontiers de lui offrir l'hospitalité et le patronage de la France.

Je souhaite avec force l'avènement d'une société de création et de communication où chacun aura retrouvé vigueur et appétit de vivre.

L'enrichissement individuel par le déploiement de la culture, le transfert du savoir, doit devenir un mouvement perpétuel – entre nos pays et au sein de nos peuples.

De vos débats, nous constaterons plus vite que vous l'imaginez les retombées permanentes dans notre propre travail.

J'ai rendu publique, le mois dernier, l'intention manifestée par les élèves des 110 grandes écoles de France – ils sont 12 000 – de se mettre à la disposition de la formation technique des jeunes chômeurs. Pour organiser ce projet exemplaire de solidarité, un colloque comme le vôtre, que je présiderai, réunira bientôt les directeurs de ces grandes écoles. Et j'inviterai à y travailler, avec eux, de grands universitaires de vos pays spécialisés avec succès dans la formation et le transfert des connaissances – lesquels attirent les investissements et créent les nouveaux emplois.

Réapparaît ainsi, il nous appartient d'en prendre conscience, une notion capitale, trop longtemps oubliée : celle de l'évolution sociale qui doit accompagner les grandes mutations techniques et qui en est la condition même de survie.

L'informatisation de la société provoquera une explosion de nouveaux besoins d'échanges, de communications, de connaissance qui ouvriront d'autres carrières et susciteront d'autres vocations.

Sortant ainsi du domaine des industries liées à l'information et à la connaissance, on aboutira à une société qui les dépassera et qui se déploiera à partir d'elles, qui s'en servira comme d'un instrument pour ouvrir à l'activité des hommes de larges horizons. Comme le fit le passage de l'agriculture à l'industrie. Mais cette fois davantage car si l'industrialisation a accéléré le progrès sous forme « linéaire », ce nouveau développement et ses effets seront exponentiels.

N'oublions pas que cette marche en avant reste inséparable de la dimension mondiale sans laquelle les progrès qu'elle permet, les capacités qu'elle accroît, les activités qu'elle engendre seraient comme mutilés.

Le coût financier considérable, l'effort interne de solidarité sociale et l'interdépendance externe sont liés dans la nouvelle équation planétaire. Ce qui suppose de la part des sociétés « riches » mais minées de l'intérieur et de la part du tiers monde d'épouser en commun les formes du développement. Il est inconcevable que s'élargisse encore, comme c'est le cas aujourd'hui, le fossé qui sépare les pays industriels des autres. Ils se sauveront tous ensemble ou pas du tout. La remise en état d'un ordre monétaire, le soutien des cours des matières premières, l'autosuffisance alimentaire, la production de ressources énergétiques diversifiées demeurent des objectifs impérieux et urgents. La France, à ce propos, prendra avant l'été des initiatives utiles.

** *

Au nom de la France, je lance un appel solennel à tous les créateurs, à tous les chercheurs, à tous ceux qui dans les entreprises exercent leur part de création. Il ne peut y avoir de développement sans invention, sans risque, sans intelligence. L'homme ne pourra plus dans une société de savoir généralisé accepter de travailler sans créer ni participer aux décisions.

Mais l'État ne peut ni ne doit régenter les forces de l'imagination. Il appartient aux créateurs de reprendre dans le développement de nos sociétés leur rôle d'initiation et d'interpellation.

J'invite les hommes, les femmes de culture à venir partager leur savoir, à s'associer plus que jamais à la vie de la communauté. La cité tout entière en sera changée et peut-être même le sens profond de la politique.

J'invite les chercheurs à participer davantage aux responsabilités de la vie quotidienne, à tisser des liens nouveaux avec l'entreprise et à promouvoir le goût croissant de connaître.

J'invite les entrepreneurs et les travailleurs à affirmer leurs propres dimensions et à proclamer fièrement leur utilité sociale et leur rôle moteur. Produire et consommer, travailler et fabriquer, innover dans les techniques et les relations, c'est participer à la mise en place d'une société de création.

J'invite tous les citoyens par-delà cette salle à prendre en charge leur propre culture, à ne jamais accepter la culture comme un modèle imposé, contraire aux aspirations de la vie.

Mais, je demande qu'on me comprenne bien. Je n'invite personne à fermer les yeux sur le monde qui nous est donné aujourd'hui.

Nous avons à le transformer, pas à le fuir, moins encore à le nier. Sachons, face à lui, conserver la force de notre étonnement. Pour reprendre la parole de René Char : « Nous ne serons jamais assez attentifs aux attitudes, à la cruauté, aux convulsions, aux inventions, aux blessures, à la beauté, aux jeux de cet enfant vivant près de nous avec ses trois mains, et qui se nomme le présent. »

En ces deux journées, vous aurez, chers amis, donné corps et âme à un message neuf. Écoutons encore René Char et sachons regarder en face le soleil levant.

6. ANNEXE

Graham Greene

Graham Greene

COMMENT AIDER
LES JEUNES ÉCRIVAINS?

Le colloque de Paris était justifié aux yeux de beaucoup, j'en suis sûr, parce qu'il rassemblait de vieux amis qui ne s'étaient pas revus depuis de nombreuses années et offrait l'occasion de s'en faire de nouveaux. Mais ce n'était pas là le but important que les organisateurs s'étaient assignés. Ils attendaient, que par nos interventions, nous apportions conseils et remarques, et beaucoup d'entre nous n'apportèrent ni les uns ni les autres.

Une des choses sur laquelle je regrette de ne pas avoir attiré l'attention, est la condition, dans l'état actuel de crise de l'Édition, du jeune écrivain. (Je pense particulièrement au jeune romancier car ses difficultés sont celles dont j'ai fait moi-même l'expérience dans mon pays il y a cinquante ans.)

Comment l'État peut-il lui venir en aide? Je me méfie des institutions tel le Conseil des Arts (l'*Arts Council*) en Angleterre, qui donne des paquets d'argent à des écrivains choisis. Choisis par qui? Il me semble que l'État aiderait bien mieux le jeune écrivain, dont les revenus plafonnent au-dessous d'un certain niveau, en lui offrant la possibilité de déduire de ses impôts, des frais professionnels. Les dépenses d'un écrivain sont étranges et incompréhensibles pour un inspecteur des impôts. Quelques feuillets nécessitent parfois ces frais assez importants – l'achat d'un billet de train ou d'avion, une nuit à l'hôtel, des invitations diverses en faveur de la personne qui détient l'information utile. Mais il est quasiment impossible de convaincre un inspecteur des impôts avec de tels arguments.

L'écrivain de l'imaginaire, poète ou romancier, qui ne séduit peut-être qu'une minorité de gens lettrés, risque de ressentir l'inutilité de la crise économique. Il doit se souvenir qu'il est aussi un historien qui enregistre non pas le passé, mais le présent. Nous en savons plus sur le XIXᵉ siècle grâce à Victor Hugo et Tennyson, grâce à Balzac et à Dickens, historiens de l'actualité immédiate, qu'à travers la lecture des historiens du passé. L'écrivain imaginatif transmettra l'atmosphère du monde dans lequel nous vivons aux sociétés de XXIᵉ siècle. C'est pourquoi il peut réclamer l'aide de l'État.

CET OUVRAGE
A ÉTÉ COMPOSÉ
ET ACHEVÉ D'IMPRIMER
PAR L'IMPRIMERIE FLOCH
À MAYENNE LE 16 FÉVRIER 1984

Droits réservés Ministère de la Culture
N° d'impression 21523
Dépôt légal : février 1984.
ISBN 8403451190-3